主编 张峻

区域协调发展
理论与实践

社会科学文献出版社
SOCIAL SCIENCES ACADEMIC PRESS (CHINA)

序

协调的思想，古来有之。我国古代先贤对自然和社会中的协调有很多阐释，包括人与自然的和谐、人与人的和谐等。在当代自然科学和社会科学中也有着相似的理论，强调构成系统的各个子系统存在相互作用，而系统进化和质变来自子系统之间的协同或协调。这些理论和思想，既表明了人与自然、人与人之间应是协调的共同体，也表明了各部分之间的协调对于整体的重要推动作用。区域作为人类活动的重要载体，是人类尊重自然、利用自然、改造自然的场所，体现着人与自然的关系。随着经济社会的不断发展，区域之间的交流逐渐频繁，物质、能量、信息的交换空前活跃，人的流动范围也逐渐扩展到更广阔的区域，区域之间的协调发展越来越成为经济社会良性发展、持续发展的本质要求和必然趋势，也是推动国家整体实现更高水平更高质量发展的重要动能。

下好全国一盘棋，协调发展是制胜要诀。协调是立足新发展阶段、贯彻新发展理念、构建新发展格局、推动高质量发展的重要内涵，也是化解我国社会主要矛盾和全面建设社会主义现代化国家的题中之义。从系统整体性的角度出发，协调既包含效率和公平的统一，也包含和谐、平衡之义，对优化整体有重要的推动作用。当前，我国已进入全面建设社会主义现代化国家、向第二个百年奋斗目标迈进的新发展阶段，我国社会主要矛盾已经转化为人民日益增长的美好生活需要和不平衡不充分的发展之间的矛盾。主要矛盾的变化意味着经济社会各个方面的深刻变革，由粗放式向集约型发展转变、由高速增长向高质量发展转变、由效率优先向更加注重公平转变等。针对经济社会发展新趋势新机遇新矛盾新挑战，习近平同志提出创新、协调、绿色、开放、共享的新发展理念，深刻揭示了实现更高质量、更有效率、更加公平、更可持续发展的必由之路，是关系我国发展全局的一场深刻变革。新发展理念中，协调发展强调增强发展的整体性，在促进城乡区域协调发展，经济社会协调发展以及新型工业化、信息化、城镇化、农业现代化同步发展的过程中，根本解决不平衡不协调的问题。

实施区域协调发展战略是贯彻新发展理念、建设现代化经济体系的重要组成部分，也是实现全体人民共同富裕的内在要求。党的十八大以来，随着我国经济发展进入增速换挡、结构优化、动力转换的新常态，区域发展也出现了新趋势新变化。依靠创新驱动的东部沿海地区继续保持了较为稳定的增长，表现出了更强的韧劲和惯性，而主要依赖投资拉动、资源驱动的部分内陆省份则经历了一轮较大幅度的经济下滑，区域发展差距依然较大，在南北方之间、四大板块之间、四大板块内部都出现了较为明显的分化现象。同时，我国幅员辽阔、人口众多，各地区自然资源禀赋差异大，区域间发展不平衡、不充分问题仍然比较突出。在此背景下，习近平总书记把握时代大势、总揽发展全局，提出了新形势下区域协调发展新思路。习近平总书记指出，"我国经济发展的空间结构正在发生深刻变化，中心城市和城市群正在成为承载发展要素的主要空间形式"，"不能简单要求各地区在经济发展上达到同一水平，而是要根据各地区的条件，走合理分工、优化发展的路子"，"区域政策要增强发展的平衡性协调性"，"要全面推进乡村振兴，提升新型城镇化建设质量"。党的二十大报告中，习近平同志明确提出，"促进区域协调发展，深入实施区域协调发展战略、区域重大战略、主体功能区战略、新型城镇化战略，优化重大生产力布局，构建优势互补、高质量发展的区域经济布局和国土空间体系"，进一步把促进区域协调发展作为构建新发展格局、推动高质量发展的一项重要任务，并做出更加长远、更加系统的战略部署和总体安排，为推动新时代我国区域协调发展明确了前进方向，也提出了更高要求。

山西是中部地区的资源型省份，实施区域协调发展战略是拓展区域发展新空间、提高经济运行效率、建设美丽宜居新山西的必由之路。党的十八大以来，山西始终以习近平新时代中国特色社会主义思想为指引，按照全方位推动高质量发展目标要求，明确了"三区三地"的发展定位，形成了统筹有力、竞争有序、共享共赢的区域协调发展新局面。一是深度融入国家重大区域战略。制定《关于山西在新时代推动中部地区高质量发展中争先崛起的行动方案》，推动省际协作和交界地区协同发展，建设中部先进制造业基地，发挥特色优势，实现争先崛起；全力实施黄河流域生态保护和高质量发展战略，聚焦生态建设、绿色发展，加快建设黄河流域生态保护和高质量发展重要实验区；强化与京津冀联动发展，主动对接长三角、粤港澳大湾区，加快融入"一带一路"。二是高起点构建"一群两区三圈"城乡区域发展新布局。统筹推进太忻一体化经济区建设和转型综改示范区提质；推进山西中部城市群高质量发展，建设太原国家区域中心城市，带动山西中部其他四市协同发展，太原市地区生产总值突破 5000 亿元，城市首位度显著提升，在全省区域发展格局中的龙头作用更加凸显。三是增强区域和城乡发展的平衡性协调性。严格落实"四个不摘"要求，持续巩固拓展"三保障"成果，加强对乡村振兴先行示范县、整体推进县、重点帮扶县分类指导，加快补齐脱贫人口收入水平整体偏低等短板，全面推进乡村振兴。2021 年，山西农村居民人均可支配收入达到 15308 元，同比增长 10.3%，农村居民生活水平跃上新台阶。

但是，也必须清醒地认识到，山西整体发展水平仍然不高，区域发展不平衡不充分问题仍然比较突出，区域内部发展出现分化，基础设施建设、低碳发展、社会民生等领域还有不少短板，推进区域协调发展还需要付出长期艰苦努力。当前，我国区域协调发展已经进入一个重要的转型时期。面对国际国内环境的变化，新时代区域协调的内涵和要求也呈现新的变化。一是加快构建新发展格局要求建立更加有效的区域协调发展新机制，必须从体制上打破行政壁垒，消除限制区域之间、区域内部要素自由流动的制度性根源，健全要素合理配置机制；二是面对区域资源禀赋、社会经济发展差异较大的现实状况，如何充分发挥比较优势，培育一批具有竞争力的主导优势产业，逐步形成优势互补、合理分工的产业协调发展格局，是区域协调发展的重要基础和前提；三是以中国式现代化推动区域协调发展，要求我们坚持人民至上，着力破解区域发展不平衡不充分的矛盾，推动区域在高质量发展中推进共同富裕。因此，要正确把握当前山西区域协调发展所面临的新形势，必须完整、准确、全面地把握中国式现代化的丰富内涵和实践要求，坚持市场主导与政府引导相结合，从全局谋划区域，以区域服务全局，推动区域协调发展迈上新台阶。

第一，尊重客观规律，促进要素的合理流动和高效聚集。在我国社会主义市场经济条件下，产业和人口逐步向优势区域集中，资金、技术、人才、信息等资源和要素也逐步向经济发展效率高的地区流动，进而带动经济总体效率持续提升，这是普遍的经济规律。在这种情况下，推动区域协调发展，首要的是尊重规律，并在此基础上利用好规律。习近平总书记指出，不平衡是普遍的，要在发展中促进相对平衡，这是区域协调发展的辩证法。区域协调发展绝不是单纯地缩小区域发展差距，更不是通过放弃和减少对发达地区的支持来缩小差距。恰恰相反，区域协调发展要从区域发展的大局出发，从建立现代化经济体系提高经济效率出发，充分发挥市场机制的决定性作用，支持优势地区率先发展，支持能者快跑，这样一方面在产业发展、技术创新、规范管理上为相对落后地区探索出一条路子，然后通过梯度转移促进落后地区发展；另一方面可以做大经济发展的"蛋糕"，通过转移支付等分配制度改革，进一步支持落后地区发展。因此，要主动破除资源流动障碍，使市场在资源配置中起决定性作用，促进各类生产要素自由流动并向省内优势地区集中，在提高资源配置效率的同时，主动打造能够引领和带动区域发展的增长极。

第二，坚持因地制宜，充分发挥各地比较优势。山西是一个典型的资源型省份，但区域资源禀赋差异也非常大，在推动区域协调发展过程中，应该根据自然禀赋、比较优势，因地制宜探索富有地域特色的发展之路，要在国土空间规划的框架下，根据区域功能定位，统筹确定各地发展方向和重点路径。城市周边区域要大力发展先进制造业、高端服务业等新经济、新业态，促进产城融合发展，提升综合服务能力，引领经济向高层次优结构迈进，要以提高效率为中心，坚持创新驱动发展，促进质量变革、效率变革、动力变革，吸引更多人才、资本、信息等要素向实体经济集聚；重点开发区要加快新旧动能转换，推动传统产业高端化、绿色化、智能化，促进优势产业集群化链条化发展，培育壮大特色产业集群，促进人口与生产要素集聚，构建梯度发展、优势互补的产业体系和城镇体系；农产品主产区要以粮食安全为底线，严守永久基本农田和生态保护红线，强化涉农基础设施建设，稳步提高农业综合生产能力，同时推进三次产业深度融合，大力发展农产品加工业和农业生产性服务业，延长农业链条，为提高农业生产效益、保障粮食安全提供重要支撑；重点生态功能区要突出生态保护、绿色发展，筑牢生态安全屏障，提升生态产品供给能力与生态服务能力，要牢固树立"两山理念"，坚决摒弃以牺牲生态环境换取经济发展的做法，把提供生态产品作为区域高质量发展的主要目标和责任，推动把生态价值转化为经济价值，促进生态保护与民生改善良性循环，实现经济效益与社会效益的有机统一。

第三，完善空间布局，形成高质量区域发展格局。完善区域发展的空间布局，是促进资源要素市场化有序自由流动的空间基础，也是塑造形成区域比较优势的基本要求。我国经济发展的空间结构正在发生深刻变化，中心城市和城市群正在成为承载发展要素的主要空间形式，经济和人口向大城市及城市群集聚的趋势比较明显，形成推动高质量发展的区域增长极。当前形势下，推动区域协调发展必须主动融入国家经济发展的空间大格局，找准方向，主动对接我国京津冀协同发展、雄安新区建设、长江经济带发展、粤港澳大湾区建设等国家战略，主动融入大的城市群和增长极，在融入国家乃至全球发展大空间格局的同时，优化调整省内区域发展的空间格局，实现内外融通、交流互济。中心城市和城市群集聚能力强，空间效率高，规模效率明显，是经济发展最活跃的增长极和动力源。我国已经发展形成了京津冀、长三角、珠三角等世界级城市群，山西要主动融入这些城市群发展，尤其是融入京津冀城市群。此外，山西南北跨度广，地域上接近几大中心城市群，要促进毗邻地区加快融入这些城市群，带动区域经济发展。如晋北城镇圈要融入乌大张、京津冀；山西中部城市群要主动融入京津冀、雄安新区；晋东南城镇圈要积极融入中原城市群，密切对接郑州；晋南城市圈要加快融入关中城市群，密切对接西安。

第四，坚守人民至上，坚持在发展中保障和改善民生。满足人民对美好生活的向往，是区域协调发展根本要求。习近平总书记始终强调，发展为了人民，发展依靠人民，发展成果由人民共享。在推动区域协调发展的过程中，必须始终坚守为人民谋福利的初心和保障民生的底线，要始终关注并主动解决地区差距、城乡差距、收入差距等问题，让群众看到变化、得到实惠。要通过不断缩小人均收入差距和基本公共服务差距，提高人民群众获得感和幸福感。要加快实现区域间、城乡间基本公共服务均等化，加强基本公共服务向基层延伸、向农村覆盖、向困难群体倾斜，使城乡和各区域居民享受均等的义务教育、基本医疗卫生服务、社会和安全保障等，推动逐步实现各区域人民拥有大体相当的生活质量，真正做到广大人民群众共同分享发展成果。

无论是山西还是全国，各地自然资源禀赋差异较大，经济社会发展水平参差不齐，现代化新征程中实现区域协调发展依然面临巨大挑战，我们要不断缩小各区域间发展差距，在高质量发展中促进相对平衡，努力实现基本公共服务均等化，人民基本生活保障水平大体相当，在向共同富裕迈进的征程上不断提高人民群众的获得感、幸福感、安全感。应当看到，实现区域协调发展也不可能一蹴而就，必然是一个需要久久为功的长期性过程。我们有理由相信，在习近平新时代中国特色社会主义思想的指引下，统筹有力、竞争有序、优势互补、绿色协调、共享共赢的区域协调和高质量发展的美好图景定能如期实现。当然，这需要包括我们在内的广大社科工作者继续潜心研究、咨政建言，也需要所有现代化建设者们勠力同心、持之以恒，踔厉奋发、赓续前行。

张　峻

2023 年 2 月

目　录

第一章 区域协调发展的背景与意义

实施区域协调发展战略是新时代国家重大战略之一，是实现全体人民共同富裕、全面建成社会主义现代化强国的必然要求与应有之义。党的二十大报告指出："促进区域协调发展，深入实施区域协调发展战略、区域重大战略、主体功能区战略、新型城镇化战略，优化重大生产力布局，构建优势互补、高质量发展的区域经济布局和国土空间体系。"根据党的二十大报告的要求，扎实推动区域协调发展，必将形成更高水平和更高质量的区域发展新格局。

第一节 区域经济发展的政策演进

从政策演进角度来讲，在党的十九大报告提出"建立更加有效的区域协调发展新机制"之前，我国区域经济发展大致经历了"低水平均衡发展—非均衡发展—低水平协调发展"三个阶段的政策演进。

一 低水平均衡发展阶段

第一个阶段（低水平均衡发展阶段）是改革开放以前。这一时期，计划经济体制下的区域经济发展是一种低水平的区域平衡发展，这种忽视客观经济规律、抛弃市场资源配置作用的区域发展模式给我国经济发展造成了很大的损失。新中国成立初期，国内 70% 的轻重工业分布在沿海地区，大部分内陆地区生产方式还是传统的农业生产，生产力分布极不平衡；在国际上，我国面临严峻的经济封锁和来自超级大国的战争威胁。当时，中央借鉴马克思"大工业在全国范围内均衡分布"和列宁"生产力合理布局"的理念，以国家动员和计划管理的方式集中调配资源，将绝大多数工业项目部署在内陆地区。毛泽东在《论十大关系》中指出："新的工业大部分应当摆在内地，使工业布局逐步平衡，并且利于备战，这是毫无疑义的。""一五"期间，156 项苏联援建工程、694 个大中建设项目悉数布局在东北地区与内陆地区，其中分别有 35% 和 31% 部署在东北地区，原因是东北地区毗邻苏联，又具有相对完备的工业基础。1964 年，中苏关系进一步恶化让我国漫长的北方边境承受着巨大的战争压力，美国在台海和越南的军事行动则让我国东南沿海陷入紧张局势。因此，我国开始了以战备为主要目标的跨度近 20 年的"三线建设"，将原先集中于东北地区、华北地区的军事工业转移至西北地区、西南地区更具纵深的战略后方。"三线建设"期间，我国在涉及中西部13 个省（区、市）的"三线"地区投资 2052.68 亿元，占同期全国总投资的 40%，建成千余所工矿企业和科研院所，45 个重大工业产品科研、生产基地以及襄渝铁路、青藏铁路一期、成昆铁路、川黔铁路等交通干线。在项目布局和选址过程中，工业区位理论和联系效应理论起到了一定的指导作用，工业布局呈现"大分散、小集中"的特点。

这一时期，生产力分布极不平衡的现象得到了很大改善。内陆地区出现攀枝花、德阳、六盘水、十堰等一批新兴的重工业城市，成都、重庆、兰州、西安等内陆城市实现了工业化水平的飞跃，内地交通、水利、电力等基础设施水平也明显提高，我国初步建立起横贯东西、纵跨南北的交通主干线，商品和生产要素国内大循环的成本显著降低。虽然这些投资在市场经济的视角下是缺乏效率的，却让内陆地区实现了工业化从 0 到 1 的突破，为之后的发展奠定了基础，成为后续区域协调发展政策的现实和逻辑起点，具有特殊的历史意义。

二 非均衡发展阶段

第二个阶段（非均衡发展阶段）是改革开放初期。这一时期，中国的市场经济活力得到了迅速释放，经济发展水平快速提升，但区域间经济发展水平的差距也在不断扩大，区域经济结构日益不平衡，低水平的区域平衡发展模式向区域间的非均衡发展模式转变。20 世纪 70 年代末，国内国际环境发生了深刻变化，一方面，和平与发展逐渐成为世界发展的主题；另一方面，经济建设取代阶级斗争成为党的中心工作，我国迎来了改革开放的契机。在区域发展战略上，邓小平敏锐地意识到区域均衡与区域增长的矛盾短期内是不可调和的，于是构想了"两个大局"的区域发展方案：中央优先支持东部地区发展，待时机成熟则由东部地区反过来支持中西部地区发展。1979 年，我国在深圳、珠海、汕头、厦门试办出口特区，次年改称为经济特区，以外向型经济为导向率先进行经济管理体制改革，实施一系列政策倾斜，主动引进国外先进技术和现代企业管理体制，打造我国对外交流的窗口。在经济特区的实践取得显著成效之后，国务院于 1984 年设大连、秦皇岛、烟台等 14 个港口城市为沿海开放城市，允许其在对外经济活动中实施部分经济特区政策。1985 年，长三角、珠三角和闽南三角地区被设为沿海经济开放区，以对外贸易为目标发展农产品和工业原材料生产。1988 年，国务院增设海南为经济特区，并进一步扩大了沿海经济开放区的范围。20 世纪 90 年代，我国宣布在浦东实行部分经济特区政策，正式开发开放浦东，并进一步推动沿江沿边开放，逐步形成了宽领域、多层次、有重点的对外开放格局，掀起了引进外资、开放发展的热潮。

这个阶段，我国沿海地区依靠"后发优势"，发展劳动密集型的制造业，不断融入国际贸易体系，逐步成长为世界制造业基地，极大地提高了生产力水平，释放了我国的经济潜力。与此同时，中西部地区由于在外向型经济下的区位劣势，与东部地区的经济差距不可避免地逐渐增大，且随着中西部地区要素在市场作用下不断向东部地区流动，这种差距被进一步放大。

三 低水平协调发展阶段

第三个阶段（低水平协调发展阶段）为 1990 年之后。1990 年 12

月，《中共中央关于制定国民经济和社会发展十年规划和"八五"计划的建议》提出，要积极促进地区经济的合理分工和协调发展，这正式拉开了我国区域经济协调发展战略的序幕。之后，在制定《中华人民共和国国民经济和社会发展"九五"计划和2010年远景目标纲要》时，中央明确提出了区域经济协调发展的思路，并于1999年提出"西部大开发"战略、于2003年提出"振兴东北地区等老工业基地"战略、于2005年提出"促进中部地区崛起"战略。随后的"十一五"、"十二五"和"十三五"规划分别提出了"形成东中西部地区之间经济良性互动，区域间差距不断缩小的区域协调发展格局""优化格局，促进区域协调发展""塑造要素有序自由流动、主体功能约束有效、基本公共服务均等、资源环境可承载的区域协调发展新格局"。2014年12月，中央经济工作会议明确提出"要重点实施'一带一路'、京津冀协同发展、长江经济带三大战略"，这成为我国经济发展在空间格局上的重大创新，标志着我国区域经济空间格局的基本形成。2015年以来，随着《京津冀协同发展规划纲要》《长江经济带发展规划纲要》《长江三角洲区域一体化发展规划纲要》《粤港澳大湾区发展规划纲要》《成渝地区双城经济圈建设规划纲要》《黄河流域生态保护和高质量发展规划纲要》等国家级区域规划的制定和实施，新时代区域协调发展的实践比以往更有系统性，更具力度和针对性，更强调动能提升和结构优化。

这一时期，在社会主义市场机制下，中央综合使用财政、产业、土地、投资、税收、金融等政策，积极推进中西部地区基础设施建设，引导资本、技术、人才不断向中西部地区流动。铁路、公路、机场、电力、通信、广播电视、天然气管道、水利工程等一大批基础设施的建设，为中西部地区经济发展创造了起飞的条件，同时进一步完善了贯通全国的运输体系。中西部地区借此机会，主动发挥比较优势，优化投资环境，调整产业结构，打造优势产业，发展科技教育，改善生态环境，提升人民生活水平，与东部地区的发展差距呈现逐渐缩小的态势。

第二节　区域协调发展战略的提出

党的十八大以来，随着我国发展进入增速换挡、结构优化、动力转换的经济新常态，区域发展也出现了新趋势新变化。依靠创新驱动的东部沿海地区继续保持了较为稳定的增长，表现出更强的韧劲和惯性，而主要依赖投资拉动、资源驱动的部分内陆省份则经历了一轮较大幅度的经济下滑，在南北方之间、四大板块（东部板块、中部板块、西部板块、东北板块）之间和板块内部都出现了较为明显的分化现象，即区域分化格局进一步发展，低速增长省份在北方蔓延，东部地区整体增速也出现下行，同时各板块内部的分化也在加深。

2017 年 10 月，党的十九大报告提出"建立更加有效的区域协调发展新机制"，从内容上看，区域协调发展新机制更加强调基础设施互联互通、重点领域率先突破和体制机制改革创新，这三项顶层设计的深入实施，促使我国区域经济版图从主要依靠长三角、珠三角和京津冀三大引擎带动的低水平协调发展格局正式向区域联动、轴带引领、多极支撑的新格局转变，进入高质量区域协调的发展阶段。

宏观战略的落地需要有明确的目标为指引。以习近平同志为核心的党中央坚持以人民为中心的发展思想，就实施区域协调发展战略提出了更加具体、有针对性的内容，明确了要实现"基本公共服务均等化、基础设施通达程度比较均衡、人民生活水平大体相当"三大目标。

一是基本公共服务均等化。基本公共服务是最基本的民生需求，包括公共教育、就业创业、社会保险、医疗卫生、社会服务、住房保障、文化体育、残疾人服务八个领域。目前，地区间的基本公共服务不均衡问题很突出，在数量、质量和服务水平方面差距较大。实施区域协调发展战略，就是要补齐城乡区域间资源配置不均衡、硬件软件不协调、服务水平差异较大等短板，缩小基本公共服务差距，使各地区群众享有均等化的基本公共服务。

二是基础设施通达程度比较均衡。基础设施对经济增长有重要影响。基础设施水平的高低往往决定了一个地区贸易成本的大小，各地区内以及地区间的贸易成本又决定了产业的空间分布，进而影响各地的福利水平与社会总效率。目前，我国区域间互联互通达到世界先进水平，但是基础设施建设方面的地区差距还很明显。实施区域协调发展战略，就是要加快建设内外通道和区域性枢纽，完善基础设施网络，统筹发达地区和欠发达地区发展，提高要素配置效率，促进地区间优势互补、互利共赢。

三是人民生活水平大体相当。实施区域协调发展战略，要践行以人民为中心的发展思想，坚持共享发展，解决好收入差距问题，使发展成果更多、更公平地惠及全体人民。当前，地区之间发展水平的差距比较大，不同区域间的人均财政收入、人均占有财富等重要指标继续分化，人民生活水平的区域差距明显。要落实好区域协调发展战略，必须注重民生、保障民生、改善民生，促进各地区协同推进现代化建设，努力实现全体人民共同富裕。

与此同时，国家推进区域协调发展战略的目标也更为清晰，即到2022年，建立与全面建成小康社会相适应的区域协调发展新机制，在建立区域战略统筹机制、基本公共服务均等化机制、区域政策调控机制、区域发展保障机制等方面取得突破，在完善市场一体化发展机制、深化区域合作机制、优化区域互助机制、健全区际利益补偿机制等方面取得新进展，区域协调发展新机制在有效遏制区域分化、规范区域开发秩序、推动区域一体化发展中发挥积极作用。到2035年，建立与基本实现现代化相适应的区域协调发展新机制，实现区域政策与财政、货币等政策有效协调配合，区域协调发展新机制在显著缩小区域发展差距和实现基本公共服务均等化、基础设施通达程度比较均衡、人民基本生活保障水平大体相当三大目标中发挥重要作用，为建设现代化经济体系和满足人民日益增长的美好生活需要提供重要支撑。到21世纪中叶，建立与全面建成社会主义现代化强国相适应的区域协调发展新机制，区域协调发展新机制在完善区域治理体系、提升区域治理能力、实现全体人民共同富裕等方面更加有效，为我国建成社会主义现代化强国提供有力保障。

2018年11月，中共中央、国务院发布《关于建立更加有效的区域协调发展新机制的意见》，指出"实施区域协调发展战略是新时代国家重大战略之一，是贯彻新发展理念、建设现代化经济体系的重要组成部分。党的十八大以来，各地区各部门围绕促进区域协调发展与正确处理政府和市场关系，在建立健全区域合作机制、区域互助机制、区际利益补偿机制等方面进行积极探索并取得一定成效。同时要看到，我国区域发展差距依然较大，区域分化现象逐渐显现，无序开发与恶性竞争仍然存在，区域发展不平衡不充分问题依然比较突出，区域发展机制还不完善，难以适应新时代实施区域协调发展战略需要"。

2019年，习近平总书记在中央财经委员会第五次会议上提出了推动形成优势互补高质量发展的区域经济布局，对我国区域发展总体状况进行了研判，指出"我国经济发展的空间结构正在发生深刻变化，中心城市和城市群正在成为承载发展要素的主要空间"，并从新发展阶段的新方位、新特点、新格局逻辑出发，对我国现阶段的区域发展状况做了总结，强调"我国区域发展形势是好的，同时出现了一些值得关注的新情况新问题"，最主要的问题包括三个方面，即"区域经济发展分化态势明显""发展动力极化现象日益突出""部分区域发展面临较大困难"。

在此基础上，新形势下促进区域协调发展的总体思路愈发清晰，即"按照客观经济规律调整完善区域政策体系，发挥各地区比较优势，促进各类要素合理流动和高效集聚，增强创新发展动力，加快构建高质量发展的动力系统，增强中心城市和城市群等经济发展优势区域的经济和人口承载能力，增强其他地区在保障粮食安全、生态安全、边疆安全等方面的功能，形成优势互补、高质量发展的区域经济布局"。习近平总书记进一步阐明了协调发展不同于均衡发展，"不平衡是普遍的，要在发展中促进相对平衡""不能简单要求各地区在经济发展上达到同一水平"。同时，提出协调发展的重要原则，即"尊重客观规律""发挥比较优势""完善空间治理""保障民生底线"。此外，指出了促进区域协调发展的六大主要举措，包括"形成全国统一开放、竞争有序的商品和要素市场""尽快实现养老保险全国统筹""改革土地管理制度""完善能源消费双控制度""全面建立生态补偿制度""完善财政转移支付制度"。

当然，区域协调发展从来都是一个长期性的重大问题。我国幅员辽阔、人口众多，各地区自然资源禀赋差别之大在世界上是少有的，区域发展不平衡的问题由来已久，区域协调发展也不可能一蹴而就，实现区域协调发展必然是一个长期的过程，需要久久为功。现代化新征程中实现区域协调发展依然面临极大挑战，这要求我们必须在较长时期内不断健全区域协调发展体制机制，不断完善促进区域协调发展的各项举措，加快形成统筹有力、竞争有序、绿色协调、共享共赢的区域协调发展新机制。

第三节　实施区域协调发展战略的重大意义

实施区域协调发展战略是在中国特色社会主义进入新时代，以习近平同志为核心的党中央紧扣我国社会主要矛盾变化按照高质量发展的要求提出的重要战略举措，对于促进我国经济社会持续健康发展具有重要而深远的意义。具体体现在以下三个方面。

第一，实施区域协调发展战略是实现全体人民共同富裕的内在要求。我国幅员辽阔，国情复杂，地区间经济社会发展不平衡不协调的问题较为突出，特别是革命老区、民族地区、边疆地区、贫困地区等基础设施和公共服务设施依然不够完善，老少边穷等地区脱贫压力较大。实施区域协调发展战略，可以健全地区间帮扶机制，加大贫困地区脱贫力度，保证这些地区与全国人民一道实现全面小康。党的十九大综合分析国内国际形势和我国发展条件，着眼实现社会主义现代化和中华民族伟大复兴，在全面建成小康社会的基础上，明确分两步走，在21世纪中叶建成富强民主文明和谐美丽的社会主义现代化强国。其中，第一阶段（2020~2035年）发展目标之一是实现"城乡区域发展差距和居民生活水平差距显著缩小"，第二阶段（2035年到21世纪中叶）发展目标之一是"全体人民共同富裕基本实现"，这就从国家战略层面明确了区域协调发展战略在关键阶段的关键任务。

第二，实施区域协调发展战略是践行新发展理念的必然要求。中国特色社会主义进入了新时代，我国经济发展也进入了新时代，以创新、协调、绿色、开放、共享为内涵的新发展理念，是我国经济由高速增长阶段转向高质量发展阶段的重要指导理念。在新发展理念中，协调发展强调增强发展的整体性，在促进城乡区域协调发展，经济社会协调发展以及新型工业化、信息化、城镇化、农业现代化同步发展的过程中，根本解决不平衡不协调的问题，而实施区域协调发展战略，就是通过具体实践政策将协调发展理念贯彻落实。要增强发展的协调性，在协调发展中拓宽发展空间，在加强薄弱领域的同时增强发展后劲，促进我国各大板块之间协调互动，强化举措推进西部大开发形成新格局，深化改革加快东北等老工业基地振兴，发挥优势推动中部地区崛起，创新引领率先实现东部地区优化发展，建立更加有效的区域协调发展新机制。要建立大城市与小城镇协调发展的新格局，以京津冀协同发展为建设标杆，为全国实现地区间区域协调发展提供经验样板，以生态保护为导向发展长江经济带，支持资源型城市转型。还要做好区域协调发展内外两个层次，加快边疆发展，建设海洋强国，努力塑造要素有序自由流动、主体功能约束有效、基本公共服务均等、资源环境可承载的区域协调发展新格局。

第三，实施区域协调发展战略是建设现代化经济体系的重要举措。区域经济是国民经济体系的重要组成部分。当前，我国经济已由高速增长阶段转向高质量发展阶段，区域经济发展必须加快转变发展方式、优化经济结构和转换增长动力。党的十九大报告提出了建设现代化经济体系的目标，并将实施区域协调发展战略作为重要举措之一。实施区域协调发展战略，将从两个方面有助于现代化经济体系的建设。一是可以促进现代化经济体系空间布局的形成。改革开放以来，我国经济高速增长在一定程度上是以高耗能为代价的，原先的经济空间布局受制于资源禀赋。随着经济发展进入新常态，高耗能等落后产能逐渐淘汰，绿色低碳、创新引领成为现代化经济体系的重要标志。通过实施区域协调发展战略，促进人口、经济和资源、环境的空间均衡，进而实现各区域更高质量、更有效率、更加公平、更可持续的发展，有助于构建现代化经济体系的战略空间。二是将促进现代化经济体系产业协同发展。我国现阶段各地区面临着产业老化、同化等问题，建立现代化经济体系必须不断促进传统产业优化升级，加快发展现代服务业。对于落后产业，要敢于淘汰转型，积极寻找经济发展新动能，科学确定产业定位和发展规划，将整个产业布局优化统筹，推动各地区依据主体功能定位发展，这对于提高我国经济发展质量和效益、建设现代化经济体系具有重要支撑作用。

以山西省为例，作为资源型地区和生态脆弱地区，山西省推动形成可持续生产生活方式的责任重于全国。作为中部欠发达省份和革命特殊地区，山西省防止区域之间发展差距过大的任务重于全国。促进区域协调发展，提高经济社会活动空间格局与资源环境承载力空间格局的匹配度，进一步促使区域分工合理化，既是山西全面建成小康社会的即时选择，又是资源型地区转变发展方式的长远之需。推动区域协调发展的战略意义主要体现在以下几个方面。

第一，区域协调是推动山西全方位高质量发展的重要路径。推进区域协调发展战略，着力提升各层面区域战略的联动性和全局性，对于将山西建设成为国家资源型经济转型发展示范区、全国能源革命综合改革试点先行区、黄河流域生态保护和高质量发展重要实验区、中部地区先进制造业基地、内陆地区对外开放新高地、国际知名文化旅游目的地具有重要的意义，能够使山西在全国构建新发展格局中的比较优势进一步发挥，在落实国家使命和国家战略中的责任担当进一步彰显，在全国发展大局中的地位作用进一步提升。

第二，区域协调是拓展山西发展新空间的内在要求。实施区域协调发展战略，将山西各区域、城乡、山川等不同类型、不同功能的区域纳入全省战略层面统筹规划、整体部署，推动区域互动、城乡联动、山川统筹，对于优化空间结构，培育和形成区域经济增长极，拓展区域发展新空间，加快山西中部城市群建设，重点建设太忻一体化经济区，高质量建设山西转型综改示范区，建设太原国家区域中心城，在晋北、晋南、晋东南建设高质量城镇圈具有重大战略意义，使各区域依托其区位优势，向内提升凝聚力，向外拓展影响力。

第三，区域协调是提高山西经济运行效率的重要支撑。当前，经济已由高速增长阶段转向高质量发展阶段，区域经济发展必须加快转变发展方式、优化经济结构和转换增长动力。山西实施区域协调发展战略，推动全省各地区充分发挥比较优势，深化区际分工；促进要素有序自由流动，提高资源空间配置效率；推动各地区依据主体功能定位发展，促进人口、经济和资源、环境的空间均衡，进而实现全省域更高质量、更有效率、更加公平、更可持续的发展，将对促使山西区域分工合理化、提高经济发展质量和效益、塑造要素有序自由流动的区域协调发展新格局发挥重要支撑作用。

第四，区域协调是建设美丽宜居新山西的有效抓手。作为资源型省份，山西省解决环保突出问题、补上生态修复短板的任务更加繁重，深化生态文明体制改革、推动形成绿色发展方式的责任更加重大。建设美丽宜居新山西，要求全省发展必须与资源环境承载力相适应，不能超越生态系统的许可限度。强化主体功能区作用，推进区域协调发展，提高经济社会活动空间格局与资源环境承载力空间格局的匹配度，是山西实现生活环境整洁优美、生态系统稳定健康、人与自然和谐共生，建设黄土高原美丽新家园的有效途径。

第二章 区域协调发展的相关理论
及研究综述

统筹区域经济、促进区域协调发展是国家提升竞争力的一个重要原则。随着经济社会快速发展，经济总量的增加不再是区域经济发展所追求的中心目标，经济发展质量提升、人们生产生活保障及幸福感的提升日益成为区域经济发展所追求的核心目标，区域经济差异也不再是单一方面、单一指标之间的差异，而是经济综合发展水平之间的差异，这就对区域协调发展的理论和实践研究提出了更高的要求。

第一节 区域协调发展的相关理论

区域协调发展理论是多学科交叉融合的结果，涵盖了区位理论、集聚理论、新经济地理理论、交易成本理论等诸多内容，可大致分为区域极化思想、区域联系思想、区域分工思想、区域空间结构思想四个组成部分。

一 区域极化思想

区域极化思想主要来源于区域增长极理论和中心—外围理论，区域协调发展不是同步同时的时间节点问题，而是在区域生产要素聚集形成的极化效应下，由增长极带动的优势区域向弱势区域协调、辐射的发展过程。

（一）区域增长极理论

区域增长极理论是由法国经济学家弗郎索瓦·佩鲁在 1950 年提出的，所谓增长极就是具有空间聚集特点的推动性经济单位的集合体。经济的增长率先发生在增长极上，然后通过各种方式向外扩散，对整个经济发展产生影响。佩鲁在 1955 年发表的《略论"增长极"的概念》一书中首次提出了增长极概念。佩鲁认为"增长并非同时出现在所有地方。它以不同的强度首先出现于一些增长点、增长极上，然后通过不同的渠道向外扩散，并对整个经济产生不同的最终影响"①。这里使用的增长极概念最初含义是抽象的经济空间而并非地理空间，即如同若干"磁场极"组成的受力场，这种受力场的中心就是他所说的增长极。他认为各种经济要素的相互作用完全是在一种不均衡条件下发生的，即一些经济单元会对另外一些经济单元产生"支配效应"。增长极正是通过不断的技术创新和制度创新，对其他经济单位产生影响，迫使其产生相应的变化。具体表现在技术的创新和扩散、资本的集中与输出、规模经济效益、聚集经济效果四个方面。② 增长极理论强调经济发展的非均衡性，认为一个区域要实现平衡发展是不可能的，经济增长通常从一个或数个"增长中心"逐渐向其他部门或地区传导，因此应选择特定的地理空间作为增长极，以带动经济发展。狭义经济增长极包括产业增长极、城市增长极、潜在的经济增长极三种类型。增长极体系有三个层面：先导产业增长、产业综合体与增长、增长极的增长与国民经济的增长。在此理论框架下，经济增长是一个由点到面、由局部到整体，依次递进，有机联系的系统。③

区域经济学者把佩鲁的增长极概念和思想引入区域经济研究之中，并且与地理空间概念融合起来，形成了解释区域经济增长过程和机制的

① 佩鲁：《略论"增长极"的概念》，《经济学译丛》1988 年第 9 期。
② 任军：《增长极理论的演进及其对我国区域经济协调发展的启示》，《内蒙古民族大学学报》（社会科学版）2005 年第 2 期。
③ 高洪深：《区域经济学》，中国人民大学出版社，2014。

区域增长极理论。区域增长极理论是一种非均衡发展理论，采用动态非均衡方法来研究区域经济发展问题。[①] 增长极通过支配效应、乘数效应、极化与扩散效应对区域经济活动产生组织作用。一是支配效应。增长极具有技术、经济方面的先进性，能够通过与周围地区的要素流动关系和商品供求关系对周围地区的经济活动产生支配作用。每个经济单位的发展是相互独立的，有各自的发展步调，经济发展存在不均衡性。对两个存在发展差异的经济单位而言，发展水平高的经济单位能够推行自己的发展战略，即形成相对的支配效应。[②] 二是乘数效应。增长极的发展对周围地区的经济发展产生示范、组织和带动作用，从而加强与周围地区的经济联系。在这个过程中，受循环积累因果机制的影响，增长极对周围地区经济发展的作用会不断得到强化和放大，影响范围和程度随之增大。三是极化与扩散效应。极化效应是指增长极的推动性产业吸引和拉动周围地区的要素和经济活动不断趋向增长极，从而加快增长极自身的成长。极化效应主要体现在：增长极在某些方面具有绝对优势和相对优势，会吸引周边的经济活动和经济要素向其集中；推进型产业和先进型产业的迅速增长会引起其他经济活动不断趋向增长极；经济活动在增长极集中，资源、信息、资金、配套的产业也被吸引到增长极，形成产业集中和地理集中。增长极的极化效应不断为增长极积累有利的因素，为增长极的发展创造条件。[③] 扩散效应是指增长极向周围地区进行要素和经济活动输出，从而刺激和推动周围地区的经济发展。扩散效应主要体现在：位于增长极周边的地区会随着增长极基础设施的改善而获得资本和人才，进而得到发展；增长极的快速发展会部分地转化为对周边不发

---

① 刘晓明：《区域"增长极"理论的国际实践及对吉林省经济发展的启示》，《吉林金融研究》2012 年第 1 期。

② 李玉东、陈玥：《区域增长极影响物流业价值链转型效率的计量分析》，《商业经济研究》2022 年第 17 期。

③ 刘晓明：《区域"增长极"理论的国际实践及对吉林省经济发展的启示》，《吉林金融研究》2012 年第 1 期。

达地区的购买和投资，进而促进周边不发达地区的发展。[1] 增长极的极化效应和扩散效应的综合影响被称为溢出效应。如果极化效应大于扩散效应，则溢出效应为负值，有利于增长极的发展；如果极化效应小于扩散效应，则溢出效应为正值，有利于周围地区的经济发展。区域增长极理论就是通过培育和建设增长极，发挥增长极的极化效应与扩散效应，实现规模经济的同时带动周边其他地区的发展，以促进地区之间的平衡发展。[2]

（二）中心—外围理论

中心—外围理论是发展经济学研究发达国家与不发达国家之间的不平等经济关系时所形成的相关理论观点的总称。中心—外围理论又被称为核心—边缘理论，是一个多学科、多领域使用的分析框架。中心地区一般是指城市或城市集聚区，它工业发达，技术水平较高，资本集中，人口密集，经济增长速度快；外围地区是经济较为落后的区域，它又可分为过渡区域和资源前沿区域。中心地区与外围地区具有整体性、差异性和不平等性，在经济社会发展方面，外围地区明显受到中心地区的辐射与影响，甚至体现出一定的依附性。[3] 美国学者弗里德曼在 1966 年出版的《区域发展政策》一书中提出的中心—外围理论最具代表性。该理论的着眼点是区域间经济发展不平衡的长期演变趋势，弗里德曼认为，因多种原因，在若干区域之间会有个别区域率先发展起来而成为中心，其他区域则因发展缓慢而成为外围，中心与外围之间存在着不平等的发展关系。他认为在诸多区域间应当要率先发展某一个区域进而使其成为中心区域，其余区域即为外围区域，强调中心与外围区域的不均衡。其

---

① 刘晓明：《区域"增长极"理论的国际实践及对吉林省经济发展的启示》，《吉林金融研究》2012 年第 1 期。

② 石丽菁：《基于区域"增长极"理论的长三角地区体育产业发展战略研究》，《第十二届全国体育科学大会论文摘要汇编——专题报告》（体育产业分会），2022。

③ 孔令阳：《"中心—外围"理论视角下西南民族地区新型城镇化研究——以四川省攀西地区为例》，《决策咨询》2015 年第 5 期。

在后一著作中，进一步阐述了中心—外围的理论模式，概括性地肯定了区域间的非均衡性发展，同时还认为某一经济区都可以划分为存在差异属性的中心区域和外围区域。① 总体上，中心居于统治地位，而外围则在发展上依赖于中心。在中心地区，生产结构是同质的和多样化的，同质表明区域经济运作的技术进步特征，多样化表明区域产品的品种多样化和层次多样化；在外围地区，生产结构是异质的和专业化的，异质表明区域生产存在不同效率的劳动要素、资本要素和技术层次，专业化则表明区域生产过度集中于初级产品。此外，中心依靠技术进步、高效的生产活动，以及生产的创新等方面的优势从外围获取竞争优势，对外围而言，中心对它们的发展造成压力。

弗里德曼将经济系统划分为中心和外围两部分，在经济发展初始阶段，二元结构明显，中心区发展条件较优越，经济效益较高，处于支配地位，而外围区发展条件较差，经济效益较低，处于被支配地位。经济发展必然伴随各生产要素从外围区向中心区的净转移。当经济持续发展到一定阶段后，社会平稳发展，政策干预加强，中心区和外围区界限会逐渐消失，经济在全国范围内实现一体化，各区域优势充分发挥，经济获得全面发展。② 他认为一个经济空间的经济结构包含中心区和外围区，外围区又包含上过渡区和下过渡区，两个过渡区之间还包含资源前沿区。中心区经济较为发达，而围绕中心区的上过渡区总体经济有上升的趋势，资源前沿区则蕴含着极大的潜在发展价值，有待开发。中心区是社会经济活动的集聚区，该区域工业发达，技术、资本、人口、资源等高效集聚，经济发展速度快；围绕中心区分布并受其影响的区域成为外围区，其处于依附地位且缺乏经济主体，从而出现空间二元结构，并随时间的推移而不断强化。中心区和外围区相互作用，一方面中心区吸收外围区生产要素发展经济，另一方面中心区的发展成果又源源不断地向

---

① Friedmann John, "Regional Development Policy: A Case Study of Venezuela", *Journal of Women's Health*, 1966.

② 黄露：《北京、上海对周边区域经济辐射能力的比较研究》，《时代金融》2015 年第 33 期。

外围区扩散。随着市场的资源配置和政府的调节作用，中心区与外围区的界限会逐步消失，最终空间经济逐渐向一体化方向发展。

二　区域联系思想

区域联系思想主要来源于非均衡发展理论和二元经济结构理论，两者的共通之处在于通过非均衡发展的手段，使发达地区的涓滴效应大于极化效应，使区域优势部门与落后部门的边际报酬差逐步缩小，从而打破区域之间、城乡之间存在的二元结构，实现区域之间相对均衡的发展，达到区域融合发展的一元结构，也就是区域协调的理想状态。

（一）非均衡发展理论

非均衡发展理论最早是指导发展中国家制定经济发展目标的理论依据，后被逐渐引入区域经济发展、产业发展以及教育发展中。该理论认为，在主要资源和资本有限的情况下，经济发展将是一个不平衡的发展过程，绝对的平衡发展是不可能实现的。非均衡发展理论是美国经济学家赫希曼1958年在《经济发展战略》一书中提出的，他主张发展中国家的投资应有选择地在某些部门进行，其他部门通过其外部经济作用而逐步得到发展。他认为经济进步并不同时在每一处出现，而一旦出现，巨大的动力将会使经济增长围绕最初的出发点集中；任何一个具有较高收入水平的经济都是由一个或几个区域实力中心首先发展的，即要在经济区选择战略产业和地区进行重点投资，以带动其他产业和地区的发展。[①] 该理论认为经济发展是一条"非均衡链条"，在经济发展初期，应大力发展一类或者几类带动性作用部门，以此带动其他部门的发展。赫希曼提出了"极化效应"和"涓滴效应"，认为经济发展初期"极化效应"将占主导地位，经济差距逐步拉大，随着经济的发展"涓滴效

---

① 周朗生、卢石英：《中国低碳经济非均衡发展研究——基于概念内涵、理论演进和路径选择的分析》，《经济问题探索》2011年第2期。

应"将逐渐缩小经济差距。① 赫希曼从现有资源的稀缺性和企业家的缺乏等方面指出了平衡发展战略的不可行性，并提出了非均衡发展理论，即发展中国家应当集中有限的资本和资源首先发展一部分产业，以此为动力逐步扩大对其他产业的投资，带动其他产业的发展。② 他认为，发展中国家主要稀缺的资源是资本，若实行一揽子投资，则资本稀缺这一瓶颈将无法突破，无法实现均衡增长。他指出，发展的路程好比一条"非均衡链条"，从主导部门通向其他部门，从一个产业通向另一个产业，从一个企业通向另一企业。经济发展通常采取"踩翘板"的推进形式，从一种非均衡走向新的非均衡。因此，发展政策的任务应是维持紧张、不成比例和非均衡，使"非均衡链条"保持活力。不发达经济取得经济增长的最有效途径是采取精心设计的非均衡增长战略，首先选择若干战略部门进行投资，当这些投资创造出新的投资机会时，就能带动整个经济的发展。他认为在生产力布局的决策上，应对少数发展较好的地点、地区或地带实行重点开发，不急于追求地区间的经济均衡，而是将有限的资金、技术等生产要素按回报率的高低投向对国民经济有决定意义且最有经济效益的地区，从而带动全局，逐步实现从非均衡发展到相对均衡发展。基于此，赫希曼认为，发展中国家在经济建设过程中，不能将有限的资源平均分配到所有地区和产业，而应该集中有限资源优先发展一些地区和产业。例如，将大部分资源集中投放于某些发展联系效应大的产业，通过大力发展这些产业逐步带动其他产业的发展。在确定优先发展地区时，也应有一定的先后顺序，基础不同的地区发展速度和模式不尽相同，要优先发展那些基础好、发展后劲足的地区或城市，取得先发优势，并通过这些地区或城市的辐射与引领作用逐步带动其他地区发展。③ 具体在区域发展上，赫希曼认为，如果一个国家的经济增长

---

① 赫希曼：《经济发展战略》，经济科学出版社，1992。
② 张秀生：《区域经济学》，武汉出版社，2007。
③ 陈菲：《基于非均衡发展理论的江苏高职人才培养模式创新》，《教育与职业》2017 年第 1 期。

率先在某个区域发生，那么它就会对其他区域产生作用。为了解释方便，他把经济相对发达区域称为"北方"，欠发达区域称为"南方"，"北方"的增长对"南方"将产生不利或有利的作用，分别被称为极化效应和涓滴效应。所谓极化效应，是指一些地区或城市凭借大量的资源和资本投放，在经济、科技、交通、工业指标等方面积累极大优势，增强地区或城市的竞争力，获得先发优势。所谓涓滴效应，是指先发展起来的地区或城市通过就业、消费等途径，辐射和带动落后地区发展。极化效应和涓滴效应相辅相成、互为补充，一开始极化效应会发挥主要作用，但从长期看，涓滴效应会成为主旋律。① 在区域经济发展中，涓滴效应的作用最终会大于极化效应而占据优势，原因是长期来看"北方"的发展将带动"南方"的经济增长。"北方"的发展会导致城市拥挤等环境问题出现，"南方"的落后则在国内市场需求方面限制了"北方"的经济扩张，国家经济发展也将因"南方"的资源没有得到充分利用而受到损害，于是国家将出面来干预经济发展，加强"北方"的涓滴效应，促进"南方"的经济发展，同时，也有利于"北方"的经济继续增长。简言之，一个国家或地区的经济进步并不同时出现在每一处，经济进步的巨大推动力将使经济增长围绕最初的出发点集中，增长极的出现意味着增长在区域间的不平等是经济增长不可避免的伴生物，是经济发展的前提条件。在经济发展的初期阶段，极化效应占主导地位，因此区域差异会逐渐扩大；但从长远看，在政府的宏观调控和特殊政策下，涓滴效应又将缩小区域差异②。

（二）二元经济结构理论

城乡二元经济结构模型是美国著名经济学家刘易斯在 20 世纪 50 年代提出来的。刘易斯的二元经济结构模型主要揭示了农村劳动要素报酬

---

① 陈菲：《基于非均衡发展理论的江苏高职人才培养模式创新》，《教育与职业》2017 年第 1 期。

② 陈菲：《基于非均衡发展理论的江苏高职人才培养模式创新》，《教育与职业》2017 年第 1 期。

率低下从而形成推动农村剩余劳动力转移的市场机制。"二元"指的是
发展中国家以农业为主的传统部门和以工业为主的现代部门，前者容纳
的人口众多，生产技术落后，人民生活水平低，是一种边际劳动生产率
为零的剩余劳动力经济体，呈现"劳动力无限供给"的特点；后者劳动
生产率远高于前者，能够容纳更多的劳动力。① 刘易斯提出的二元经济
理论模式为发展中国家传统经济向现代经济转变提供了理论基础。② 他
认为，农业剩余对工业部门的扩展和劳动力向城市转移具有决定性的意
义。发展只能在城市工业部门优先增长的基础上进行，经济发展是城市
现代工业部门不断扩张的过程，新的就业机会是由城市工业部门的不断
扩张创造出来的。在两种不同经济中就业的相对人口比例取决于高工资
经济中能够提供就业机会的资本数量，也取决于高工资经济中的工资水
平。剩余劳动力由边际生产率低的农村向边际生产率高的城市转移，必
然推动经济增长，而城市化带来的人力资源在城市和农村间的重新配置
是实现经济发展的根本途径。刘易斯认为，资本家会以不变的工资得到
更多的剩余价值，完成资本积累，从而推动生产规模扩张，而由于生产
规模的扩张，更多的劳动力会被吸引到生产过程，从而创造更多的资本
剩余。只要农业部门尚有剩余劳动力存在，这个过程将一直延续下去，
直到农业剩余劳动力全部被吸引。这时工业劳动者的工资和农村劳动者
的收入都将随投资的增加而逐步提高，工农业趋向均衡发展，从而实现
传统经济向现代经济转化，城乡处于均衡发展状态。③ 刘易斯在《无限
劳动供给下的经济发展》一文中刻画了后起国家存在的二元经济特征：
在一定的条件下，传统农业部门的边际生产率为零或呈负数，劳动者在
最低工资水平上提供劳动，因而存在无限劳动供给。城市工业部门工资
比农业部门工资稍高点，并假定这一工资水平不变，两部门工资差异诱
使农业部门剩余劳动力向城市工业部门转移。经济发展的关键是资本家

---

① 孙兴全：《刘易斯二元经济结构理论对中国的解释力》，《财政监督》2015 年第 16 期。
② 李淼：《城乡二元经济结构理论与我国现实状况的剖析》，《商业时代》2010 年第 31 期。
③ 李淼：《城乡二元经济结构理论与我国现实状况的剖析》，《商业时代》2010 年第 31 期。

利润即剩余的使用，当资本家进行投资，现代工业部门的资本量就会增加，从农业部门吸收的剩余劳动力就会更多。当剩余劳动力消失，劳动的边际生产率提高，与工业达到一致，这时经济中的二元结构也就消失了。在刘易斯的"二元经济"模型中，农业剩余劳动力转移是伴随着经济发展过程的持续，通过两种在时空上并存的形式而最终实现的。一种形式是农业剩余劳动力的产业转移，即社会劳动力从传统的自给性农业部门流向现代资本主义工业部门；另一种形式是农业剩余劳动力的地域转移，传统的、自给性的农业部门主要分布在农村，而先进的现代资本主义工业部门主要在城市，农村部门的剩余劳动力向现代工业部门的转移过程，从地域上讲，就是农村劳动力及农村人口向城市转移的过程。[①]

后来，美国学者拉尼斯和费景汉在刘易斯二元经济结构模型的基础上又做了进一步的分析和推演，指出农业劳动力向工业流动必须有个先决条件，即农业由于生产率的提高而出现了剩余产品，可以为工业化的扩大提供必需的消费资料。二人运用现代经济学理论和计量经济学方法描述二元经济转化问题，建立了自己的理论模型。按照其观点，假定一个经济体的经济发展初期，全部人口都从事农业生产，由于制度因素的约束，所有农业人口均享有用平均农产品表示的制度工资。随着工业部门的出现，工业部门可以参照农业制度工资水平吸收农业人口进入工业部门，只要工业部门的工资不低于农业制度工资。[②] 拉尼斯和费景汉在刘易斯两部门划分的基础上，认为农业部门不仅存在边际生产率为零的劳动力，还存在边际生产率大于零但小于不变制度工资的劳动力，[③] 他们把劳动力向工业部门的流动过程划分为三个阶段。第一阶段类似于刘易斯模型，劳动的边际产品等于零，当劳动力从农业部门转移出去时，农业总产量不会下降。随着剩余劳动力从农业部门转移，总农产品与现存农业劳动力对农产品的消费之间产生一个差额，即农业剩余，

---

① 邢艳霞、张德红：《二元经济结构理论与现实的悖论——中国与东北经济"二元结构"的特例分析》，《当代经济研究》2005 年第 11 期。

② 李森：《城乡二元经济结构理论与我国现实状况的剖析》，《商业时代》2010 年第 31 期。

③ 谭崇台：《发展经济学》，山西经济出版社，2001。

当这部分劳动力转移完毕，经济发展就进入第二阶段。在第二阶段，工业部门吸收那些边际生产率低于农业部门平均产量的劳动力。此时，劳动力的边际产量为正值，他们向工业部门的转移导致农业部门的萎缩，从而农业向工业提供的剩余减少，农产品供给短缺，使工农业产品间的贸易条件转而有利于农业，工业部门工资开始上涨。在第三阶段，二元经济改造完成，传统农业向现代农业转变。农业和工业工资都由其边际生产率决定，农业与工业间的劳动力流动完全取决于边际生产率的变动。因而可以看出，农业对促进工业增长所起的作用，不只是消极地输送劳动力，还包括积极地为工业部门的扩大提供必不可少的农产品。经过改进后的模型更准确地反映了二元经济发展的内在联系和自然演进过程。劳动力的边际产品大于固定的、由制度决定的实际工资时，由农业部门转向工业部门的工人工资水平就可以摆脱制度因素，完全由市场调节，农业部门实现了商业化，整个经济完成了由二元经济向一元经济的转变。在这个过程中，困难在于第二阶段。在第三阶段到来之前，很有可能出现工业部门的扩张在农业部门全部剩余劳动力被吸收完毕之前就停止的情况。费景汉和拉尼斯认为，这时就必须将一部分工业利润投向农业部门，以促进农业生产技术的改进和农业劳动生产率的提高。由此可以看出，费景汉和拉尼斯的二元经济转换模型比刘易斯二元经济结构模型进步的地方在于提出了通过提高农业劳动生产率来增加农业剩余和劳动边际产品，从而缩短商业化点的到来时间，推动二元经济结构的转变。①

三 区域分工思想

区域分工思想主要来源于成本学说、要素资源禀赋论、竞争优势理论和产业集群理论等，按照分工理论的基本思想，分工是社会财富迅速积累的根本来源。区域分工的意义在于，能够使各区域充分发挥其资

---

① 李森：《城乡二元经济结构理论与我国现实状况的剖析》，《商业时代》2010 年第 31 期。

源、要素、区位等方面的优势进行专业化生产，强化区域分工的协调度，有利于提高各区域的经济效益和国民经济发展的总体效益。

（一）成本学说及要素资源禀赋论

区域分工思想最早来源于亚当·斯密的绝对成本学说、大卫·李嘉图的比较成本学说。斯密认为每个国家都有适于生产某些特定产品的绝对有利的生产条件，如果每个国家都根据绝对有利的生产条件去进行专业化生产，就可以使成本绝对降低。斯密在批判重商主义时提出了优势原理，并把优势区分为绝对优势和相对优势，认为一个社会要实现它的生产目的，必须根据优势进行分工。国家之间亦是各具优势，其中有的是自然固有的，如气候、土质、矿藏等自然条件，有的是后来获得的，如劳动熟练程度、技术水平等，这两种优势都可以使一个国家在某种产品的生产上节约劳动时间，形成成本优势，从而在国际市场上取得价格优势。因此，各个国家都应发挥自己的优势，发展自己的优势产品。"只要甲国有此优势，乙国无此优势，乙国向甲国购买，总是比自己制造有利。"同时，斯密比较清楚地认识到，其实绝对优势才是形成国际分工和国际贸易的根本依据，但相对优势同样不能忽视。可能在同一国家工业和农业并存，就可以在两个优势中选取最优；也可能在一国内，工农业均处于劣势，但可以在两个劣势中选取次劣势。在不同的国家实行产品生产的专业化，会有利于国际分工和国际贸易。[①] 比较成本说最早是由托伦斯提出的，但李嘉图最先注意到比较成本的重大意义并对之加以论证。李嘉图的比较成本理论出色地论述了国际贸易发生的原因，为之后的国际贸易理论奠定了基石。李嘉图在斯密的基础上提出了比较优势理论，他认为资本和劳动力在国家间不能完全自由地流动和转移，所以不应该以绝对成本的大小来作为国际分工和贸易的原则，而是要依据比较成本来开展国际分工与贸易。如果有两个生产率水平不相等的国

---

① 亚当·斯密:《国民财富的性质和原因的研究》，商务图书馆，1974。

家，其中一个国家生产任何一种商品都处于绝对有利的地位，但有利的
程度不同；另一个国家生产任何一种商品都处于绝对不利地位，但不利
的程度不同。在这样的情况下，两个国家仍然可以通过国际分工和贸易
而相互获得利益。李嘉图认为，当两个国家、两种商品的生产成本存在
比较差异时，只要两国分工生产各自具有相对优势的商品，那么，两种
商品的产量都将会增加，各国都能通过交换得到比较利益。① 所谓比较
成本理论，是指不同国家生产不同产品存在着劳动生产率的差异，各国
分工生产各自具有相对优势（劳动生产率较高或成本较低）的产品，进
口本国不具有成本优势的产品。比较成本又被称为比较利益，其核心是
一国产业的比较优势。各个国家按照比较利益原则加入国际分工，从而
形成对外贸易的比较利益结构，其实质是机会成本原则。在现实条件
下，一国总要面临稀缺资源的约束，一定数量的资源一旦用于某种产品
的生产，就不能再用于生产其他产品，即一种产品的生产总是以放弃其
他产品的生产为代价的。②

此后，赫克歇尔和俄林提出了要素禀赋理论，又被称为赫克歇尔—
俄林理论（Heckscher-Ohlin 理论，即 H-O 理论）。该理论最初由瑞典经
济学家赫克歇尔于 1919 年在《对外贸易对收入分配的影响》中提出其
基本观点，后经其学生俄林于 1933 年整理发展而成，发表在《地区间
贸易与国际贸易》一书中。该理论构造了一个包含"两个国家、两种商
品、两种生产要素（劳动和资本）"的模型，假定两国技术水平相同，
则要素禀赋差异是国际贸易产生的根本原因。从产出的角度来看，在技
术水平相同时，地区要素禀赋差异导致两国产出差异，进而造成商品供
给能力差异，致使两国同种商品价格不同，为两国开展贸易提供了可能
性。从成本的角度来看，地区要素禀赋差异导致两国要素供给量存在差
异，造成要素相对价格不同，进而导致商品生产成本与最终价格的差

① 苗勃然、吴霞：《论比较成本学说的演进与现实意义》，《经济研究导刊》2013 年第
35 期。
② 曾国良：《从比较利益学说到竞争优势——兼论古典学派的比较成本理论》，《理论与改
革》2004 年第 2 期。

异，使得两国能够开展贸易。根据要素禀赋理论，若两个国家均按照自身的要素禀赋情况，出口本国丰裕要素生产的商品，进口需要消耗本国稀缺要素的商品，则两个国家均拥有比较优势，可以同时提高福利水平。① 赫克歇尔和俄林认为，区域之间或国家之间生产要素的禀赋差异是它们之间出现分工和发生贸易的主要原因。具体来说，一个地区或者一个国家所拥有的各类生产要素是不同的，并且各种商品在其制造、处理的过程中所需要的生产要素比例也是不同的。② 以迪克西特、斯蒂格利茨、克鲁格曼、格罗斯曼、赫尔普曼为代表的新贸易理论学派认为，导致国家之间发生贸易、形成分工的原因既有比较优势、要素禀赋的作用，也有规模经济和不完全竞争市场的作用。比较优势、要素禀赋的差异导致了国家之间的产业间贸易，形成产业间分工；规模经济和不完全竞争市场导致了国家之间的产业内贸易，形成产业内分工。克鲁格曼认为，比较优势产生于资源禀赋的不同，但在许多情况下，通过一个正反馈过程，产业似乎能创造自己的比较优势，比较优势来自自我加强的外部经济，而不是源自一国潜在的资源条件。新贸易理论认为，报酬递增和规模经济等原因决定了一国的出口产品和国际分工模式。新贸易理论认为，既然报酬递增是国际贸易产生的主要原因，那么，某国在哪些行业具有报酬递增的性质就决定了其在国际分工中的地位。在克鲁格曼看来，一国的国内市场决定了国际分工模式，或者可以理解为，在报酬递增条件下，每个国家都趋向于出口其具有较大本国市场的产品。③

新兴古典理论认为，社会生产最初只有农业生产没有制造业生产，分工结构是自给自足。随着农业的发展，社会出现剩余产品，开始出现交换，交换的发展又促进交易效率的提高，进一步促进分工，分工结构

---

① 柏星：《中国区域要素禀赋结构与制造业结构协调发展研究》，硕士学位论文，云南财经大学，2022。

② 温馨：《要素禀赋结构升级对中国旅游经济发展质量的影响研究》，硕士学位论文，兰州大学，2022。

③ Krugman, P. R. "Scale Economies, Product Differentiation, and the Pattern of Trade", *The American Economic Review*, 1980, 70 (5).

从自给自足过渡到局部分工，出现半专业化的农业和半专业化的工业。由于农业生产需要占用较多的土地，而工业生产则不会过多地受土地制约，于是工业品生产者为了降低交易费用，选择在一起居住。当分工和专业化进一步发展，在制造业内部出现专门制衣、修建房屋、制造家具等的专业化生产时，为了降低交易费用，非农职业者必然选择居住在一起，于是城市就产生了。新兴古典理论还讨论了分工和交易效率的关系，假设每个人的居住地点不变，每一对交易伙伴都到他们之间的中点进行交易，那么当分工水平提高而要求交易的网络扩大时，总的交易旅行距离和相关的费用会成比例地扩大，而如果所有人都将交易集中到一个地点，则会大大减少总的交易旅行距离，从而极大地降低交易费用，提高交易效率。新兴古典理论还揭示了并不是在任何情况下集中交易都能节约交易费用，能否节约交易费用同分工水平的高低有关。集聚通过将一个大的交易网络集中在一个相对较小的区域来降低交易费用，从而实现分工的提升。

（二）竞争优势理论及产业集群理论

迈克尔·波特的竞争优势理论和产业集群理论进一步强化了区域分工思想，他在1990年出版的《国家竞争优势》一书中提出了竞争优势理论。国家竞争优势理论是以提高经济发展水平、提升国家竞争力为目的的一种理论，其出发点是培养一个国家的竞争优势从而获得更高的国际地位，其分析竞争的核心是产业。[①] 波特认为，一个国家兴旺发达、在国际社会中产生竞争优势的核心在于充分创新，企业是国家竞争优势形成的基础与根源。波特提出，一个国家某产业的竞争优势由生产要素、国内需求、支撑产业和相关产业、企业这四个方面的因素所决定，同时，还与政府作用相关。前四个因素相互组合形成一个菱形结构，形似钻石，因此竞争优势理论常被称为"钻石理论模型"。国家主导产业

---

① 荣静：《甘肃省经济发展的路径研究——基于国家竞争优势理论视角》，《淮海工学院学报》（人文社会科学版）2018年第4期。

具备充分竞争优势，即此产业生产力发展水平具备充分竞争优势。对于国家竞争优势理论中各生产要素的作用，波特认为，高级要素（包括现代化通信基础设施、高等教育人力及各大学研究所等）和专业性要素（技术型人力、先进基础设施、专业知识领域，及其他定义更明确且针对单一产业的因素）共同配合决定竞争优势的质量及可持续性。要素的培育与创造固然重要，但能创造出生产要素的机制更重要。他认为，国内需求是产业发展的动力，是产业竞争优势的第二个关键因素。因文化亲和力和地缘优势等作用，本国企业较外国企业更具竞争优势，如企业细分国内市场需求结构，拥有内行而挑剔的客户并留意客户超前预期需求，也会使企业具备竞争优势。波特指出，支撑产业和相关产业是形成国家竞争优势的第三个关键因素。波特认同上游产业与下游产业之间的关系，认为一个拥有强大竞争力的上游产业可以带动一部分下游产业的发展，同时下游产业的发展在一定程度上也会弥补上游产业发展的不足。相关产业彼此牵动能带动创新，产业集群可提升上下游产业优势，形成国家竞争优势。此外，波特也对相关产业内的提升效应做了一定的解释，强调了加强各个企业关联程度的重要性。国家竞争优势的第四个关键因素是企业，企业的目标、战略和组织结构优化组合影响国家竞争优势。企业家进取心、劳资关系、员工努力程度及对企业的忠诚度、精英人士的民族使命感、独具特色的产品与服务战略、与相关行业竞争者的合作模式以及创建新兴商业形态均是提升国家竞争优势不可或缺的条件。国家竞争优势的最后一个关键因素是政府。波特认为，政府的作用是刺激产业创新、鼓励产业发展，制定适合竞争的产业政策以发展生产力，而不是一味保护与补贴。[①]

1990 年，波特在《国家竞争优势》中提出产业集群（Industrial Cluster）的概念，并对集群现象进行深入分析，将产业集群定义为"在某一特定的领域内，大量产业联合密切的企业及相关机构在空间上集

_____

① 赵丽媛、王福兴：《国家竞争优势理论对增强文化自信的启示》，《东北农业大学学报》（社会科学版）2018 年第 4 期。

聚，并形成强劲的、具有持续竞争优势的企业及各种相关机构联合"①。产业集群通常包括下游产业的公司，互补产品的生产商，专业化基础结构的供应者和提供培训、教育、信息、研究、技术支持的其他机构，例如大学、智略团、职业培训提供者、技术标准机构等，很多集群还包括商会和涵盖集群成员的其他集团组织。波特认为产业集群通过区域集聚形成有效的市场竞争，构建出专业化生产要素优化集聚洼地，使企业共享区域公共设施、市场环境和外部经济，降低信息交流和物流成本，形成区域集聚效应、规模效应、外部效应和区域竞争力。波特认为，产业集群具有明显的产业价值链地域空间集聚特征，既有主导产业企业，又有为主导产业提供配套服务的其他产业企业和机构，这些关联产业和机构共同组成一支立体作战军团，既激烈竞争又彼此合作，从而赢得企业和产业的竞争优势。集群通常发生在特定的地理区域，可以使生产率和创新利益提高，交易费用降低。② 产业集群是区域高度专业化分工的产物，具有两个主要特征：一是地理集聚性和产业关联性，即各个主体之间在空间上是相邻的，在产业协作上是关联的；二是竞争性，竞争的存在促进区域内的微观主体积极进行技术和制度方面的创新，从而为区域整体发展提供了原动力。波特认为产业集群从三个方面影响竞争：一是提高区域企业的生产率；二是指明创新方向和提高创新效率；三是促进新企业的建立，从而扩大和加强集群本身。产业集群理论强调，区域的发展不是简单地争论发展的平衡与否，而是要发挥区域各种资源要素的整合能力，追求适合于区域具体特征的区域发展道路。产业集群具有技术创新的制度优势。随着集群区域的发展、壮大，除了生产企业，还聚集了大量的服务企业以及提供研究和技术性支持的机构，这些机构对加强技术的研发、交流和扩散以及促进区域内企业技术进步都起到重要的支撑作用。实施产业集群战略可以通过资源的整合利用增强集群的整体

---

① 李中斌：《基于生态学理论的产业集群模式探析》，《宏观经济研究》2009 年第 7 期。
② 张祖林：《基于波特集群理论的创意产业园区发展路径探析》，《上海管理科学》2008 年第 1 期。

实力，扩大其发展的乘数效应，大幅提升承接产业转移的能力，最终促成落后地区的飞速发展。[1] 波特指出，产业集聚是发达国家（或地区）经济的重要特征，国家的成功并非依靠某个孤立的产业，必须依靠在垂直和水平方向上紧密联系的产业集聚。[2]

波特把产业集群理论推向了新的高峰，他从组织变革、价值链、经济效率和柔性方面所创造的竞争优势角度重新审视产业集群的形成机理和价值。波特对产业集群的研究是结合其对国家竞争优势研究而展开的。波特在竞争优势理论中强调，"钻石理论模型"是一个动态的系统，只有在每一个因素都积极参与的条件下，才能创造出企业发展的环境，进而促进企业投资和创新，因此，地理集中是必要条件。地理集中造成的竞争压力可以提高国内其他竞争者的创新能力，但更为重要的是地理集中而形成的产业集群将使四个基本因素整合成一个整体，从而更容易相互作用和协调提高，形成国家竞争优势。波特在其竞争优势理论中指出，国家竞争优势的获得，关键在于产业的竞争，而产业的发展往往是在国内几个区域内形成有竞争力的产业集群。[3]

四　区域空间结构思想

（一）空间结构理论

由于各种经济活动的经济技术特点及由此而决定的区位特征存在差异，它们在地理空间上所表现出的形态是不一样的。比如，工业、商业等表现为点状，交通、通信等则表现为线状，农业多表现为面状。这些具有不同特质或经济意义的点、线、面依据其内在的经济技术联系和空间位置关系，相互连接在一起，就形成了有特定功能的区域空间结构。一般地，区域空间结构由点、线、网络和域面四个基本要素组成，这些

---

[1] 张慧：《论梯度转移理论与产业集群理论的优劣》，《现代经济信息》2014年第22期。
[2] 何雄明：《产业集群理论发展与评析》，《中国商界》（上半月）2010年第9期。
[3] 贾文艺、唐德善：《产业集群理论概述》，《技术经济与管理研究》2009年第6期。

要素相互组合可成为不同模式，各模式具有特定的经济功能。

区域形态与区域结构组成了区域系统。对区域空间结构的研究除了研究其本身的特点和内在的各种关系外，对其表征的区域形态的研究也是认识和了解其空间结构最直观迅速的手段。美国学者弗里德曼在1966年出版的《区域发展政策》一书中把区域空间结构的演变划分为四个阶段，区域空间结构在每个阶段表现出特有的形式。

一是前工业阶段。工业化之前，区域空间结构的基本特征是区域空间均质无序，其中有若干个地方中心存在，但是它们之间没有等级结构分异。由于这个时期区域的生产力水平低下，经济极不发达，总体上处于低水平的均衡状态，对应的区域空间结构是由一些独立的地方中心与广大的农村所组成的，每个地方中心都占据一块狭小的地方，区域内部各地区之间相对封闭，彼此很少联系。

二是过渡阶段。工业化初期，在工业化的进程中，某个地方经过长期积累或外部刺激而获得发展的动力，经济快速增长，发展到一定程度就成了区域经济的中心，这个中心的产生就打破了区域空间结构的原始均衡状态。在这个阶段区域空间结构由单个相对强大的经济中心与落后的外围地区所组成。该中心以其经济发展的优势吸引外围地区的要素不断向它集聚，越来越强大，而外围地区则更趋向落后，从而致使区域空间结构日趋不平衡。

三是工业化阶段。在工业化阶段，随着经济活动范围的扩展，区域产生了新的经济中心。这些新经济中心与原来的经济中心在发展上和空间上相互联系、组合，就形成了区域的经济中心体系。由于每个经济中心都有与其规模相应的大小不一的外围地区，区域中就出现了若干规模不等的中心—外围结构，这些中心—外围结构依据各自的中心在经济中心体系中的位置及关系，相互组合在一起。在这个时期，区域空间结构趋向复杂化和有序化，并对区域经济的增长有着积极的影响。

四是后工业化阶段。在这个时期，经济发展达到了较高的水平，区域内各地区之间的经济交往日趋紧密和广泛。同时，不同层次和规模的经济中心与其外围地区的联系也越来越紧密，它们之间的经济发展水平差异在缩小。所以，区域内就逐步形成了功能上一体化的空间结构体系。随着中心与外围地区界线的逐渐消失，区域最终走向空间一体化。

（二）区域空间结构演变理论

陆大道在1988年出版的《区位论及区域研究方法》一书中总结前人的研究成果，提出了区域空间结构演变理论，将区域空间结构演变划分为四个阶段。

一是农业占绝对优势的阶段。在农业社会早期，生产力水平低下，社会生产和生活封闭性明显，区域内的居民点呈散布状态。随着商品经济发展，城市逐步出现，但它们之间在性质和规模上没有从属关系或等级关系，是一种低级的居民点体系。城市与乡村之间在人员、物资、信息等方面的交流不多，道路等区域性基础设施水平低，没有形成网络。这一阶段区域空间结构总体上处于低水平的"平衡状态"且比较稳定。

二是过渡阶段。由于受到内部社会变革和外部条件变化的影响，区域经济开始呈现较快的增长，手工业和采矿业日趋繁荣，初级原材料工业和制造业逐步兴起，水运、铁路、公路运输开始出现，与之相伴的是区域商品生产与交换规模的扩大，同时大量农村人口流入城市，客观上使城市与乡村的联系得到加强。区域经济增长主要发生在城市，因而导致区域内部的空间不平衡，远离城市的边缘地区仍然处于极不发达状态。

三是工业化和经济起飞阶段。在技术进步和社会变革的推动下，社会生产力得到进一步的解放，区域经济开始进入强烈动态增长期。从产业发展来看，以钢铁、机械、化工、动力、纺织等为主的第二产业及第三产业发展迅速，交通运输网络深入到区域的各个部分。区域中原有的城市逐渐发展成为大城市，第二和第三级中心也逐步成长起来。上一阶段单一的"中心—外围"结构逐步演变为多核心结构。城乡之间、城市之间的交流日趋活跃，在这个过程中城市的等级体系开始形成，边缘落后地区也因此得到一定程度的开发。

四是技术工业和高消费阶段。在这个时期，区域社会生产力因科学技术的高速发展和广泛应用而得到高度发展，现代交通运输和通信网络形成，各地区之间的不平衡以及就业、收入、消费水平和选择机会等方面的差异逐步消失，区域内的空间和资源得到更充分合理的利用。城镇居民点、服务设施及其影响范围都形成了各自的等级体系。区域空间结构中的各组成部分完全融合为一个有机的整体，空间结构在较高水平上重新达到平衡状态。

（三）流空间理论

流空间一词最早出现在 Castells 1989 年出版的《信息化城市》一书中，之后 Castells 在《网络社会的崛起》一书中通过广泛的举例和推演，对传统的场空间和流空间概念进行了详细表述：场空间是固定化存在的物质性空间，场所的精神也涉及其中；流空间则是指"通过流来共享时间的社会实践的物质组织"。为了准确界定，Castells 提出流空间的四个层次。

第一层次，所有技术性基础设施网络，如信息系统、通信和运输线路等。基础设施的能力和性质以及设施的位置决定了流空间的功能及其与其他空间形式和过程的关系。因此，金融市场、高新技术产业、商业服务、娱乐、新闻媒体、科学技术、服装设计、艺术、运动及宗教都可以组成一个特定的网络，这个网络由特定的技术系统和地域背景所支撑。

第二层次，各种节点和枢纽组成的网络。网络中较为关键的活动往往集中在某些或某个节点。节点如金融界的华尔街；枢纽是交流的场所，组织各种各样的交换，如机场、港口、火车站及汽车站。

第三层次，处于支配地位的管理精英网络化工作、居住、休闲、生活的空间，包括邻近上述节点的居住区、日常生活区以及与其他地区隔离的特殊通道，如贵宾室、虚拟办公室、正在运行的线程、标准化的国际酒店等。

第四层次，网站等组成的电子交往活动空间。越来越多的活动由虚拟网络产生，信息决策与交流都在虚拟网络上实现，该空间承载了信息、资金、技术、影响、声音和符号的流动，空间距离逐渐被弱化，数字鸿沟和心理距离扮演着越来越重要的角色。这一层次空间的存在促进了新地理区位的出现，如现代服务业对信息产地和信息处理中心的依赖；地区优势从地区资源、中心性向网络结构、中介性、流动性和地区势能转变。

（四）区域空间结构的形成与发展机制

传统空间地理理论认为，区域空间结构是在多种力量的交互作用下形成和发展的，主要包括区位指向效应、集聚与扩散机制、空间近邻效应三个方面。

1. 区位指向效应

区位指向是经济活动在选择区位时所表现出的尽量趋近于特定区位的趋向。通常，经济活动的区位指向可以分为以下几种。一是自然条件和自然资源指向。某些经济活动（如农业和采矿业）在空间分布上趋向于相关自然条件和自然资源集中的地方。二是原料指向。在生产过程中需要投入大量原料的经济活动（如钢铁、建材、木材加工、重型机械制造等）的区位趋向于原料集中供给地。三是燃料动力指向。一些经济活动（如火力发电、有色金属冶炼、电冶合金等）在生产过程中需要消耗大量的燃料或者是需要获得稳定的动力供给，它们在选择区位时趋向于燃料、动力供给地。四是劳动力指向。部分经济活动在生产过程中需要大量使用劳动力或对某种类型的劳动力有很大的依赖性，因而在选择区位时趋向于相关劳动力集中的地方。五是市场指向。有的经济活动（如服务业、部分食品和饮料工业等）在生产和经营过程中产品销售受市场影响大或产品不能长途运输，因此，它们的区位趋向于市场。六是运输指向。有的经济活动运输费用在产品的成本中占的比重高，需要从不同的地方获得原材料或向许多地方发送产品，所以，它们在选择区位时通常都趋向于运输费用最低的地方。在一般情况下，经济活动主要是受区位指向的制约，表现出点状、线状、面状分布形态。这些空间形态就是区域空间结构的基本构成要素。由此可见，区位指向是影响区域空间结构形成与发展的一种重要的、基本的力量。

2. 集聚与扩散机制

集聚是指资源、要素和经济活动等在地理空间上的集中趋向与过程。集聚机制的形成源于三个方面。一是经济活动的区位指向。区位指向相同的经济活动往往都趋向于集中在同类区位，使经济活动在少数地方的集聚。二是经济活动的内在联系。出于加强相互联系的需要，一些内在联系紧密、相互依赖性强的经济活动往往趋向于集中在某一适宜地区。三是经济活动对集聚经济的追求。各种经济活动为追求集聚经济也需要在空间上趋于集中。可见，集聚机制的形成是必然的。集聚过程一旦开始，就极易形成循环因果式促进集聚的力量，从而加速集聚过程。集聚能够产生集聚引力。在集聚引力的作用下，区域经济在空间上会发生一系列的变化。首先，集聚将导致区域的极化现象。资源、要素、企业、经济部门等不断地向优势区位移动，将加剧经济发展的空间差异与不平衡。其次，集聚是促进发达地区、城市、城市密集区、专业化地区、产业密集带等形成和发展的主要力量。最后，集聚还能够引发和加剧经济发达地区与落后地区、城市与农村、专业化地区与一般地区之间形成发展关系上的"马态效应"，即强者恒强，弱者恒弱。

扩散机制的形成源于以下几个方面。第一，避免集聚不经济。所谓集聚不经济就是当集聚规模超过了一定限度而发生的集聚经济效益减少、丧失，以及集聚带来的外部环境对经济活动的负面约束现象，如人口稠密、地价上涨、交通拥挤、生活费用和生产成本大幅度上升、环境污染等。面对这些问题，一些经济部门以及相关的资源、要素就不得不从原来的集聚地区迁移出去。第二，寻求新的发展机会。如集聚地区的部分企业、经济部门为寻求进一步的发展，主动到周围地区建立分支机构或新的发展据点；集聚地区部分企业和经济部门为了减小竞争压力不得不到其他地区开辟新的市场；集聚地区在经济结构转换过程中被淘汰下来的部分企业和经济部门到经济发展水平低的区域去寻求立足之地。第三，政府的政策作用。地方政府为了解决集聚地区因经济活动过密、人口膨胀而产生的种种经济、社会、环境问题，缩小区域之间的经济发展差异，会制定出台一系列政策，诱导和鼓励集聚地区的资源、要素、企业和经济部门等向其他地区扩散。总体而言，扩散机制将促进资源、要素、企业、经济部门在空间上趋于相对均衡，有利于逐步缩小区域内部的经济水平差距，促进经济协调发展。

集聚与扩散机制是相互对立和并存的，是制约区域空间结构形成与发展的重要机制，它们之间的关系体现在以下两个方面。

首先，在区域空间结构形成与发展的不同阶段，集聚与扩散机制发挥作用的强度不一样。在区域空间结构形成初期，集聚机制起着主导作用，引发区域内部的空间分异。在区域空间结构发展时期，集聚机制的作用将逐步减弱，扩散机制逐渐发挥作用。当区域空间结构进入成熟期，集聚机制与扩散机制同时发挥作用，其表现形式和程度较为复杂，一般情况是扩散机制的作用强于集聚机制。

其次，集聚机制与扩散机制的作用都存在一定的惯性。也就是说，集聚（或扩散）一旦发生，就将沿着其固有的方向持续下去，在没有人为干预的情况下，只有等到集聚不经济（或扩散不经济）出现，集聚（或扩散）才会受到遏制，并有可能由以集聚为主转化为以扩散为主（或由扩散为主而转为以集聚为主）。这时，原来的集聚（或扩散）趋势是不会消失的，仍将与扩散（或集聚）同时存在，但其内容、规模、层次、速度等会发生变化。

3. 空间近邻效应

空间近邻效应是指区域内各种经济活动之间或各区域之间的空间位置关系对其相互联系所产生的影响。研究表明，各种经济活动或区域的经济影响力随空间距离的增大而呈减小的趋势，这就是地理学的空间距离衰减原理。根据这个原理，我们不难看出，在区域空间结构的形成与发展中，各种经济活动或地区之间的空间距离不同，相互间发生联系的机会和程度也就存在差异。进而，这种差异影响经济活动的空间分布与组合，即区域空间结构的形成和发展。

空间近邻效应对区域空间结构形成与发展的影响表现在三个方面。其一，促使区域经济活动就近扩张。在满足发展所需条件的前提下，各种经济活动一般都会采取由近及远逐步推进的方式来扩大自己的影响空间、建立分支机构、寻求发展合作伙伴等。其二，影响各种经济活动的竞争。由于在一定时期内可投入到经济发展中的资源和要素是有限的，同时市场的需求也是有限的，那么，位于同一地区或相互靠近的各种经济活动在利用资源、要素以及开发市场时就势必会发生激烈的竞争。如果经济活动彼此在空间上相距较远，那么，它们之间的竞争就可能减少。其三，带来各种经济活动发展的相互促进。各种经济活动在空间上相互靠近除了会加剧竞争，也将获得更多建立相互依存的发展关系、开展分工与协作的机会。这样，它们既能因分工与协作而提高经济效益，又能在分工与合作中较容易地寻找到新的发展机会。

第二节　国内外区域协调发展研究综述

区域经济发展会随着空间结构的变化，产生分化态势明显、发展动力极化现象突出、边缘区域发展面临较大困难等现实问题，为提升区域可持续发展能力和整体竞争力，国内外学者围绕区域协调发展的内涵、影响因素、实现路径等问题产生了一系列研究成果。

一　国外区域协调研究综述

国外学者对区域协调发展问题的深入研究始于20世纪60年代。1929年，美国经济危机的爆发，冲击了西方资本主义国家的原有经济政策，"走自由放任的发展道路无法实现经济的快速发展"的意识越来越得到西方国家的肯定，于是，西方资本主义国家干预各地区经济发展的情况陆续出现，之后就产生了影响区域经济发展的政策。

早期的马克思主义认为在资本主义制度中城乡对立的现象在社会生产力发展到一定程度以后就有可能会消失，最终定会实现区域协调，区域协调发展的格局也就自然形成了。20世纪90年代，欧洲国家开启了区域之间的合作历程。在新古典主义关于区域协调发展的理论基础上，以市场为主导的区域之间经济协调发展的模式开始形成。关于区域经济理论的形成可以追溯到经济学发展早期的区位论，包括农业区位论、工业区位论、中心地理论、市场区位论、交通区位论等理论。区域经济协调发展相关的理论主要有区域均衡与非均衡理论、区域分工与协调理论、区域空间结构理论，著名的理论有威廉姆森的倒"U"形理论、缪尔达尔的循环累积因果论、赫希曼的不平衡理论、亚当·斯密的绝对成本学说、大卫·李嘉图的比较成本学说、佩鲁的增长极理论、弗里德曼的中心—外围理论等。

国外学者关于区域协调的研究主要从经济增长的动态视角出发，集中于区域发展差距等相关内容。Barro（1997）指出一个国家的开放可以吸收发达国家先进技术来促进技术进步，进而带动经济增长。Grossman和Helpman（2005）认为贸易的开展会促进要素优化配置，从而促进经济增长，产业结构作为国民经济最核心的结构形式，与经济发展差距有直接关系。在结构转变过程中，不同的贸易战略对经济增长过程也会产生不同的效果。Rodrigues-Oreggia（2005）、Benini和Czyzewski（2007）认为人力资本是导致区域发展差距的重要因素。Fleisher等（2010）认为区域增长取决于物质、人力和基础设施资本的区域差异以及外国直接投资流量的差异，指出技术进步、研究开发投入、知识积累和人力资本水平是促进经济增长的重要原因，也是区域经济差距的影响因素。此外，一些学者认为产业集群对经济增长具有重大作用，也是形成地区经济差距的原因（Currid-Halkett and Stolarick，2011；Delgado et al.，2016）。

总体来说，国外学者对区域协调的研究大都基于国家层面，并且主要从经济因素的视角对区域差异进行了分析，其区域协调理论的提出和完善也为国内开展相关研究打下了坚实基础。

二 国内区域协调研究综述

在国内，区域协调发展最早是由国务院发展研究中心课题组于 1994 年提出的，是 20 世纪 90 年代我国理论界提出用于解决区域经济发展差异问题的新概念，是我国在社会主义市场经济条件下区域发展战略的必然选择。新时代背景下，推动区域协调发展，是建设现代化经济体系、实现经济高质量发展的重要任务。从现有研究成果来看，国内相关专家学者主要从区域协调的概念内涵、影响因素、实现路径等方面做了相关研究。

(一) 区域协调概念内涵研究

区域协调发展的内涵随着社会经济发展而变化，不同发展阶段有不同内容。区域协调发展可初步概括为地区在由简单到复杂、由低级到高级的变化过程中配合得当、和谐一致的发展状态。现有研究主要在此基础上对区域协调发展的内涵进行了延伸，但各自的角度又存在一定的差别。

从已有研究来看，大部分学者都认为区域协调发展是指区域经济协调发展。杨开忠（1993）在研究中提出区域经济协调应当遵循三个原则，一是效率优先、兼顾公平，二是扬长避短、发挥整体优势，三是保护竞争、促进联合。蒋清海（1995）基于概念的运用和系统论的观点提出区域经济协调发展是各区域在对内对外开放的条件下形成的相互依存、相互适应、相互促进、共同发展的状态和过程，并且形成决定这种状态和过程的内在稳定的运行机制。高志刚（2002）指出区域经济协调发展是指在国民经济的发展过程中，既要保持国民经济的高效运转和适度增长，又要促进各区域的经济发展，使区域间的经济差异稳定在合理、适度的范围内，达到各区域优势互补、共同发展和共同繁荣的一种区域经济发展模式。陈秀山和刘红（2006）指出区域协调发展是一种强调均衡发展与非均衡发展相结合的动态协调发展战略，它是在国民经济发展过程中，既要保持区域经济整体的高效增长，又能促进各区域的经济发展，使地区间的发展差距稳定在合理适度的范围内并逐渐收敛，达到各区域协调互动、共同发展的一种区域发展战略。彭荣胜（2009）、覃成林等（2011）认为区域经济协调发展是指在区域开放条件下，区域之间经济联系日益密切、经济相互依赖日益加深、经济发展上关联互动和正向促进，各区域的经济均持续发展且区域经济差异趋于缩小的过程。

部分学者基于不同研究视角，进一步拓展了区域协调的内涵。肖金成（2008）基于空间和人口的视角，提出区域协调不是简单的各地区经济总量之间差距的缩小，而是人口、经济、资源环境之间的空间平衡。颜世辉和白国强（2009）认为区域协调发展不应过于关注经济差距的缩小，或是谋求区域经济发展的模式化，而应当加强对资源、环境与社会的关注，并提出区域经济的协调发展四个方面的内容，即区域间经济差距的缩小、区域间产业梯度转移与产业合作、区域社会生活水平均等化、区域环境协调。吴超和魏清泉（2003）、陈秀山和杨艳（2010）也认为区域协调发展是区域内各要素相互促进、相互协调的发展过程。魏后凯和高春亮（2011）从科学发展观的角度，将区域协调的内涵总结为全面协调发展、创新协调机制以及可持续协调发展。

国家发改委于2016年刊发的《关于贯彻落实区域发展战略　促进区域协调发展的指导意见》明确指出，区域协调发展的内涵是要素有序自由流动、主体功能约束有效、基本公共服务均等和资源环境可承载。习近平总书记在2017年底的中央经济工作会议中指出，区域协调发展要达到基本公共服务均等化、基础设施通达程度比较均衡、人民生活水平大体相当三大目标。中国社会科学研究院工业经济研究所的相关课题组认为区域协调发展是在区域发展差距、区域一体化发展、城乡协调发展、社会协调发展和资源环境协调发展五个方面的综合协调。

（二）区域协调影响因素研究

研究区域协调的影响因素对缩小区域差距、促进区域协调发展具有重要价值。学者研究发现，影响区域协调的因素是多种多样的，既有宏观层面因素，也有微观层面因素，既有政策、产业结构等传统因素，也有随经济发展而愈发重要的新要素，学者基于不同的视角和经济发展阶段特征进行了研究。

蔡昉和都阳（2000）在研究中考虑了人力资本、市场机制和开放程度对区域协调发展的影响，并提出人力资本禀赋稀缺、市场扭曲和开放程度不足是导致中西部地区与东部发达地区不协调发展的原因。周民良（2000）分析指出所有制结构的变化尤其是非国有经济的发展、区域产业结构、固定资产投资、市场发育和成熟程度等因素造成中国南北方经济差异。贺灿飞和梁进社（2004）通过时间序列和横断面数据的统计分析探讨了影响中国区域经济差异的因素，发现改革开放政策、参与全球化程度、市场化程度以及城市化进程等是导致中国区域经济差距时空变化的显著原因。陆铭和陈钊（2005）认为市场力量会驱使地理因素在市场化改革过程中加大区域间经济发展差距。吴建楠等（2009）采用熵值法从综合经济实力、产业结构、对外开放程度和居民收入水平四个方面衡量区域经济协调发展水平，并得出基础设施建设和经济协调发展之间存在着层次性的关联，经济发展水平高的地区，基础设施建设水平也高。安虎森和李锦（2010）根据新经济地理学理论提出，由于循环累积因果聚集机制的存在，适度降低区域市场开放度才是实现区域协调发展的关键。刘俊英（2013）从经济增长和结构优化两个方面衡量区域经济协调发展水平，提出政府公共支出的增长能够明显促进区域经济协调发展。叶信岳等（2014）在分析浙江省经济差异原因时提出全球化、市场化、去中心化和固定资产投资均是导致浙江省区域经济不平衡的因素。

楚尔鸣和曹策（2019）基于人力资本的角度分析了人才流动和技术转移对中国区域经济差距的作用，发现人才分布不均加大了区域经济差距。

随着社会经济的发展，数字经济、交通基础设施等新要素在构建区域经济协调发展中的作用也日益显著。卢洪友等（2012）实证分析了全要素生产率对区域经济发展差距的影响，发现前沿技术进步与区域经济差距呈负相关且对东部地区的效果较为显著。王雨飞和倪鹏飞（2016）、卞元超等（2018）、年猛（2019）等研究了高铁的开通对区域经济发展差距的影响，得出高铁的运行有利于缩小区域经济发展差距。刘梅和赵曦（2019）运用空间杜宾模型实证分析了城市群的网络空间结构对区域经济协调发展的异质性影响，得出城市群网络水平的提升能够促进区域经济协调发展。张佩等（2022）提出新基建能够通过推进产业升级、促进市场一体化、激发创新创业、提高区域治理效率助推区域协调发展。王连等（2022）从省际差异和城乡差距两个维度衡量区域协调发展程度，从数字经济对经济发展的驱动效应入手，定性研究了数字经济对区域协调发展的影响机理，研究发现数字经济缩小了省际差异和城乡差距，技术创新促进了区域协调发展，对促进区域协调发展有积极作用。

（三）区域协调发展实现路径研究

区域差异大、发展不平衡是我国的基本国情，解决区域均衡发展问题是新时代的重大课题。习近平总书记明确提出实施区域协调发展战略，对区域发展做出新部署。实现区域协调发展一方面要加快提升发展水平，另一方面则要注重缩小区域间的发展差距，即解决区域发展的不充分与不平衡问题。结合新时代区域协调发展的目标，学者根据区域社会经济发展的需要，对区域协调发展的实现路径进行了广泛研究，提出了一系列实现区域协调发展的政策建议。本文从以下三个方面总结了区域协调发展的实现路径。

一是完善区域协调机制。打破区域间政策机制壁垒是实现区域间经济协调发展与合理分工的前提。覃成林和姜文仙（2011）提出了由市场机制、空间组织机制、合作机制、援助机制、治理机制组成的区域协调发展机制体系，强调通过各机制之间的有机联系和相互制约，推动区域协调发展。姚鹏和叶振宇（2019）提出，要完善区域发展配套政策、健全相关体制机制，并通过优化空间布局促进区域的互动发展。李兰冰（2020）针对我国区域协调发展提出了以区域一体化为核心，以机制、因素和维度为支撑的理论逻辑，指出打破行政分割和地方保护、优化国土空间布局、促进要素的自由流动、推动产业协调和分工合作将有助于摆脱区域失衡困境。范恒山（2022）提出要从各类政策和战略的有效衔接、融合与支撑等方面入手，强化推进共同富裕的机制与政策安排，实现区域重大战略间的有机衔接、一体协同。

二是推动区域经济发展。加快提升区域发展水平是实现区域协调发展的目标之一，区域协调发展离不开区域经济发展这一主线。经济发展不仅包括经济增长，还包括经济结构的优化以及经济活力、经济效益的提高等，体现在投资、消费、财政、创新、产业等多个方面。王业强和魏后凯（2015）提出加快实施科技创新驱动区域协调发展，要充分发挥大城市科技创新的辐射带动作用，加大对中西部地区和老少边穷地区在科技资源配置、资金投入、人才培养、制度创新等方面的支持力度。李兰等（2017）基于财政调节的视角，提出要促进东中西部地区协调发展，应当发挥财政的调节作用，加大对中西部地区的财政扶持力度，为区域经济协调发展提供保障。林晨等（2022）认为外部投资可以帮助后发地区逃离"贫困陷阱"，促使劳动力集聚、关联企业生产率提升和技术外溢，诱发集聚经济的形成，对当地经济的长期促进效应更为明显；为实现更高效率的区域协调发展，应当合理选择产业投资区域，完善财政转移支付制度，优化地区间再分配机制，深化市场化改革，提高市场运行效率。

三是增进区域民生福祉。王继源（2019）提出，要补齐区域基础设施短板，推动教育、医疗等基本公共服务均等化，并强化生态环境保护。张可云和裴相烨（2019）基于区域协调发展三大目标提出落后地区应优先加大教育与医疗投入力度，膨胀区域既要加快各项指标间的均衡发展又要适当控制人口和经济活动集聚，衰退区域发展重点在于激发经济社会活力。刘强和徐生霞（2021）提出生态环境与公共服务水平是造成区域内差异大的关键因素，区域协调发展不仅要处理好发展与生态环境之间的关系，还要注重以人为核心，强化民生基础设施及公共服务建设，进一步改善人民生活水平。张其仔和叶振宇（2022）提出实现区域协调应当加强基础设施建设，畅通区域内外循环，在实现基本公共服务均等化、基础设施通达程度比较均衡、人民生活水平大体相当的目标中充分发挥政府作用，优化城乡一体化发展机制，扎实实施乡村振兴战略，进一步提升城乡协调发展水平。

本章围绕我国区域协调发展的概念内涵、影响因素与实现路径进行文献梳理，发现我国在区域协调发展实践与研究上均取得了长足进展，我国区域协调发展既拥有丰富的理论指导与理论研究成果，又拥有丰富的实践经验和实证研究成果，为进一步提升我国区域协调发展水平奠定了坚实基础。

第三章　区域协调发展重大战略部署

党的十八大以来，以习近平同志为核心的党中央把握时代大势、总揽发展全局，部署了京津冀协同发展、长江经济带发展、粤港澳大湾区建设、长三角一体化发展、黄河流域生态保护和高质量发展等区域重大战略，明确提出实施区域协调发展战略，推动西部大开发形成新格局、东北振兴取得新突破、中部地区实现高质量发展、东部地区加快推进现代化。区域协调发展战略是根据各地区条件，走合理分工、优化发展的路子，在发展中促进相对平衡，通过增强中心城市和城市群等经济发展优势区域的经济和人口承载能力，增强其他地区在保障粮食安全、生态安全、边疆安全等方面的功能，形成主体功能明显、优势互补、高质量发展的区域经济布局。

第一节　京津冀协同发展战略

京津冀协同发展战略是面向未来打造新型首都经济圈，推进区域发展体制机制创新，实现京津冀协同发展、创新驱动、优势互补的重要战略举措。

一　战略背景

京津冀协同发展战略是在北京"大城市病"和北京、天津对河北的"空吸"作用较强带来地区经济社会发展的不平衡、不充分的背景下被提出的。京津冀协同发展战略是习近平总书记亲自谋划、亲自部署、亲自推动的重大国家战略，紧密结合中国国情和发展阶段实际，在新的历史时期具有重要意义。实现京津冀协同发展是面向未来打造新的首都经济圈，推进区域发展体制机制创新的需要；是探索完善城市群布局和形态，为优化开发区域发展提供示范和样板的需要；是探索生态文明建设有效路径，促进人口、经济、资源环境相协调的需要；是实现京津冀优势互补，促进环渤海经济区发展，带动北方腹地发展的需要。国家层面，随着《京津冀协同发展规划纲要》《"十三五"时期京津冀国民经济和社会发展规划》等一系列文件的相继出台，形成了京津冀协同发展的顶层制度设计和具体部署。地方层面，北京、天津、河北在生态、物流、交通、教育和市场等方面签订了一系列协同发展协议框架，搭建起了京津冀协同发展战略规划体系的"四梁八柱"，京津冀协同发展进入实质化推进阶段（见表3-1）。

表 3-1　京津冀协同发展相关政策文件

序号	文件名	发布时间	发布机构
1	《京津冀协同发展规划纲要》	2015.4	中共中央、国务院
2	《京津冀协同发展交通一体化规划》	2015.7	国家发改委、交通运输部
3	《京津冀协同发展生态环境保护规划》	2015.12	国家发改委
4	《"十三五"时期京津冀国民经济和社会发展规划》	2016.2	国家发改委
5	《京津冀能源协同发展行动计划（2017—2020年）》	2017.11	北京市发改委、天津市发改委、河北省发改委
6	《关于加强京津冀产业转移承接重点平台建设的意见》	2017.12	北京市发改委、天津市发改委、河北省发改委
7	《推进京津冀民航协同发展实施意见》	2017.12	国家发改委
8	《河北雄安新区规划纲要》	2018.4	中共河北省委、河北省人民政府、国家发改委
9	《河北雄安新区总体规划（2018—2035年）》	2018.12	国务院
10	《关于支持河北雄安新区全面深化改革和扩大开放的指导意见》	2019.1	中共中央、国务院
11	《京津冀教育协同发展行动计划（2018—2020年）》	2019.1	北京市教委、天津市教委、河北省教育厅
12	《关于支持天津滨海新区高质量发展的意见》	2019.10	国务院

序号	文件名	发布时间	发布机构
13	《北京市通州区与河北省三河、大厂、香河三县市协同发展规划》	2020.3	国家发改委
14	《关于进一步加强京津冀区域重特大突发事件应急处置协同联动建设的意见》	2020.3	京津冀协同发展领导小组办公室
15	《关于支持北京城市副中心高质量发展的意见》	2021.11	国务院
16	《"十四五"时期京津冀生态环境联建联防联治合作框架协议》	2022.6	北京市生态环境局、天津市生态环境局、河北省生态环境厅
17	《京津冀健身休闲运动协同发展规划（2016—2025年）》	2022.6	国家体育总局、国家发改委、旅游局

二 发展思路

京津冀地区包括北京、天津、河北三省市，土地面积有 21.6 万平方公里，人口超过 1 亿，其地缘相接、人缘相亲、地域一体、文化一脉、历史渊源深厚、交往半径相宜，具备协同发展的基础。京津冀协同发展战略将北京、天津、河北三地作为一个整体协同发展，以打造世界级城市群、推动经济创新发展、承载首都功能疏解为目标，紧扣以首都为核心的世界级城市群、区域整体协同发展改革引领区、全国创新驱动经济增长新引擎、生态修复环境改善示范区的整体定位，围绕北京市"全国政治中心、文化中心、国际交往中心、科技创新中心"，天津市"全国先进制造研发基地、北方国际航运核心区、金融创新运营示范区、改革开放先行区"，河北省"全国现代商贸物流重要基地、产业转型升级试验区、新型城镇化与城乡统筹示范区、京津冀生态环境支撑区"开展协同布局，以坚持协同发展、重点突破、深化改革、有序推进为原则，在京津冀交通一体化、生态环境保护、产业升级转移等重点领域率先取得突破，通过调整经济结构和空间结构、构建现代化交通网络系统、扩大环境容量生态空间、推进产业升级转移、推动公共服务共建共享、加快市场一体化进程、打造现代化新型首都圈，努力形成京津冀目标同向、措施一体、优势互补、互利共赢的协同发展新格局。

三　战略重点

京津冀协同发展战略布局包括整体空间布局，北京非首都功能的疏解以及生态、交通、产业发展、能源、教育、休闲运动等重点领域布局。

在整体空间布局上，京津冀协同发展战略确定了"功能互补、区域联动、轴向集聚、节点支撑"的布局思路，明确以"一核、双城、三轴、四区、多节点"为骨架，推动有序疏解北京非首都功能，构建以重要城市为支点，以战略性功能区平台为载体，以交通干线、生态廊道为纽带的网络型空间格局。"一核"指北京，就是要充分发挥北京在京津冀协同发展中的核心引领作用。把有序疏解北京非首都功能、优化提升首都功能、解决北京"大城市病"问题作为首要任务，在推动非首都功能疏解的同时，大力推进内部功能重组，引领带动京津冀协同发展。"双城"指北京、天津，是京津冀协同发展的两个主要引擎，要进一步强化京津联动，全方位拓展合作广度和深度，加快实现同城化发展，共同发挥高端引领和辐射带动作用。"三轴"指的是京津、京保石、京唐秦三个产业发展带和城镇聚集轴，是支撑京津冀协同发展的主体框架。"四区"分别是中部核心功能区、东部滨海发展区、南部功能拓展区和西北部生态涵养区，每个功能区都有明确的空间范围和发展重点。"多节点"包括石家庄、唐山、保定、邯郸等区域性中心城市和张家口、承德、廊坊、秦皇岛、沧州、邢台、衡水等节点城市，重点是提高其城市综合承载能力和服务能力，有序推动产业和人口聚集。

在北京非首都功能的疏解上，北京打造"两翼"推进非首都功能疏解。一是将河北雄安新区作为北京非首都功能集中承载地，以高端高新产业为重点，打造创新高地和科技新城，积极承接在京部分中央企业、金融机构、高等院校、科研院所等的疏解。二是将北京市通州区和河北省三河、大厂、香河县作为北京城市副中心，围绕行政办公、商务服务、文化旅游三大功能，重点发展金融服务、总部商务、文化创意等高端服务业态。重点疏解产业集中于四个方面，即一般性产业特别是高消耗产业，区域性物流基地、区域性专业市场等部分第三产业，部分教育、医疗、培训机构等社会公共服务功能，部分行政性、事业性服务机构和企业总部。

在生态环境保护方面，坚持"绿水青山就是金山银山"的理念，强化生态环境联建联防联治。打破行政区域限制，推动能源生产和消费革命，促进绿色循环低碳发展，加强生态环境保护和治理，扩大区域生态空间。重点是联防联控环境污染，建立一体化的环境准入和退出机制，加强环境污染治理，实施清洁水行动，大力发展循环经济，推进生态保护与建设，谋划建设一批环首都国家公园和森林公园，积极应对气候变化。

在交通一体化方面，构建以轨道交通为骨干的多节点、网格状、全覆盖的交通网络，形成京津石中心城区与新城、卫星城之间的"1小时通勤圈"，形成京津保唐"1小时交通圈"，相邻城市间基本实现1.5小时通达。以现有通道格局为基础，打造区域城镇发展主轴，促进城市间互联互通，推进"单中心放射状"通道格局向"四纵四横一环"网格化格局转变。建设重点包括建设高效密集轨道交通网，连接所有地级及以上城市，加快城镇设站、市郊铁路布局；完善便捷通畅的公路交通网，打通国家高速公路"断头路"，构建连接县城、新城以及重要产业聚集区等节点的高速公路网，全面消除跨区域国省干线"瓶颈路段"；加快构建现代化的津冀港口群；打造国际一流的航空枢纽，加快北京新机场建设；大力发展公交优先的城市交通，提升交通智能化管理水平。提升区域一体化运输服务水平，推动综合客运枢纽、货运枢纽（物流园区）等运输节点设施建设，加强干线铁路、城际铁路、干线公路、机场与城市轨道、地面公交、市郊铁路等设施的有机衔接，促进交通安全绿色可持续发展。

在产业发展方面，推动产业转移对接，加快产业转型升级，打造立足区域、服务全国、辐射全球的优势产业集聚区。重点是明确产业定位和方向，加强三省市产业发展规划衔接，加快津冀承接平台建设，加强京津冀产业协作等。围绕功能定位，北京增强新"两翼"高端产业吸引力，在城市副中心大力发展行政办公、高端商务、文化旅游、科技创新等主导产业，在河北雄安新区重点发展高端高新产业，打造创新高地和科技新城。集中打造曹妃甸协同发展示范区、北京新机场临空经济区、张承生态功能区、天津滨海新区京津冀四大战略合作功能区，其中曹妃甸协同发展示范区主要承接钢铁石化产业，北京新机场临空经济区发展航空物流和综合保税产业，张承生态功能区发展体育文化、旅游休闲、会展等生态友好型产业，天津滨海新区主要引导北京金融服务平台、数据中心机构以及科技企业、优秀杰出人才等相关创新资源向滨海—中关村科技园集聚。

在能源协同发展方面，创新区域能源合作，打造一体化的新型能源系统，加快构建绿色低碳、安全高效的现代能源体系。建立能源协同发展机制，强化能源设施协同、治理协同、绿色发展协同、政策协同等八大协同，共同推进区域绿色低碳发展，共同实施创新驱动发展，共同提升能源治理能力和管理水平，共同研究完善统一标准体系，共同加快能源市场化步伐，打造全国重要的能源科技示范基地。

在教育协同领域，高水平配置北京城市副中心教育资源，进一步优化教育资源布局，全面增强津冀教育资源承载能力。在基础教育方面，通过开展跨省域合作办学、对口帮扶、挂职交流等推动基础教育优质发展；在职业教育方面，依托职业教育集团，推动技术技能人才联合培养，建设京津冀职业教育对接产业服务平台，推进职业教育与产业融合发展；在高等教育方面，深化京津冀高校联盟建设，开展协同创新攻关与成果转化应用。

在休闲运动领域，以北京和张家口 2022 年冬奥会为契机，推动京津冀健身休闲运动协同发展。到 2025 年，基本形成以京津冀重要城市和重点区域为支点，以国家运动休闲区为平台，以运动休闲带、运动休闲走廊为纽带，以运动休闲城市、运动休闲特色小镇、运动休闲乡村为节点的空间布局。推动健身休闲服务体系建立，产品服务类型、建设需求、参与人数进一步增加，推动实现全国"三亿人参与冰雪运动"的目标。

第二节　长江经济带发展战略

长江经济带战略是依托长江将经济增长空间从沿海向沿江内陆拓展，促使生态保护和经济发展协同共进，建设中国经济新支撑带的国家重大发展战略。

一　战略背景

长江是中华民族的生命河，也是中华民族发展的重要支撑。长江经济带横跨中国东、中、西部，是具有全球影响力的内河经济带、东中西部互动合作协调发展带、沿江沿海综合开放带、生态文明建设先行示范带。推动长江经济带发展，有利于挖掘中上游广阔腹地蕴含的巨大内需潜力，促进经济增长空间从沿海向沿江内陆拓展，形成上中下游优势互补、协作互动的区域经济发展格局。长江经济带发展战略是习近平总书记从历史和全局的角度，聚焦长江经济带的生态和发展问题，把修复长江生态环境摆在压倒性地位，长远系统谋划的战略性举措。2014 年 9 月，国务院印发《关于依托黄金水道推动长江经济带发展的指导意见》，谋划依托黄金水道推动长江经济带发展，打造中国经济新支撑带。2016 年 9 月，《长江经济带发展规划纲要》正式印发，以纲领性文件擘画了长江经济带发展的宏伟蓝图。此后，国家相继印发了关于工业绿色发展、绿色航运及航运高质量发展、生态补偿与保护长效机制、水生生物保护、两岸造林绿化、农业面源污染治理、小水电清理整改、禁止捕捞等的一系列文件，发布了《中华人民共和国长江保护法》，以立法的形式推动长江流域绿色发展，搭建起长江经济带发展保护的"四梁八柱"（见表3-2）。

表 3-2　长江经济带相关政策文件

序号	文件名	发布时间	发布机构
1	《关于依托黄金水道推动长江经济带发展的指导意见》	2014.9	国务院
2	《长江经济带发展规划纲要》	2016.9	中共中央政治局审议通过
3	《关于加强长江经济带工业绿色发展的指导意见》	2017.6	工信部、国家发改委、科技部、财政部、环保部
4	《关于推进长江经济带绿色航运发展的指导意见》	2017.8	交通运输部
5	《关于建立健全长江经济带生态补偿与保护长效机制的指导意见》	2018.2	财政部
6	《关于加快推进长江两岸造林绿化的指导意见》	2018.9	国家发改委、水利部、自然资源部、林草局
7	《关于加强长江水生生物保护工作的意见》	2018.10	国务院办公厅
8	《关于加快推进长江经济带农业面源污染治理的指导意见》	2018.10	国家发改委、生态环境部、农业农村部、住建部、水利部
9	《关于开展长江经济带小水电清理整改工作的意见》	2018.12	水利部、国家发改委、生态环境部、国家能源局
10	《长江流域重点水域禁捕和建立补偿制度实施方案》	2019.1	农业农村部、财政部、人社部
11	《关于印发长江经济带船舶和港口污染突出问题整治方案的通知》	2020.1	交通运输部、国家发改委、生态环境部、住建部
12	《长江三角洲地区交通运输更高质量一体化发展规划》	2020.4	国家发改委、交通运输部
13	《关于完善长江经济带污水处理收费机制有关政策的指导意见》	2020.4	国家发改委、财政部、住建部、生态环境部、水利部
14	《长江干线过江通道布局规划（2020—2035年）》	2020.4	国家发改委

序号	文件名	发布时间	发布机构
15	《支持长江全流域建立横向生态保护补偿机制的实施方案》	2021.4	财政部、生态环境部、水利部、林草局
16	《关于全面推动长江经济带发展财税支持政策的方案》	2021.9	财政部
17	《成渝地区双城经济圈建设规划纲要》	2021.10	中共中央、国务院
18	《"十四五"长江经济带发展实施方案》	2021.11	国家发改委
19	《关于加强长江经济带重要湖泊保护和治理的指导意见》	2021.11	国家发改委
20	《关于深入打好污染防治攻坚战的意见》	2021.11	中共中央、国务院
21	《长江生物多样性保护实施方案（2021—2025年）》	2021.12	农业农村部
22	《"十四五"推动长江经济带发展城乡建设行动方案》	2022.1	住建部
23	《长江中游城市群发展"十四五"实施方案》	2022.3	国家发改委
24	《深入打好长江保护修复攻坚战行动方案》	2022.8	生态环境部、国家发改委等17个部门和单位
25	《关于进一步做好长江流域重点水域退捕渔民安置保障工作的通知》	2022.5	人社部、国家发改委等5部门

二　发展思路

长江经济带面积约 205.23 万平方公里，占全国的 21.4%，包括上海、江苏、浙江、安徽、江西、湖北、湖南、重庆、四川、云南和贵州11 个省市，人口和 GDP 均超过全国的 40%。长江经济带以水为纽带，连接上下游、左右岸、干支流、江湖库，是一个完整的自然经济社会大系统。长江经济带发展要充分发挥其横跨东中西三大板块的区位优势，以共抓大保护、不搞大开发为导向，以生态优先、绿色发展为引领，依托长江黄金水道，推动长江上中下游地区协调发展和沿江地区高质量发展。

三　战略重点

长江经济带发展的战略重点集中在空间布局、生态保护、交通通道、产业发展、城镇化发展、对外开放和文化传承等方面。

在空间布局方面，长江经济带确立了"一轴、两翼、三极、多点"的发展新格局："一轴"是以长江黄金水道为依托，发挥上海、武汉、重庆的核心作用，推动经济由沿海溯江而上梯度发展；"两翼"分别指沪瑞和沪蓉南北两大运输通道，这是长江经济带发展的基础；"三极"指的是充分发挥长江三角洲城市群、长江中游城市群和成渝城市群中心城市的辐射作用，打造长江经济带的三大增长极；"多点"是指发挥三大城市群以外地级城市的支撑作用。

在生态保护方面，保护和修复长江生态环境是首要任务。要共抓大保护，不搞大开发，加强保护与发展的协同性、联动性、整体性，统筹推进水环境、水生态、水资源、水安全和岸线保护修复，锚定精准治污的要害，夯实科学治污的基础，增强依法治污的保障，构建党委领导、政府主导、企业主体、公众参与的多元共治格局，持续深入打好长江保护修复攻坚战，促进经济社会发展与资源环境承载能力相协调，努力建成上中下游相协调、人与自然相和谐的绿色生态廊道。一是坚持系统和源头治理。以河湖为统领，统筹推动长江流域上下游、左右岸、干支流协同保护与治理，切实提升流域生态环境质量。全面落实主体功能区规划，明确生态功能分区，划定生态保护红线、水资源开发利用红线和水功能区限制纳污红线，强化水质跨界断面考核。推动协同治理，加强生物多样性保护，推进安澜长江系统建设，增强生态系统整体功能。推动太湖—太浦河等跨界水体联保共治，对长江干流及主要支流、重点湖泊和水库等开展水生态考核试点。推动国家重要江河湖库水生生物洄游通道恢复，推进长江三角洲、太湖等重点区域生态修复、自然保护地建设。深入实施国家节水行动，加强用水总量和强度控制红线管理，加强生态流量监督管理，保障河湖基本生态流量（水位）。加强长江上游高原湿地、长江中游低山丘陵湿地、长江下游冲积平原湿地的保护修复。二是坚持精准、科学、依法治污。强化生态环境综合管控，健全负面清单管理制度，持续深化生态环境综合治理、源头治理、协同治理，不断提升生态环境精细化管理水平。推动全流域精细化分区管控，在湖库生态系统失衡与水华暴发机理研究、汛期面源污染行政区域责任界定、城市初期雨水污染防治等方面开展技术攻关。加强流域生态环境监督执法，推动建立长江流域跨部门、跨区域水生态环境保护联防联控和信息共享机制，强化独立调查推动问题解决，以排污口监管为重点加大监督检查力度。加大流域生态环境保护的监测科研力度，推动流域水生态监测与评估重点实验室建设，建立流域生态环境信息共享平台。强化漂浮塑料垃圾清理，推进岸线塑料垃圾清理，加强船舶港口塑料垃圾清运，建立农用塑料废弃物处置长效机制。

在交通通道方面，依托长江黄金水道建设综合立体交通走廊。着力推进长江水脉畅通，把长江全流域打造成黄金水道。强化港口分工协作，促进港口合理布局。依托黄金水道，统筹铁路、公路、航空、管道建设，完善综合立体交通走廊，加强多种运输方式协调发展和有机衔接，大力发展联程联运，提升智能化、绿色化、一体化发展水平。围绕畅通长江水脉，通过整体规划设计，构建"三横六纵三网多点"的空间布局。

在产业发展方面，加快推动产业转型升级。一是建设承接产业转移平台，创新产业转移方式，引导产业有序转移。充分发挥上中下游地区的比较优势，促进各类要素合理流动和高效集聚，促进区域协同联动发展。下游地区积极引导资源加工型、劳动密集型产业和以内需为主的资金、技术密集型产业加快向中上游地区转移。中上游地区要立足当地资源环境承载能力，因地制宜承接相关产业，促进产业价值链的整体提升。鼓励上海、江苏、浙江到中上游地区共建产业园区，发展"飞地经济"，共同拓展市场和发展空间，实现利益共享。二是推动重点行业绿色转型。调整优化能源结构，严格能耗双控制度，坚决遏制"两高"项目盲目发展，选择跨流域、跨行政区域和省域范围内具备条件的地区开展试点，推动生态产品价值实现。发挥自主创新的核心驱动作用，推动人工智能、量子信息等前沿技术加快突破。全面推动制造业优化升级，推进产业基础高级化和产业链现代化，塑造创新驱动发展新优势。

在城镇化发展方面，推进新型城镇化高质量发展。要优化城镇化空间格局，推进农业转移人口市民化，加强新型城市建设，统筹城乡发展，推动上中下游地区有机融合，以城市群、都市圈为依托促进大中小城市和小城镇协调联动、特色化发展。发挥上海、武汉、重庆等超大城市和南京、杭州、成都等特大城市的引领作用，发挥合肥、南昌、长沙、贵阳、昆明等大城市对地区发展的核心带动作用，加快发展中小城市和特色小城镇，培育一批基础条件好、发展潜力大的小城镇。巩固拓展脱贫攻坚成果同乡村振兴有效衔接，支持革命老区和边境地区发展。

在对外开放方面，构建东西双向、海陆统筹的对外开放新格局。立足上中下游地区对外开放的不同基础和优势，因地制宜提升开放型经济发展水平，加快与共建"一带一路"融合发展。发挥上海及长江三角洲地区的引领作用，加快复制推广上海自贸试验区改革创新经验。加快内陆开放型经济高地建设，推动区域互动合作和产业集聚发展，将云南建设成为面向南亚和东南亚的辐射中心，打造重庆西部开发开放重要支撑和成都、武汉、长沙、南昌、合肥等内陆开放型经济高地。

在文化传承方面，保护传承弘扬长江文化。加强长江文化遗产保护，建设长江文化遗产基础数据库和长江文化图谱。传承和弘扬红船、井冈山、长征、遵义会议等精神。牢固树立和践行"绿水青山就是金山银山"的理念，弘扬生态优先、绿色发展的新时代长江生态文化。打造具有长江特色的文化产业和城乡风貌，绘就山水人城和谐相融的新画卷。

第三节 粤港澳大湾区建设战略

粤港澳大湾区建设战略是丰富"一国两制"实践内涵、贯彻新发展理念、进一步深化改革开放的重要战略举措，为"一带一路"倡议实施提供了重要支撑。

一 战略背景

粤港澳大湾区建设是在我国城镇化发展进入新阶段、中国积极参与国际事务并在重构国际政治经济新秩序中发挥重要作用以及港澳发展面临内部深层次经济社会矛盾背景下被提出的。打造粤港澳大湾区、建设世界级城市群，有利于丰富"一国两制"实践内涵，进一步密切内地与港澳的交流合作，为港澳经济社会发展和港澳同胞到内地发展提供更多机会，保持港澳长期繁荣稳定；有利于贯彻落实新发展理念，深入推进供给侧结构性改革，加快培育发展新动能，实现创新驱动发展，为提升我国经济创新力和竞争力提供支撑；有利于进一步深化改革、扩大开放，建立与国际接轨的开放型经济新体制，建设高水平参与国际经济合作的新平台；有利于推进"一带一路"倡议，通过区域双向开放，构筑丝绸之路经济带和21世纪海上丝绸之路对接融汇的重要支撑区。2017年，国家发改委和粤港澳三地政府共同签署了《深化粤港澳合作 推进大湾区建设框架协议》，标志着粤港澳大湾区建设的正式启动。2019年2月18日，中共中央、国务院印发了《粤港澳大湾区发展规划纲要》，标志着粤港澳大湾区的发展上升为国家战略，大湾区建设由理念步入实践。此后，关于城市建设、科技创新、基础设施、现代产业、生态文明、优质生活、营商环境、发展平台、用林用地用海、财税支持、通关服务、创业就业等的一系列支持性举措相继发布，大湾区建设的政策体系逐步完善（见表3-3）。

表 3-3　粤港澳大湾区相关政策文件

序号	文件名	发布时间	发布机构
1	《深化粤港澳合作　推进大湾区建设框架协议》	2017	国家发改委和粤港澳三地政府共同签署
2	《粤港澳大湾区发展规划纲要》	2019.2	中共中央、国务院
3	《关于粤港澳大湾区个人所得税优惠政策的通知》	2019.3	财政部、税务总局
4	《横琴国际休闲旅游岛建设方案》	2019.4	国家发改委
5	《香港澳门台湾居民在内地（大陆）参加社会保险暂行办法》	2019.11	人社部、国家医疗保障局
6	《关于金融支持粤港澳大湾区建设的意见》	2020.5	中国人民银行、银保监会、证监会、外汇局
7	《粤港澳大湾区中医药高地建设方案（2020—2025年）》	2020.10	国家中医药管理局、粤港澳大湾区建设领导小组办公室、广东省人民政府
8	《关于在粤港澳大湾区实行有关增值税政策的通知》	2020.11	财政部、海关总署、税务总局
9	《粤港澳大湾区药品医疗器械监管创新发展工作方案》	2020.11	市场监管总局等8部门
10	《关于广东省开展交通基础设施高质量发展等交通强国建设试点工作的意见》	2020.11	交通运输部
11	《粤港澳大湾区文化和旅游发展规划》	2020.12	文旅部、粤港澳大湾区建设领导小组办公室、广东省人民政府
12	《横琴粤澳深度合作区建设总体方案》	2021.9	中共中央、国务院
13	《全面深化前海深港现代服务业合作区改革开放方案》	2021.9	中共中央、国务院
14	《关于支持港澳青年在粤港澳大湾区就业创业的实施意见》	2021.10	人社部、财政部、国家税务总局、国务院港澳办
15	《关于同意深圳市开展基础设施高质量发展试点的复函》	2021.12	国家发改委
16	《关于深圳建设中国特色社会主义先行示范区放宽市场准入若干特别措施的意见》	2022.1	国家发改委、商务部
17	《关于同意粤港澳大湾区启动建设全国一体化算力网络国家枢纽节点的复函》	2022.2	国家发改委

序号	文件名	发布时间	发布机构
18	《广州南沙深化面向世界的粤港澳全面合作总体方案》	2022.6	国务院
19	《海关总署支持前海深港现代服务业合作区全面深化改革开放若干措施》	2022.9	海关总署
20	《关于支持深圳探索创新财政政策体系与管理体制的实施意见》	2022.11	财政部

二 发展思路

粤港澳大湾区由香港、澳门两个特别行政区和广东省的广州、深圳、珠海、佛山、惠州、东莞、中山、江门、肇庆 9 个城市组成,总面积 5.6 万平方公里,总人口约 7265 万人,是中国开放程度最高、经济活力最强的区域之一,在国家发展大局中占据重要战略地位。粤港澳大湾区建设以改革创新、协调发展、绿色生态、开放合作、共享发展和"一国两制"为基本原则,粤港澳发挥各自优势,不断深化互利合作、协同发展,通过推进基础设施互联互通,进一步提升市场一体化水平,构建协同发展现代产业体系,支持重大合作平台建设,打造国际科技创新中心,培育国际合作新优势,共建宜居宜业宜游的优质生活圈。以香港、澳门、广州、深圳四大中心城市为核心,将粤港澳大湾区打造成充满活力的世界级城市群、具有全球影响力的国际科技创新中心、"一带一路"倡议的重要支撑、内地与港澳深度合作示范区以及宜居宜业宜游的优质生活圈。

三 战略重点

粤港澳大湾区建设的战略重点集中在空间布局、创新协同、基础设施联通、现代产业体系构建、生态文明建设、民生水平改善、全面对外开放及开放合作平台建设等方面。

在空间布局方面，粤港澳大湾区发展要坚持极点带动、轴带支撑、辐射周边，推动大中小城市合理分工、功能互补，进一步提高区域发展协调性，促进城乡融合发展，构建结构科学、集约高效的大湾区发展格局。发挥香港—深圳、广州—佛山、澳门—珠海强强联合的引领带动作用，提升整体实力和全球影响力。依托以高速铁路、城际铁路和高等级公路为主体的快速交通网络与港口群、机场群，构建区域经济发展轴带。优化提升中心城市、建设重要节点城市、发展特色城镇，建立健全城乡融合发展体制机制和政策体系，推动珠三角九市城乡一体化发展。发挥粤港澳大湾区的辐射引领作用，辐射带动泛珠三角区域发展。

在创新协同方面，构建开放型区域协同创新共同体。推动香港、澳门融入国家创新体系，积极吸引和对接全球创新资源，建设开放互通、布局合理的区域创新体系。携手港澳加强创新基础能力建设，强化关键核心技术攻关，推进"广州—深圳—香港—澳门"科技创新走廊建设，共建粤港澳大湾区大数据中心和国际化创新平台，打造高水平科技创新载体和平台，推动大湾区知识产权创造、标准、保护、执法协作和交易运营等全生命周期的监管。加快创建综合性国家科学中心，支持重大科技基础设施、重要科研机构和重大创新平台在大湾区布局建设。

在基础设施联通方面，加快基础设施互联互通。畅通对外联系通道，提升内部联通水平，以交通、信息、能源、水利等为重点，推动形成布局合理、功能完善、衔接顺畅、运作高效的基础设施网络。巩固提升香港国际航运中心地位，增强广州、深圳国际航运综合服务功能，增强港口群整体国际竞争力，增强澳门、珠海等机场功能，形成错位发展和良性互动，建设世界级机场群。完善大湾区经粤东西北至周边省份的综合运输通道，构筑大湾区快速交通网络。优化提升信息基础设施建设，推进粤港澳智慧城市合作，探索建立统一标准，开放数据端口，建设互通的公共应用平台，推进电子签名证书互认工作，建成智慧城市群。

　　在现代产业体系构建方面，构建具有国际竞争力的现代产业体系。深化供给侧结构性改革，促进产业优势互补、紧密协作、联动发展，培育若干世界级产业集群。优化制造业布局，提升国家新型工业化产业示范基地发展水平，发挥香港、澳门、广州、深圳创新研发能力强、运营总部密集以及珠海、佛山、惠州、东莞、中山、江门、肇庆等地产业链齐全的优势，加强大湾区产业对接，提高协作发展水平。依托香港、澳门、广州、深圳等中心城市的科研资源优势和高新技术产业基础，培育壮大战略性新兴产业。发挥香港在金融领域的引领带动作用，支持广州完善现代金融服务体系，支持深圳依规发展以深圳证券交易所为核心的资本市场，有序推进金融市场互联互通，逐步扩大大湾区内人民币跨境使用的规模和范围。强化绿色金融合作，推动粤港澳大湾区绿色金融标准和服务互认共认。在法律、医疗、建筑、保险等专业领域进一步加强内地与香港的合作与发展。加强粤港澳合作，拓展蓝色经济空间，共同建设现代海洋产业基地。推动湾区标准体系建设，积极探索标准确认和标准互认，共同打造具有国际竞争力的"湾区标准"。

　　在生态文明建设方面，加强大湾区污染联防联治，推动形成绿色的发展方式和生活方式。实施重要生态系统保护和修复重大工程，构建生态廊道和生物多样性保护网络，严守生态保护红线，加强河流、海洋、大气、土地等环境保护和治理，在技术、举措上推动温室气体减排，推进能源生产和消费革命，推进资源全面节约和循环利用。

　　在民生水平改善方面，建设宜居宜业宜游的优质生活圈。积极拓展粤港澳在教育、文化、旅游、社会保障等领域的合作，共同打造公共服务优质、宜居宜业宜游的优质生活圈。完善便利港澳同胞在大湾区内地发展的配套政策，推进大湾区食品安全合作、药品医疗器械、消费维权一体化等与民生密切相关的领域完善监管和创新，构建与国际接轨的公共服务体系。坚持普惠性原则，便利港澳青年在大湾区内城市发展、就业和居住，加强大湾区内人流、物流、资金流等方面的便捷流通。

在全面对外开放及开放合作平台建设方面，加快形成全面开放新格局，深化粤港澳紧密合作，进一步优化珠三角九市投资和营商环境，提升大湾区市场一体化水平，共创国际经济贸易合作新优势，为"一带一路"倡议提供有力支撑。一方面，加强市场化、竞争性规则的对接。推进粤港澳在准入准营退出领域相关规则的有效衔接；推进营商环境法治化建设，推动扩大专业资格资质互认范围；建立健全公平开放透明的市场竞争规则和竞争性政策协调机制，实现各种所有制经济主体权利平等、机会平等、规则平等；全面清理和废除妨碍公平竞争的规定和做法，加强和改进反垄断和反不正当竞争执法；培育和提升粤港澳大湾区竞争文化和竞争意识。另一方面，共建粤港澳合作发展平台。加快推进深圳前海、广州南沙、珠海横琴等重大平台开发建设，支持深港科技创新合作区建设，充分发挥其在进一步深化改革、扩大开放、促进合作中的试验示范作用。

建设前海深港现代服务业合作区，以依托香港、服务内地、面向世界为战略使命，以打造粤港澳大湾区全面深化改革创新试验平台和建设高水平对外开放门户枢纽为两大战略定位，确立了打造世界一流营商环境，建立高水平对外开放体制机制，建成全球资源配置能力强、创新策源能力强、协同发展能力强的高质量发展引擎的战略目标。

建设广州南沙粤港澳重大合作平台，使其成为连接粤港澳的科技创新产业合作基地、青年创业就业合作平台、高水平对外开放门户、规则衔接机制对接高地和高质量城市发展标杆。

建设横琴粤澳深度合作区，促进澳门多元化发展。推动合作区打造粤港澳大湾区国际科技创新中心的重要支点，建设世界一流中医药生产基地和创新高地，打造世界级毛坯钻石、宝石交易中心，支持粤澳合作建设高品质进口消费品交易中心，优化平台载体作用，建设国家级创新创业基地。充分发挥澳门对接葡语国家的窗口作用，建设中葡国际贸易中心和数字贸易国际枢纽港，打造中国—葡语国家金融服务平台。

建设深港科技创新合作区，促进深港科技创新政策全链条协同支持。以深港现有政策为依托，从科研项目、科研人才、配套支持措施和创新要素在深港两地便利流动四大方面创新性地在人、财、物及配套方面实现政策协同支持。聚焦突破关键核心技术，打造产业支撑平台，实施重大产业化项目，营造园区产业创新生态，支持重点科创企业落地、产业用房租赁、人才团队落户以及产业类项目配套，补齐政策缺口，打造高质量产业集群，进一步打通科研成果转化"最后一公里"。重点对符合深圳园区重点科研领域和方向以及面向未来前沿科技探索的港澳青年提供就业资助和创新创业资助。

第四节　长三角一体化发展战略

长三角一体化发展战略，是引领全国高质量发展、完善我国改革开放空间布局、打造我国发展强劲活跃增长极的重大战略举措。

一　战略背景

长三角地区是我国经济发展最活跃、开放程度最高、创新能力最强的区域之一，中国经济正处于发展的新常态，面临新旧动能转换的重大挑战，长三角一体化是中国经济发展从高速度转向高质量的主要引擎，是未来国家参与国际竞争并走向舞台中央的重要支撑。长三角一体化发展战略与京津冀协同发展战略、长江经济带发展战略和粤港澳大湾区建设战略一起，对完善国家经济布局和引领中国经济起到重要作用。目前，中共中央、国务院出台了《长江三角洲区域一体化发展规划纲要》，国家发改委印发了一系列关于一体化金融支持、交通运输一体化等的举措；省级层面，各地在考察调研基础上，通过出台政策、签订协议等方式，推动基础设施建设、产业创新、人才引进以及生态环境等方面一体化发展，长三角一体化发展战略规划体系的"四梁八柱"已构建，多层次工作机制正在发挥实效，互联互通基础设施已经建立（见表3-4）。

表 3-4 长三角一体化相关政策文件

序号	文件名	发布时间	发布机构
1	《长三角生态绿色一体化发展示范区总体方案》	2019.11	国家发改委
2	《长江三角洲区域一体化发展规划纲要》	2019.12	中共中央、国务院
3	《长江三角洲地区交通运输更高质量一体化发展规划》	2020.4	国家发改委、交通运输部
4	《关于在长三角生态绿色一体化发展示范区深化落实金融支持政策推进先行先试的若干举措》	2020.4	长三角生态绿色一体化发展示范区执委会会同中国人民银行上海总部等 12 部门
5	《长三角一体化发展规划"十四五"实施方案》	2021.6	推动长三角一体化发展领导组办公室
6	《关于在长三角生态绿色一体化发展示范区加快数字经济发展推进先行先试的若干举措》	2022.7	长三角生态绿色一体化发展示范区执委会会同两省一市（江苏省、浙江省、上海市）工信、通信管理部门
7	《关于进一步支持长三角生态绿色一体化发展示范区高质量发展的若干政策措施》	2022.9	上海市人民政府、江苏省人民政府、浙江省人民政府
8	《三省一市共建长三角科技创新共同体行动方案（2022—2025 年）》	2022.9	上海市科学技术委员会、江苏省科学技术厅、浙江省科学技术厅、安徽省科学技术厅

二 发展思路

长三角一体化发展战略的地域范围包括上海市、江苏省、浙江省、安徽省全域，面积 35.8 万平方公里，在全国经济中具有举足轻重的地位。长三角一体化发展战略坚持创新共建、协调共进、绿色共保、开放共赢、民生共享的原则，紧扣全国发展强劲活跃增长极、全国高质量发展样板区、率先基本实现现代化引领区、区域一体化发展示范区、新时代改革开放新高地的战略定位，通过推动形成区域协调发展新格局、加强协同创新产业体系建设、提升基础设施互联互通水平、强化生态环境共保联治、加快公共服务便利共享、推进更高水平协同开放、创新一体化发展体制机制以及建设长三角生态绿色一体化发展示范区和中国（上海）自由贸易试验区新片区，让要素在更大范围畅通流动，发挥各地区比较优势，实现更合理分工，凝聚更强大的合力，促进更高质量发展。

三　战略重点

长三角一体化发展战略重点聚焦创新、协调、绿色、开放、共享的新发展理念，加强制度保障、优化示范引领，以生态、开放两大突破口引领高质量区域一体化发展。

以创新发展为引领，优化高质量发展动能。加强协同创新体系建设，推进资源共享，共建创新平台，强化政策支撑，协同推进原始创新能力提高和科技成果转化。一是聚焦国家战略科技力量培育、产业链创新链深度融合、创新创业生态、全球创新网络协同、创新治理协同，培育原始创新能力，打造科技创新共同体，构建战略目标明确、运行机制高效、资源整合有力的科研体系。二是以国家战略、经济社会发展、人民生活需求和长三角区域重点产业为导向，深化产业链创新链融合，围绕多主体协作、科技成果跨区域转化、创新要素自由流动等方面全面营造更高效、开放、有活力的创新生态系统。三是加强在制造业高质量发展、高端服务经济等方面的产业分工协作，引导产业合理布局，推动制造业、服务业的数字化和信息化发展，率先建立以"互联网+先进制造业"为特色的区域性工业互联网发展。

以协调发展为主线，推动区域协调和基础设施互联互通。一是推动形成区域协调发展新格局。发挥上海在国际经济、金融、贸易、航运和科技创新"五个中心"的龙头带动和优势服务功能，发挥江苏制造业发达、科教资源丰富、开放程度高等优势，发挥浙江数字经济领先、生态环境优美、民营经济发达等特色优势，发挥安徽创新活跃强劲、制造特色鲜明、生态资源良好、内陆腹地广阔等优势，加强各区域分工合作、错位发展，提升区域发展整体水平和效率，推动区域联动发展。以基础设施一体化和公共服务一卡通为着力点，加快南京、杭州、合肥、苏锡常、宁波都市圈建设，推进协调联动和重大基础设施统筹规划，提升都市圈一体化水平。加快覆盖城乡的公路、电力、天然气、供水、信息、物流和垃圾污水收集处理等基础设施建设，统筹推进城乡公共服务一体化发展，全面推进人的城镇化，促进城乡融合发展。以省际毗邻区域协同、省际产业合作园区和跨界生态文化旅游为抓手推动跨界区域共建共享。

二是提升基础设施互联互通。坚持优化提升、适度超前的原则，统筹推进跨区域基础设施建设，构建高品质快速轨道交通网，提升省际公路通达能力，合力打造世界级机场群，协同建设新一代信息基础设施，共同推动重点领域智慧应用，积极推进以"互联网+先进制造业"为特色的长三角工业互联网发展，协同推进跨区域油气、电网、新能源等能源基础设施建设，加强省际重大水利工程建设。统筹推进长三角交通一体化发展，到 2025 年，基本建成"轨道上的长三角"，铁路密度达到507 公里每万平方公里，省际公路通达能力进一步提升，高速公路密度达到 500 公里每万平方公里，世界级机场群和港口群全球竞争能力显著增强，一体化运输服务能力大幅提升，中心城市之间享受 1～1.5 小时客运服务，上海大都市圈以及南京、杭州、合肥、苏锡常、宁波都市圈内享受 1 小时公交化通勤客运服务。

以绿色发展为基础，促进生态环境的共同治理和保护。加强生态环境分区管治，强化生态红线区域保护和修复，合力保护重要生态空间，提升生态系统功能。推动跨界水体、大气污染和固废危废污染的联防联治。完善跨流域跨区域生态补偿机制。

以高水平开放为助力，打造国际合作共赢新平台。共建中国国际进口博览会、虹桥国际开放枢纽、数字化贸易平台、国际合作园区等高水平开放平台。协同推进重点领域开放合作，共同提升对外投资合作水平，深化国际人文合作。从通关一体化、市场环境、人才引进等方面合力打造国际一流营商环境。

以共享发展为根本，加快公共服务便利共享。全面实施基本公共服务标准化管理，以标准化促进基本公共服务均等化、普惠化、便捷化。创新跨区域服务机制，推动基本公共服务便利共享。推动教育合作发展，协同扩大优质教育供给。优化配置医疗卫生资源，大力发展健康产业。推动文化资源优化配置，共筑文化发展高地。深化旅游合作，共建世界知名旅游目的地。通过推进社会治理共建共治共享，营造良好的就业创业环境，打造诚信环境，建设公平包容的社会环境。

加强制度保障，创新一体化发展的体制机制。建立政策制定协同、标准统一管理的制度体系。促进要素市场一体化，共建统一开放的人力资源市场、分类协作的资本市场、城乡统一的土地市场，完善跨区域产权交易市场。完善包括重点领域合作、各类市场主体协同联动、区域间成本共担利益共享在内的多层次多领域合作机制。

优化示范引领，提高区域绿色和开放发展水平。一是高水平建设长三角生态绿色一体化发展示范区。创新规划管理、土地管理、要素流动、财税分享、公共服务等重点领域的一体化发展制度。加强改革举措集成创新，充分发挥示范区的引领带动作用，引领长三角一体化发展。支持创建"一区多园"的跨省域高新技术开发区；推动示范区基础设施 REITs 联动发展，拓宽投融资渠道，推进金融服务"同城化"，探索联合授信，开展示范区数字人民币试点，提升示范区移动支付水平，加大绿色金融支持力度；破解跨境电商协同监管、登记制度改革、重点领域数字化转型等方面的堵点难点问题，在生态环境等重点监管领域，推动执法认定的标准统一并开展共同管辖试点等；加快示范区内中小幼教研一体化建设和职业教育融通试点建设，拓展高技能人才跨省域成长空间。二是高标准建设上海自由贸易试验区新片区。强化开放型经济集聚功能，打造更高水平自由贸易试验区，推进投资贸易自由化便利化，完善税制、风险监管等配套制度和监管体系，定期总结评估新片区制度经验，带动长三角新一轮改革开放。

第五节　黄河流域生态保护和高质量发展战略

黄河流域生态保护和高质量发展战略是以保障黄河长治久安为基础，推动经济发展方式转变，促进黄河流域高质量发展的国家重大战略举措。

一　战略背景

黄河是中华民族的母亲河，保护黄河是事关中华民族伟大复兴和永续发展的千秋大计。黄河流域是我国重要的生态屏障和重要的经济地带，在我国经济社会发展和生态安全方面具有十分重要的地位，然而黄河流域生态脆弱，水资源十分短缺，水土流失严重，资源环境承载能力有限，沿黄各省区存在发展不平衡不充分问题。推动黄河流域生态保护和高质量发展，是协调黄河水沙关系、缓解水资源供需矛盾、保障黄河安澜的迫切需要，是践行"绿水青山就是金山银山"理念、防范和化解生态安全风险的现实需要，是强化全流域协同合作、激发市场主体活力和创造力、促进民生改善、保护传承弘扬黄河文化的内在需要。2019年9月，在实地考察黄河上中下游九省区生态和发展情况后，习近平总书记做出了黄河流域生态保护和高质量发展的重大战略部署。2021年10月，中共中央、国务院印发了《黄河流域生态保护和高质量发展规划纲要》，为战略行动提供了遵循和根本指南。此后，国家相继发布了关于科技创新、生态环境保护、水资源节约集约利用、城镇污水垃圾处理等的一系列文件，黄河流域生态保护和高质量发展的政策框架在持续搭建和完善中（见表3-5）。2022年10月，《中华人民共和国黄河保护法》表决通过，以立法形式加强黄河流域生态环境保护。

表 3-5　黄河流域生态保护和高质量发展相关政策文件

序号	文件名	发布时间	发布机构
1	《"十四五"黄河流域城镇污水垃圾处理实施方案》	2021.8	国家发改委、住建部
2	《黄河流域生态保护和高质量发展规划纲要》	2021.10	中共中央、国务院
3	《黄河流域水资源节约集约利用实施方案》	2021.12	国家发改委、水利部、住建部、工信部、农业农村部
4	《"十四五"黄河流域生态保护和高质量发展城乡建设行动方案》	2022.1	住建部
5	《黄河流域生态环境保护规划》	2022.6	生态环境部、国家发改委、自然资源部、水利部
6	《黄河流域生态保护和高质量发展科技创新实施方案》	2022.10	科技部

二　发展思路

黄河流域包括黄河干支流流经的青海、四川、甘肃、宁夏、内蒙古、山西、陕西、河南、山东 9 省区相关县级行政区，面积约 130 万平方公里。黄河流域生态保护和高质量发展战略以"生态优先、绿色发展，量水而行、节水优先，因地制宜、分类施策，统筹谋划、协同推进"为原则，以"一带五区多点"的生态保护布局、"一轴两区五极"的发展动力格局和多元和谐的黄河文化彰显为区域协调格局基点，旨在将黄河流域打造成为大江大河治理的重要标杆、国家生态安全的重要屏障、高质量发展的重要实验区、中华文化保护传承弘扬的重要承载区。

三　战略重点

黄河流域生态保护和高质量发展战略以空间布局、生态协同布局为统领，重点聚焦水资源保护利用、黄河安全、生态环境治理、产业体系、城乡协调、基础设施、改革开放、创新能力、黄河文化等领域。

在空间布局上，要构建黄河流域"一带五区多点"的生态保护格局、"一轴两区五极"的发展动力格局以及多元纷呈、和谐相融的黄河文化彰显区。其中，生态保护的"一带"是指沿黄生态带，"五区"是指水源涵养区、荒漠化防治区、水土保持区、重点河湖水污染防治区、河口生态保护区，"多点"是指重要野生动物栖息地和珍稀植物分布区。发展动力的"一轴"是指黄河流域参与全国及国际经济分工的现代化经济廊道，"两区"是指粮食主产区和能源富集区，"五极"是指山东半岛城市群、中原城市群、关中平原城市群、黄河"几"字弯都市圈和兰州—西宁城市群等主要区域经济发展增长极。多元黄河文化区包括河湟—藏羌文化区、关中文化区、河洛—三晋文化区、儒家文化区和红色文化区。

在生态功能协同布局上，要加强黄河上中下游的生态保护和协同治理。一是推进上游水源涵养能力建设。全面保护三江源地区山水林田湖草沙生态要素，科学推进草原、沼泽湿地、河湖的综合保护和治理，深入实施退耕还林、退牧还草、三北防护林、盐碱地治理等重大工程，加强重点区域荒漠化治理，正确处理生产生活和生态环境的关系，实现生态良性循环发展。二是加强中游黄土高原水土保持。合理开展生态保护和修复，积极推进黄土高原塬面保护、小流域综合治理、淤地坝建设、坡耕地综合整治等水土保持重点工程，统筹水土保持与高效旱作农业发展。三是推进下游湿地保护和生态治理。保护修复黄河三角洲湿地，开展滩区生态环境综合整治，建设集防洪护岸、水源涵养、生物栖息等功能于一体的黄河下游绿色生态走廊，统筹做好高滩区防洪安全和土地利用。

在资源环境保护和经济社会协调发展的具体领域上，要牢固树立"绿水青山就是金山银山"的理念，把水资源作为最大的刚性约束，因地制宜、分类施策、统筹谋划、协同推进，着力加强生态保护治理，保障黄河长治久安，促进全流域高质量发展，改善人民群众生活，传承和弘扬黄河文化，让黄河成为造福人民的幸福河。

一是强化水资源的节约集约利用。坚持节水优先，以水定城、以水定地、以水定人、以水定产，统筹地表水与地下水、天然水与再生水、当地水与外调水、常规水与非常规水，科学配置全流域水资源。首先，统筹水资源、水环境、水生态协同共治。要落实水资源用水总量和强度双控，实施深度节水控水行动，推进污水资源化利用。要精打细算用好水资源，把水资源作为最大的刚性约束，从严从细管好水资源，严格用水指标管理和用水过程管理，优化黄河分水方案，强化流域水资源调度，做好地下水采补平衡，推动重点领域节水，推进非常规水源利用，推动减污降碳协同增效。其次，统筹推动黄河流域城镇污水垃圾处理高质量发展，坚持因地制宜，完善环境基础设施网络，统筹建设运营管理，坚持绿色低碳，大力推动污水、污泥、生活垃圾的资源化利用。

二是全力保障黄河长治久安。科学调控水沙关系，围绕以疏为主、疏堵结合、增水减沙、调水调沙，增强防洪能力，完善防灾减灾体系，协同推进大治理，构筑沿黄人民生命财产安全的稳固防线。首先，科学制定水资源环境承载要求和分区管控政策。因地制宜推进生态环境分区管控，强化源头全面管控"一废一库一品一重"，有效防范化解重大生态环境风险。其次，实施水安全保障关键技术攻坚。研究径流、洪水和泥沙变化趋势，研究构建水资源刚性约束指标体系，研究水土资源承载力评价与协同保障方法机制，提升洪水泥沙预报与水沙调控技术水平。攻克引黄灌区节水—控盐—减污—提质技术。

三是着力推进生态保护和系统治理。坚持山水林田湖草沙系统保护和修复，形成导向清晰、决策科学、执行有力、激励有效、多元参与、良性互动的黄河流域现代环境治理体系和生态保护格局。首先，统筹推进农业面源污染、工业污染、城乡生活污染防治和矿区生态环境综合整治，加强黄河支流及流域腹地生态环境治理。围绕全流域水源涵养、深度节水、生态保护与功能提升、产业发展、污染治理和智慧黄河构建，实施综合治理工程示范行动。坚持源头防治、综合施策，强化多污染物协同控制和区域协同治理，保障重点区域空气质量达标，增强应对气候变化能力。其次，实施差异化的水体保护和维护水生态系统。全面保障饮用水水源安全，维护良好水体水生态健康，实施受污染水体消劣达标行动，综合整治城乡黑臭水体，封育保护河源区水生态系统，恢复受损河湖水生态系统，深入推动美丽河湖地方实践。最后，开展生态保护治理的技术研究和攻关。加强管控修复，防治土壤地下水污染。聚焦上游青藏高原、中游黄土高原、下游河道与三角洲，开展区域生态修复和生态功能提升关键技术研究，深入开展荒漠区生态功能提升、黄土高原低效人工林恢复、盐碱地综合利用技术等研究。针对流域水环境承载力低、能源工业集聚、环境污染积重较深的问题，开展水体和土壤（地下水）污染防治、危废处置、大气污染防治等技术攻关。

四是建设特色、绿色的现代产业体系。根据水资源和生态环境承载力，提升科技创新支撑能力，优化能源开发布局，开展智慧流域、农业、能源、文化等关键技术和产业模式研究，推动制造业高质量发展和资源型产业转型，做优做强农牧业，建设特色优势现代产业体系。推进产业绿色转型升级，开展重点行业清洁生产改造，推进企业园区化绿色发展，积极推进矿产资源绿色勘查开采，促进矿产资源综合利用。

五是加强城乡协调发展。推动特大城市瘦身健体，有序建设大中城市，实现沿黄城市群高质量发展，推进县城城镇化补短板强弱项，深入实施乡村振兴战略，形成区域、城市、城乡之间协同联动、有机互促的发展格局。

六是加强基础设施互联互通。大力推进数字信息等新型基础设施建设，加快形成以"一字形"、"几字形"和"十字形"为骨架的黄河流域现代化交通网络，加强基础设施互联互通，强化跨区域大通道建设。

七是深化改革开放和区域合作。建立纵向与横向、补偿与赔偿、政府与市场有机结合的黄河流域生态产品价值实现机制，健全区域间开放合作机制。

八是切实提升创新支撑能力。建设流域创新平台和数据共享中心。布局建设一批全国重点实验室、技术创新中心、野外科学观测研究站、国家超算中心、人工智能开放创新平台等科技创新平台。加强资源配置与开放合作，促进基础数据和研究成果等交流共享。

九是保护、传承和弘扬黄河文化。保护沿黄文化遗产资源，延续历史文脉和民族根脉，深入挖掘黄河文化的时代价值，开展黄河文化资源全面调查和认定，深入实施黄河文化遗产系统保护工程、中华文明探源工程、黄河文化传承创新工程，启动"中国黄河"国家形象宣传推广行动，讲好新时代黄河故事，以加强公共文化产品和服务供给为抓手，打造黄河文化对外传播符号，打造具有国际影响力的黄河文化旅游带。

第六节　新时代西部大开发战略

西部大开发战略是国家长期坚持的促进西部地区繁荣稳定的重要部署，在新时代新阶段，推动西部大开发形成新格局是当前国家区域协调发展的重大战略目标。

一　战略背景

西部地区繁荣、发展、稳定关系到各族群众福祉，关系到我国改革开放和社会主义现代化建设全局。新时代推进西部大开发形成新格局有利于促进区域协调发展，破解西部地区发展不平衡不充分的问题；有利于巩固国家生态安全屏障，促进西部地区可持续发展；有利于促进陆海内外联动和东西双向互济，提升西部地区开放水平；有利于增强内生增长动力，推动西部地区高质量发展；有利于保障和改善民生，实现西部地区民族团结和边疆稳定。十八大以来，习近平总书记多次深入边疆基层，提出强化举措推进西部大开发。在研判新的国内外形势、系统总结西部大开发战略实施经验基础上，2020 年 5 月，中共中央、国务院印发《关于新时代推进西部大开发形成新格局的指导意见》，为新时代西部大开发战略指明了方向，提供了基本遵循。2022年 1 月，国务院印发《关于支持贵州在新时代西部大开发上闯新路的意见》，赋予贵州西部大开发综合改革示范区、巩固拓展脱贫攻坚成果样板区、内陆开放型经济新高地、数字经济发展创新区、生态文明建设先行区等战略定位。

二　发展思路

新时代西部大开发战略区域主要包括重庆、四川、贵州、云南、西藏、陕西、甘肃、青海、宁夏、新疆、内蒙古、广西 12 个省（区、市）。新时代西部大开发战略强化举措抓重点、补短板、强弱项，形成大保护、大开放、高质量发展的新格局，推动经济发展质量变革、效率变革、动力变革，促进西部地区经济发展与人口、资源、环境相协调，实现更高质量、更有效率、更加公平、更可持续发展，确保到 2035 年，西部地区基本实现社会主义现代化，基本公共服务、基础设施通达程度、人民生活水平与东部地区大体相当，努力实现不同类型地区互补发展、东西双向开放协同并进、民族边疆地区繁荣安全稳固、人与自然和谐共生。

三　战略重点

新时代西部大开发战略聚焦绿色发展、现代产业体系、高水平对外开放、深化改革和城乡融合等重点领域，推动形成发展新格局。

守住生态环境和民生底线，推动绿色发展。一是提高风险保障水平，打好三大攻坚战。要打好精准脱贫攻坚战，重点解决实现"两不愁三保障"面临的突出问题，加大深度贫困地区和特殊贫困群体脱贫攻坚力度，减少和防止贫困人口返贫，在全面完成脱贫任务基础上压茬推进乡村振兴战略，巩固脱贫攻坚成果。结合西部地区发展实际，打好污染防治标志性重大战役，实施环境保护重大工程，构建生态环境分区管控体系。精准研判可能出现的主要风险点，强化源头管控，防范化解重大风险。二是推进美丽西部建设，筑牢国家生态安全屏障。深入实施水土保持、天然林保护、退耕还林还草等重点生态工程，保障好长江、黄河上游生态安全，保护好冰川、湿地等生态资源。稳步开展重点区域综合治理，大力推进青海三江源生态保护和建设、祁连山生态保护与综合治理、岩溶地区石漠化综合治理、京津风沙源治理等，加强汾渭平原、成渝地区、乌鲁木齐等区域大气污染联防联控。加快推进西部地区绿色发展，全面推动重点领域节能减排，大力发展循环经济，推进绿色小水电改造。三是发挥自身优势，协同推进经济高质量发展和环境高水平保护。支持西部地区发挥生态、民族民俗、边境风光等优势，深化旅游资源开放、信息共享、行业监管、公共服务、旅游安全、标准化服务等方面的国际合作，提升旅游服务水平。依托风景名胜区、边境旅游试验区等，大力发展旅游休闲、健康养生等服务业，打造区域重要支柱产业。以共建"一带一路"为引领，积极对接京津冀协同发展、长江经济带发展、粤港澳大湾区建设等重大战略，加大西部开放力度。支持贵州、青海深化国内外生态合作，推动绿色丝绸之路建设。四是优化能源供需结构，推动能源产业绿色升级。优化煤炭生产与消费结构，推动煤炭清洁生产与智能高效开采，加强可再生能源开发利用，继续加大西电东送等跨省区重点输电通道建设力度，培育一批清洁能源基地，加快风电、光伏发电就地消纳，提高偏远地区供电能力，支持符合环保、能效等标准要求的高载能行业向西部清洁能源优势地区集中。

加快建设现代化产业体系，不断增强西部经济新动能和竞争力。一是推动创新开放，支持西部地区在特色优势领域优先布局建设国家级创新平台和大科学装置，加快创建各类创新载体，进一步深化东西部科技创新合作，支持"双一流"高校对西部地区开展对口支援。二是推动具备条件的产业集群化发展，在培育新动能和传统动能改造升级上迈出更大步伐，促进信息技术在传统产业广泛应用并与之深度融合。三是加快推进高标准农田、现代化生态牧场、粮食生产功能区和棉油糖等重要农产品生产保护区建设，支持发展生态集约高效、用地规范的设施农业。加快高端、特色农机装备生产研发和推广应用。四是积极发展大数据、人工智能和"智能+"产业，大力发展工业互联网，推动"互联网+教育""互联网+医疗""互联网+旅游"等新业态发展。

以高水平对外开放为推动，进一步拓宽发展空间。一是强化基础设施规划建设。加强横贯东西、纵贯南北的运输通道建设，加快川藏铁路、沿江高铁、渝昆高铁、西（宁）成（都）铁路等重大工程规划建设，注重高速铁路和普通铁路协同发展，加强出海、扶贫通道和旅游交通基础设施建设，加强航空口岸和枢纽建设。二是加大西部开放力度。以共建"一带一路"为引领，加强对内对外合作和开放通道建设。一方面，强化对外区域合作，支持新疆地区丝绸之路经济带核心区建设，支持重庆、四川、陕西内陆开放高地和开发开放枢纽建设，支持甘肃、陕西发挥丝绸之路经济带重要通道、节点作用，支持贵州、青海推动绿色丝绸之路建设，支持内蒙古深度参与中蒙俄经济走廊建设，提升云南与澜沧江—湄公河区域开放合作水平。鼓励重庆、成都、西安等加快建设国际门户枢纽城市，提高昆明、南宁、乌鲁木齐、兰州、呼和浩特等省会（首府）城市面向毗邻国家的次区域合作支撑能力。另一方面，强化开放大通道建设，积极实施中新（重庆）战略性互联互通示范项目，打造具有国际竞争力的港口群，积极发展多式联运，强化沿江铁路通道运输能力和港口集疏运体系建设。三是提升开放发展水平。加快沿边地区开放发展，完善沿边重点开发开放试验区、边境经济合作区、跨境经济合作区布局。推动西部地区对外开放由商品和要素流动型逐步向规则制度型转变，发展高水平开放型经济。积极对接京津冀协同发展、长江经济带发展、粤港澳大湾区建设等重大战略，拓展区际互动合作空间。推动贵州内陆开放型经济试验区建设提档升级。

以深化改革和城乡融合为动力，进一步促进要素合理流动和优化配置。一是深入实施乡村振兴战略，大力促进城乡融合发展，优化西部地区农业从业者结构，优化城镇化布局与形态，加大对西部地区资源枯竭等特殊类型地区振兴发展的支持力度，总结城乡"资源变资产、资金变股金、农（市）民变股东"等改革经验，探索"联股联业、联股联责、联股联心"新机制，将分散的要素资源重新集中进行市场化开发。优化能源供需结构，推动城乡融合。二是深化要素市场化配置改革，建立健全市场化、多元化生态保护补偿机制，积极推进科技体制改革，持续推进信用体系建设，努力营造良好的营商环境。三是提高公共服务水平，强化公共创业就业服务，优化义务教育供给，促进优质教育资源共享，通过基层卫生机构标准化建设、开展远程医疗等方式提升医疗服务能力和水平，加强和改善社会保障体系、养老服务体系、公共文化体育服务、住房保障等方面的民生保障。

第七节　东北全面振兴战略

东北全面振兴战略是国家统筹安全与发展，以创新驱动破解发展难题，优化产业结构，推动东北全面振兴取得新突破的重大战略举措。

一　战略背景

东北地区是我国重要的工业和农业基地，拥有一批关系国民经济命脉和国家安全的战略性产业，资源、产业、科教、人才、基础设施等支撑能力较强，发展空间和潜力巨大，区位条件优越，沿边沿海优势明显，其维护国家国防安全、粮食安全、生态安全、能源安全、产业安全的战略地位十分重要，关乎国家发展大局。推动东北全面振兴，是推进经济结构战略性调整、提高我国产业国际竞争力的战略举措，是促进区域协调发展、打造新经济支撑带的重大任务，是优化调整国有资产布局、更好发挥国有经济主导作用的客观要求，是完善我国对外开放战略布局的重要部署，是维护国家粮食安全、打造北方生态安全屏障的有力保障。党的十八大以来，习近平总书记多次到东北考察，多次召开会议研究东北振兴之策，实施深入推进东北振兴战略，为东北全面振兴、全方位振兴指明了方向，做出了全面部署。《关于近期支持东北振兴若干重大政策举措的意见》《关于全面振兴东北地区等老工业基地的若干意见》《关于深入推进实施新一轮东北振兴战略加快推动东北地区经济企稳向好若干重要举措的意见》《关于印发东北地区与东部地区部分省市对口合作工作方案的通知》等一系列政策文件出台，国务院批复《东北全面振兴"十四五"实施方案》，推进东北全面振兴取得新突破的战略规划体系已逐渐搭建起来（见表3-6）。

表 3-6　东北振兴战略相关文件汇总

序号	文件名	发布时间	发布机构
1	《关于近期支持东北振兴若干重大政策举措的意见》	2014.8	国务院
2	《关于推进东北地区民营经济发展改革的指导意见》	2016.3	国家发改委、工信部、全国工商联、国家开发银行
3	《关于全面振兴东北地区等老工业基地的若干意见》	2016.4	中共中央、国务院
4	《推进东北地区等老工业基地振兴三年滚动实施方案（2016—2018年）》	2016.8	国家发改委
5	《关于支持老工业城市和资源型城市产业转型升级的实施意见》	2016.9	国家发改委、科技部、工信部、国土资源部、国家开发银行
6	《关于深入推进实施新一轮东北振兴战略加快推动东北地区经济企稳向好若干重要举措的意见》	2016.11	国务院
7	《关于印发东北地区与东部地区部分省市对口合作工作方案的通知》	2017.3	国务院办公厅
8	《支持首批老工业城市和资源型城市产业转型升级示范区建设》	2017.4	国家发改委、科技部、工信部、国土资源部、国家开发银行
9	《关于支持东北地区深化改革创新推动高质量发展的意见》	2019	中共中央、国务院
10	《国务院关于东北全面振兴"十四五"实施方案的批复》	2021.9	国务院
11	《"十四五"支持老工业城市和资源型城市产业转型升级示范区高质量发展实施方案》	2021.11	国家发改委、科技部、工信部、自然资源部、国家开发银行

二 发展思路

东北全面振兴战略的范围包括辽宁省，吉林省，黑龙江省，内蒙古自治区呼伦贝尔市、兴安盟、通辽市、赤峰市和锡林郭勒盟。"十四五"规划纲要强调东北全面振兴要"从维护国家国防、粮食、生态、能源、产业安全的战略高度，加强政策统筹，实现重点突破"。《东北全面振兴"十四五"实施方案》提出，以"坚持有效市场、有为政府，坚持尊重规律、发挥优势，坚持聚焦重点、统筹推进，坚持完善政策、狠抓落实"为原则，着力破解体制机制障碍，着力激发市场主体活力，着力推动产业结构调整优化，着力构建区域动力系统，着力在落实落细上下功夫，走出一条质量更高、效益更好、结构更优、优势充分释放的发展新路，推动东北全面振兴实现新突破。

三 战略重点

东北全面振兴战略重点集中于深化改革、空间布局、创新驱动、转型升级、扩大开放、强化保障等方面。

全面深化改革，以行政管理体制改革、国资国企改革和民营经济发展激发内在活力。一是推进行政管理体制改革。对标国内先进地区，加快转变政府职能，进一步推进放管服改革、优化投资营商环境、激发市场活力、壮大市场主体，探索以政策性条件引导、企业信用承诺、监管有效约束为核心的管理模式。二是深化国资国企改革，支持国有企业瘦身健体、做强做优，完善中国特色现代企业制度和市场化经营机制，优化调整国有经济布局，深化国有企业混合所有制改革，推动中央企业与地方企业融合发展。引导企业专注核心业务，探索组建地方性国有资本投资运营公司。三是促进民营经济高质量发展，优化有利于民营企业发展壮大的政策环境、市场环境、金融环境、创新环境等，支持民营企业发展壮大，提升民营经济发展质量，培育一批"专精特新"中小企业。

培育形成城市群，优化空间布局。以哈（哈尔滨）长（长春）沈

（沈阳）大（大连）为主轴，做好空间规划顶层设计，培育形成东北地区城市群，促进大中小城市和小城镇协调发展；支持沈阳、大连、长春、哈尔滨等地打造国内领先的新兴产业集群。同时，对相关城市在城市建设、创新发展等方面给予支持。推动资源型地区转型发展和老工业城市调整改造。

持续提高创新驱动水平，优化创新体系。以鼓励创新创业、建设创新平台和培养创新能力来破解发展难题，形成以企业为主体、以市场为导向、以人才为支撑、政产学研用相结合的创新体系。支持地方政府强化创新链和产业链、创新链和服务链、创新链和资金链对接，落实科技成果处置权、收益权等改革政策，落实金融、税收、户籍、住房、计划生育等方面的优惠政策，为人才提供宜居宜业的创新创业环境。深入推进沈阳全面创新改革试验和双创示范基地建设，推进哈尔滨、长春等城市双创平台建设，积极推进创业投资基金设立、自主创新示范区建设，开展科创企业投贷联动等金融改革试点，推动国家实验室、大科学装置等重大创新基础设施的布局倾斜。组织实施东北振兴重大创新工程，与高等学校、中科院等研究院所、企业联合建设研发平台和创新平台、技术研发中心、产业研究院、中试基地等新型研发机构。加快大学科技园、留学生创业园、大学生创业孵化基地、科技企业孵化器等创新载体建设，完善科技创新创业中介服务体系。

推动产业转型升级，完善产业支撑体系。以科技创新和体制机制创新为引领、以智能化和绿色化改造为重点、以产业园区和产城融合发展为载体，完善产业转型升级的支撑体系。一方面，在发展路径上，支持老工业城市和资源型城市改造升级"老字号"，深度开发"原字号"，培育壮大"新字号"，着力优化产业结构，再造产业竞争新优势。通过传统优势产业改造、培育新技术新产业新模式新业态、承接产业转移和产业合作，推进制造业与服务业融合发展、工业化和信息化融合发展，推进先进节能低碳技术、装备和管理模式普遍应用，推进能源资源产业绿色化转型。聚焦强链、补链、畅链，推动制造业集群化发展，建设创新要素集聚、用地集约、特色鲜明的产业转型升级示范园区和产业集群，探索各具特色的产业转型升级路径。在东北地区推动开展"中国制造2025"城市试点示范工作，组织实施一批重大技术装备首台（套）示范项目。

另一方面，在具体产业上，积极支持有条件的城市布局高端装备制造、现代信息技术、高端新材料、节能环保、新能源及新能源汽车等新兴产业，支持在冶金、石化、汽车、家电等重点领域建设一批智能制造标杆工厂，支持有条件的城市培育壮大人工智能、大数据、区块链、云计算、网络安全等数字产业，推动知识、信息、数据等新生产要素合理流动、有效集聚和利用。加快智慧城市建设，推动5G网络规模化部署，加快构筑数字社会，支持发展远程办公、远程教育、远程医疗、智慧楼宇、智慧社区和数字家庭。加快电力、钢铁、石化、化工、有色、建材等行业实施绿色化改造。推进绿色制造和清洁生产，促进能源资源绿色低碳转型。稳妥有序推进煤炭减量替代，统筹煤电发展和保供调峰，保障能源供应安全。

扩大开放合作，深化区际联系。一是建设开放合作发展新高地，加大对内开放合作力度，提升东北亚国际合作水平，打造高水平开放合作平台。二是在支持东北地区与东部地区开展全方位合作基础上，建立东北三省与东部三省（即辽宁省与江苏省、吉林省与浙江省、黑龙江省与广东省）以及东北四市与东部四市（即沈阳市与北京市、大连市与上海市、长春市与天津市、哈尔滨市与深圳市）的对口合作关系，支持内蒙古自治区主动对接东部省市，重点聚焦体制机制创新、产业务实合作、科技成果转化、搭建合作平台载体等方面，促进东部地区与东北地区在合作中相互借鉴、优势互补、互利共赢、共谋发展。推动示范区城市加强与京津冀协同发展、粤港澳大湾区建设、长三角一体化发展等战略对接。

强化责任使命，构建粮食、生态、民生等方面保障。巩固国家粮食安全"压舱石"地位，筑牢祖国北疆生态安全屏障。完善基础设施补齐民生短板，完善区域基础设施网络，实施乡村建设行动，提升民生保障能力。着力保障和改善民生，鼓励就业创业，加快重大民生工程建设，全面推进城区老工业区搬迁改造和独立工矿区改造搬迁，继续大力实施棚户区改造工程，加大对资源枯竭城市财力性转移支付的支持力度等。统筹保护、开发、利用、修复，统筹老城新城、生产生活生态、地上地下等空间安排，推动城市空间结构优化、功能完善和品质提升，促进产业转型升级和城市更新改造有机结合。

第八节　新时代中部地区高质量发展战略

中部崛起战略部署已有十余年之久，在新时代新阶段，国家提出了推动中部地区高质量发展，这是国家进一步挖掘潜力、拓展内地发展空间、实现区域协调和高质量发展的重大部署。

一　战略背景

中部地区资源要素丰富、市场潜力巨大、文化底蕴深厚，具有承东启西、连南接北的区位优势，在中国整体区域发展格局中发挥了重要的支撑作用，中部崛起对国家整体发展尤为关键。促进中部地区崛起战略实施以来，特别是党的十八大以来，中部地区经济社会发展取得了重大成就，中部地区粮食生产基地、能源原材料基地、现代装备制造及高技术产业基地和综合交通运输枢纽地位更加巩固，同时，也面临开放度、创新度以及绿色生态和公共服务领域不平衡不充分的问题。错综复杂的国际形势下，中国经济需要通过扩大内需稳增长、稳预期，中部地区的高质量发展在推动和实现我国高质量发展中具有全局性的重要意义。十八大以来，党中央做出了新时代推动中部地区高质量发展的一系列重要部署。2019年，习近平总书记在推动中部地区崛起工作座谈会上提出了推动制造业高质量发展、提高关键领域自主创新能力、优化营商环境、积极承接新兴产业布局和转移、扩大高水平开放、坚持绿色发展、做好民生领域重点工作以及完善政策措施和工作机制的八点意见，这是当前和今后做好中部地区崛起工作的基本遵循。2021年，顺应新时代新要求，中共中央、国务院发布了《关于新时代推动中部地区高质量发展的意见》，推动中部地区实现高质量发展。

二　发展思路

中部地区包括山西、安徽、江西、河南、湖北、湖南六个省份，在中国区域经济版图中占据重要地位。要充分发挥中部地区承东启西、连南接北的区位优势和资源要素丰富、市场潜力巨大、文化底蕴深厚等比较优势，着力构建以先进制造业为支撑的现代产业体系，着力增强城乡区域发展协调性，着力建设绿色发展的美丽中部，着力推动内陆高水平开放，着力提升基本公共服务保障水平，着力改革完善体制机制，推动中部地区实现高质量发展。到2025年，中部地区质量变革、效率变革、动力变革取得突破性进展，投入产出效益大幅提高，综合实力、内生动力和竞争力进一步增强。到2035年，中部地区现代化经济体系基本建成，产业整体迈向中高端，城乡区域协调发展达到较高水平，绿色低碳生产生活方式基本形成，开放型经济体制机制更加完善，人民生活更加幸福安康，基本实现社会主义现代化，共同富裕取得更为明显的实质性进展。

三　战略重点

新时代中部地区高质量发展重点集中在现代产业体系、区域协调发展、绿色发展、对外开放、公共服务等方面。

以制造业为支撑构建现代化产业体系。一是做大做强先进制造业，聚焦智能制造、新材料、新能源汽车、电子信息等产业，统筹规划布局中部地区产业集群发展。推进中国（武汉）光谷、中国（合肥）声谷、郑州电子信息、长株潭装备制造、吉安电子信息、太原新材料、洛阳装备制造等产业集群发展。二是积极承接制造业转移，优化皖江城市带、晋陕豫黄河金三角、湖北荆州、赣南、湘南湘西、皖北等承接产业转移园区建设，搭建合作平台，创新利益分享机制，在基础设施建设、用地计划等方面适当倾斜。三是提高关键领域自主创新能力。积极开展关键共性技术、前沿引领技术攻关，推动重大科技平台和基础设施建设，加快合肥、武汉、株洲、洛阳等地的国家科技创新中心建设，支持建设一批众创空间、孵化器、加速器等创新创业孵化平台和双创示范基地，加强区域创新资源合作，发挥企业主体作用，提高产学研合作、知识产权保护和科技成果转化水平。四是推动先进制造业和现代服务业深度融合，依托产业集群（基地）建设一批工业设计中心和工业互联网平台，加强新型基础设施建设，积极推动大数据、物联网、人工智能等新一代信息技术在制造业领域的应用创新，大力发展研发设计、金融服务、检验检测等现代服务业，积极推进电商网购、在线服务等新业态，加强国家物流枢纽建设，打造数字经济新优势。

以城乡协调为重点推进区域协调发展。一是支持中部地区主动融入区域重大战略，加强与京津冀协同发展、长江经济带发展、粤港澳大湾区建设、长三角一体化发展、黄河流域生态保护和高质量发展等区域重大战略互促共进。支持安徽积极融入长三角一体化发展，打造具有重要影响力的科技创新策源地、新兴产业聚集地和绿色发展样板区。支持河南、山西深度参与黄河流域生态保护和高质量发展战略实施，共同抓好大保护，协同推进大治理。支持湖北、湖南、江西加强生态保护、推动绿色发展，在长江经济带建设中发挥更大作用。二是促进城乡融合发展。以基础设施互联互通、公共服务共建共享为重点，加强城市群建设，优化城市间合作，提升中心城市和重点城市的辐射带动能力和人口集聚水平。加快武汉、郑州等国家中心城市建设，提升长沙、合肥、南昌、太原等区域中心城市辐射带动能力，促进洛阳、襄阳、阜阳、赣州、衡阳、大同等区域重点城市经济发展和人口集聚。加强长江中游城市群、中原城市群内城市间合作，支持武汉、长株潭、郑州、合肥等都市圈及山西中部城市群建设，培育发展南昌都市圈。推进以县城为重要载体的城镇化建设。三是提升城市品质。实施城市更新行动，优化城市布局，加快补齐市政基础设施和公共服务设施短板，推进城市生态修复、功能完善。四是加快农业农村现代化。巩固提升河南全国粮食生产基地地位，积极推进高标准农田建设、有机旱作农业发展、先进适用农机应用、种质资源保护和利用等，高质量推进粮食生产功能区、重要农产品生产保护区和特色农产品优势区建设，大力发展油料、生猪、水产品等优势农产品生产，打造一批绿色农产品生产加工供应基地，加强农村产业融合示范、新型农业主体培育和农村基础设施建设。五是建立健全中部地区省际合作机制，推动省际协作和交界地区协同发展，加快重要流域上下游、左右岸地区合作、融合发展，推动长株潭跨湘江、南昌跨赣江、太原跨汾河、荆州和芜湖等跨长江发展。五是聚焦原中央苏区、大别山区、太行山区、吕梁山区、罗霄山区、武陵山区等地区，健全防止返贫监测和帮扶机制，实现巩固拓展脱贫攻坚成果同乡村振兴有效衔接。

以生态安全和治理为焦点推进绿色发展。一是统筹推进山水林田湖草沙系统治理，把握生态保护红线、环境质量底线、资源利用上线的硬约束，构建生态安全屏障，以河道生态整治和河道外两岸造林绿化为重点，建设淮河、汉江、湘江、赣江、汾河等河流生态廊道。二是加强生态环境共保联治，强化全民共治、源头防治，加强大气污染、移动源污染、城镇污水、土壤污染等污染防治和修复，落实生态保护补偿和生态环境损害赔偿制度。三是加快形成绿色生产生活方式。加快推进山西国家资源型经济转型综合配套改革试验区建设和能源革命综合改革试点开展。推进产业园区循环化改造、低碳城市建设，开展节约型机关、绿色家庭、绿色学校、绿色社区、绿色建筑等创建行动，鼓励绿色消费和绿色出行，因地制宜地开展清洁优质能源利用，加强能源资源的节约集约利用，进一步完善和落实资源有偿使用制度。四是发展绿色金融。构建多层次绿色金融产业链，加快推进产业绿色转型发展，提升生态碳汇能力，增加郑州商品交易所上市产品，支持山西与现有期货交易所合作开展能源商品期现结合交易，推进江西赣江新区绿色金融改革创新试验区建设。五是发展绿色能源。因地制宜发展绿色小水电、分布式光伏发电，支持山西煤层气、鄂西页岩气开发转化，加快农村能源服务体系建设。

以通道平台建设和优化营商环境为先导提高对外开放水平。一是加快内陆水陆空开放通道建设，推进呼南纵、沿江、厦渝等高速铁路中部段建设，加快推进汉江、湘江、赣江、淮河航道整治和长江干线过江通道建设；发展沿江港口铁水联运功能，优化中转设施和集疏运网络，加强武汉长江中游航运中心、郑州国际物流中心、湖北鄂州货运枢纽机场和合肥国际航空货运集散中心建设，加快长沙、太原、宜昌、赣州国家物流枢纽建设，支持建设一批生产服务型物流枢纽；增强中部地区机场连接国际枢纽机场能力，完善国际航线网络，发展全货机航班，提升区域枢纽功能，加强口岸合作，全面融入共建"一带一路"。二是打造内陆高水平开放平台。高标准建设安徽、河南、湖北、湖南自由贸易试验区，支持先行先试，充分发挥郑州航空港经济综合实验区、长沙临空经济示范区在对外开放中的重要作用，支持有条件地区加快建设具有国际先进水平的国际贸易"单一窗口"。三是优化营商环境，深化"放管服"改革，全面推行政务服务"一网通办"，推进"一次办好"改革和高频事项"跨省通办"，对接国际通行规则，加强事前事中事后全链条监管，对标国际一流水平，建设与国际通行规则接轨的市场体系，促进国内国际要素有序自由流动、资源高效配置。

以共建共享为基准提高公共服务保障水平。一是提高基本公共服务保障能力。加强公共卫生体系建设，防范化解重大疫情和突发公共卫生风险，着力补齐公共卫生风险防控和应急管理短板，建立统一的公共就业信息服务平台，加强重点行业、重点群体就业支持。二是增加高品质公共服务供给。加快推进世界一流大学和一流学科建设，支持中部地区与国内外一流科研机构开展合作，大力推进职业技能培训及高水平高职学校和专业建设，支持区域医疗中心和县乡医疗联合体建设，深入推进中原文化、楚文化、三晋文化品牌建设和红色文化传承，积极发展文化创意、广播影视、动漫游戏、数字出版等产业。三是加强和创新社会治理。完善突发事件监测预警、应急响应平台和决策指挥系统，建设区域应急救援平台和区域保障中心，推动政府部门业务数据互联共享，推进城市社区网格化管理，完善乡村治理。

第四章　山西区域协调发展现状及特征

山西紧紧围绕新形势下促进区域协调发展的总体思路，尊重客观规律，发挥比较优势，完善空间治理，保障民生底线，区域发展的协调性逐步增强，形成了统筹有力、竞争有序、共享共赢的区域协调发展新格局。

第一节　山西区域协调发展的主要成效

当前，山西区域经济发展稳中向好，区域发展平衡性持续增强，向着基本公共服务均等化、基础设施通达程度比较均衡、人民基本生活保障水平大体相当的区域协调发展目标迈出了坚实步伐。

一　区域经济发展协调性不断增强

山西深入实施区域协调发展战略，主动融入国家区域重大战略，加快推动高质量发展，有力促进各区域合理分工、优势互补，经济实力稳步提升，各区域发展相对差距不断缩小，区域发展的协调性逐步增强。

（一）经济规模持续扩大

山西各地区经济实力稳步提升，推动经济高质量发展。太原经济总量逐年增加，是全省唯一一个突破5000亿元的城市。2021年，太原GDP达5121.61亿元，比2016年增加2166.01亿元，连续跨越3000亿元（2017 年 3287.34 亿元）、4000 亿元（2019 年 4016.19 亿元）、5000 亿元关口；GDP 实际增速为 9.2%、居全国省会城市第 3 位，名义增速为 23.3%、居全国省会城市第 1 位。长治、吕梁、运城经济实力不断增强，3 市 GDP 均超过 2000 亿元，分别为 2311.08 亿元、2071.37 亿元、2053.07 亿元（见表 4-1），分别比 2015 年增加 1115.74 亿元、1115.57 亿元、879.05 亿元。晋城、临汾、晋中、大同、朔州、忻州、阳泉的 GDP 分别比 2020 年增长 11.6%、8.5%、6.8%、7.5%、9.8%、10.6%、6.7%。其中，晋城 GDP 增速排名全省第 1；临汾 GDP 增速达 8.5%，为其近 8 年最好水平。

表 4-1　2021 年山西各市地区生产总值

单位：亿元，%

地　区	地区生产总值	占比	排名
太　原	5121.61	22.67	1
大　同	1686.05	7.46	8
阳　泉	916.58	4.06	11
长　治	2311.08	10.23	2
晋　城	1912.42	8.47	5
朔　州	1420.65	6.29	9
晋　中	1843.45	8.16	7
运　城	2053.07	9.09	4
忻　州	1344.43	5.95	10
临　汾	1909.47	8.45	6
吕　梁	2071.37	9.17	3
全　省	22590.16	100.00	-

注：因四舍五入，表中数据略有误差。
资料来源：《山西统计年鉴 2022》。

（二）产业结构持续优化

山西着力优化产业结构，各地区产业转型升级成效明显。太原第三产业发展迅速，2021 年第三产业增加值为 2963.72 亿元，同比增长 8.6%，占 GDP 的比重为 57.9%；工业转型成效明显，非传统产业增加值同比增长 25.4%，占规模以上工业增加值的比重为 45.3%。大同三次产业结构由 2016 年的 5.3∶41.8∶52.9 调整为 2021 年的 6.0∶42.5∶51.5，新旧动能加快转换，文化旅游、现代物流、数据服务等生产生活性服务业蓬勃发展。阳泉三次产业结构由 2015 年的 1.7∶49.8∶48.5 调整至 2021 年的 1.7∶51.7∶46.6，大力培育节能环保、新材料、新能源、新一代信息技术等战略性新兴产业。长治新兴产业成为引领转型发展的"主引擎"，初步形成了半导体光电、光伏、新材料、先进装备制造、医药健康等产业集群。晋城三次产业结构由 2015 年的 4.6∶55.4∶40.0 调整为 2021 年的 4.0∶60.4∶35.6，战略性新兴产业增加值同比增长 9.1%，占规模以上工业增加值的比重为 16.0%。朔州初步形成以新材料、装备制造、高端陶瓷、化工、医药、食品等新兴产业为支撑，以低碳硅芯等前沿产业为引领的现代产业结构体系。晋中通过优化农业布局、改善工业结构、扶持第三产业，三次产业结构由 2015 年的 9.6∶41.6∶48.8 调整为 2021 年的 8.1∶51.2∶40.7。运城三次产业结构由 2015 年的 17.1∶34.6∶48.3 调整为 2021 年的 16.5∶39.7∶43.8，粮食、水果产量以及粗钢、钢材、生铁等产品产量位居全省第 1。忻州结构动力持续优化，2021 年三次产业结构为 8.7∶50.5∶40.8，新动能发展稳定，战略性新兴产业增加值同比增长 8.7%。临汾三次产业结构由 2015 年的 8.1∶46.5∶45.4 调整为 2021 年的 7.9∶49.8∶42.3，战略性新兴产业、装备制造业、高技术制造业等新动能产业实现快速增长。吕梁产业结构由"一煤独大"持续向"多元支撑"转变，推动煤焦化传统产业向高端化、智能化、绿色化方向发展，推动白酒、文化旅游、大数据、现代农业等集群化发展（见表 4-2）。

表 4-2　2021 年山西各市三次产业结构

单位：%

地　区	一产占比	二产占比	三产占比
太　原	0.9	41.2	57.9
大　同	6.0	42.5	51.5
阳　泉	1.7	51.7	46.6
长　治	4.0	59.8	36.2
晋　城	4.0	60.4	35.6
朔　州	6.6	45.4	48.0
晋　中	8.1	51.2	40.7
运　城	16.5	39.7	43.8
忻　州	8.7	50.5	40.8
临　汾	7.9	49.8	42.3
吕　梁	5.1	65.2	29.7
全　省	5.7	49.6	44.7

资料来源：《山西统计年鉴 2022》。

（三）财政实力显著增强

山西全力拓展财源、壮大财力，各地区财政收入稳中有进、量质提升。2021 年全省一般公共预算收入 2834.6 亿元，创历史新高，比上年增长 23.4%。从地区来看，太原一般公共预算收入 423.44 亿元，同比增长 11.9%；大同一般公共预算收入 166.73 亿元，同比增长 23.47%；阳泉一般公共预算收入 56.19 亿元；长治一般公共预算收入 224.06 亿元；晋城一般公共预算收入 201.30 亿元，同比增长 38.59%，增速排全省第 1 位；朔州一般公共预算收入 116.29 亿元，同比增长 29.89%；晋中一般公共预算收入 171.07 亿元；运城一般公共预算收入 105.16 亿元，首次突破 100 亿元大关，同比增长 16.8%；忻州一般公共预算收入 117.94 亿元，同比增长 24.9%；临汾一般公共预算收入 159.89 亿元，同比增长 18.2%；吕梁一般公共预算收入 231.78 亿元，突破 200 亿元大关，同比增长 23.78%，位列全省第一方阵（见图 4-1）。

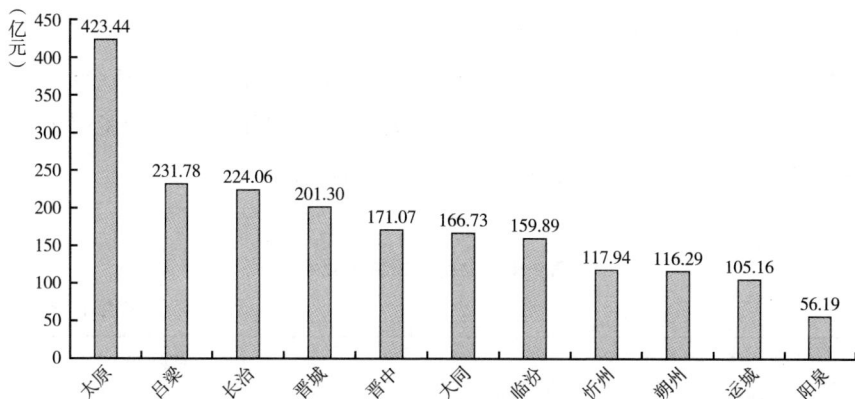

图 4-1　2021 年山西各市一般公共预算收入

资料来源：《山西统计年鉴 2022》。

二　区域城镇化发展差距不断缩小

城镇化是区域协调发展的本质要求和重要引擎。山西遵循城镇化发展规律，坚持以人的城镇化为核心，加快转变城镇化发展方式，推动全省城镇化率持续提高。

（一）各地区城镇化水平快速提高

城镇化水平不断提高，2021 年山西常住人口 3480.48 万人，城镇常住人口 2207.48 万人，城镇化率为 63.42%，比 2020 年提高 0.89 个百分点。"十三五"期间山西常住人口城镇化率由 55.03% 提高到 62.53%，年均提高 1.5 个百分点，有力地带动了全省区域协调发展。从各个地区来看，各市城镇化水平实现了快速提高，城镇化率超过 60% 的覆盖面扩大。2021 年，全省 11 个市中城镇化率超过 60% 的市由 2015 年的 3 个（太原 86.10%、阳泉 66.04%、大同 64.10%）增加到 6 个（太原 89.23%、大同 73.38%、阳泉 71.93%、晋城 63.55%、朔州 62.74%、晋中 60.91%）（见表 4-3）。

（二）区域间城镇化差距持续缩小

各地区的城镇化发展差距持续缩小，2015 年全省城镇化率排在第 1

位的太原城镇化率为 86.10%，第 11 位的运城城镇化率为 44.17%，两者相差 41.93 个百分点；2021 年太原、运城的城镇化率分别为 89.23%、50.26%，两者相差 38.97 个百分点，太原与运城城镇化率差距不断缩小，2015 年到 2021 年缩小了 2.96 个百分点（见表 4-3）。

表 4-3　山西各市城镇化率

单位：%

地　区	2015 年	2021 年
太原	86.10	89.23
大同	64.10	73.38
阳泉	66.04	71.93
长治	49.91	57.39
晋城	57.34	63.55
朔州	54.23	62.74
晋中	52.59	60.91
运城	44.17	50.26
忻州	46.36	54.74
临汾	47.84	54.15
吕梁	46.12	54.28
全　省	55.87	63.42

资料来源：《山西统计年鉴 2016》《山西统计年鉴 2022》。

三　区域发展均衡性不断提升

山西特殊类型地区振兴发展取得重要进展，有力地推动了巩固拓展脱贫攻坚成果同乡村振兴的有效衔接，缩小了城乡区域发展差距，优化了区域经济布局。

（一）贫困地区有序衔接乡村振兴

截至 2020 年，山西 58 个贫困县全部摘帽，7993 个贫困村全部退出，329 万贫困人口全部脱贫，稳定实现"两不愁三保障"，有序衔接乡村振兴；3365 个深度贫困自然村整村搬迁，建成集中安置区 1122 个；

建成光伏扶贫村级电站 5479 座、集中电站 53 座，村集体经济快速发展；广泛吸纳贫困劳动力参与生态建设增收，惠及 52.3 万贫困人口，走出了一条增绿增收的双赢之路。脱贫攻坚战取得全面胜利后，山西建立健全防止返贫动态监测和帮扶机制，统筹巩固脱贫成果和推进乡村振兴两大任务，出台《关于全面推进乡村振兴加快农业农村现代化的实施方案》《关于巩固拓展脱贫攻坚成果有效衔接乡村振兴的实施方案》等 16 个重要政策文件，全力推动乡村振兴各项工作。对无力脱贫、无业可扶的建档立卡贫困户实行政策性兜底脱贫，截至 2021 年底，全省脱贫户中被纳入救助范围的有 52.8 万人，其中，被纳入农村低保的有 46.3 万人，被纳入农村特困的有 6.5 万人。

（二）革命老区经济快速发展

山西制定出台《关于新时代支持山西太行革命老区振兴发展的实施意见》，大力支持山西太行革命老区在新发展阶段巩固拓展脱贫攻坚成果，推动经济社会高质量发展。革命老区县域经济竞相发展，全省革命老区贫困县农村居民人均可支配收入从 2013 年的 4875 元增长到 2020 年的 10352 元，年均增长 11.4%；建档立卡贫困人口人均纯收入从 2013 年的 2166 元增长到 2020 年的 9729 元，年均增长 23.9%。作为革命老区，武乡县积极构建红色旅游和农民增收的利益联结机制，深耕红色旅游，创新发展模式，大力投资研学基地及餐饮、住宿、停车场等服务设施建设，推出八路军太行纪念馆、太行干部学院、太行少年军校等重点项目，吸引了更多游客和学员吃住在村里，红色研学助力红色旅游快速发展。黎城县聚焦产业转型，不断发展优化"红""绿"产业，做强做大特色县域经济，提升群众幸福指数，第二产业占地区生产总值的比重由 2012 年的 51% 减少到 2021 年的 31.6%，第三产业比重由 39.9% 增加到 59%。

（三）资源型地区转型发展深入推进

党的十八大以来，山西高水平建设国家资源型经济转型综合配套改革试验区，在资源型地区高质量转型发展上迈出更大步伐。作为全国首批、山西唯一的老工业城市和资源型城市产业转型升级示范区，长治紧抓重大机遇，不断推动产业基础更新、产业链条延伸，在抢抓大项目、崛起大产业的躬耕实践中，蹚出一条产业转型升级的新路。2022 年 6 月，长治以老工业基地调整改造力度大，支持传统产业改造、推进产业转型升级等工作成效突出，再次获得国务院办公厅督查激励，老工业基地调整改造以来，连续 5 次受到国务院通报表扬。2021 年长治战略性新兴产业增加值增长 90%，制造业、战略性新兴产业增加值占工业增加值比重分别达 31.1%、5.6%。其中，半导体光电产业产值占全省 95%，龙头企业生产规模在全国同行业中排名前 3；光伏行业产值占全省 53%，光伏玻璃市场全国占有率达 14%；医药行业生物医药制品占全省 50% 以上。2022 年长治地区生产总值完成 2804.8 亿元，实际同比增长 7.2%，总量和增速均保持全省第 2 位，高质量发展综合绩效考核保持全省前列。

四 区域互联互通水平不断提高

山西积极构建布局合理、设施配套、功能完善、安全高效的一体化基础设施体系，统筹推进交通、信息、能源等基础设施建设，基础设施整体水平实现跨越式提升，有力保障了经济社会发展。

（一）交通运输基础设施覆盖范围持续扩大

2021 年末，全省铁路运营里程达 6252 公里，较 2015 年新增 1365 公里，除吕梁市外其余 10 个市实现了高铁连通；高速公路总里程达 5763 公里，全省 112 个县（市、区）连通高速公路，96% 的县实现高速公路覆盖，72% 的乡镇实现普通国省道连通；机场数量增加到 7 个（太原、长治、大同、吕梁、五台山、运城、临汾），有 1 个在建机场（朔州）、1 个筹建机场（晋城）；农村公路进村入户，全省 1196 个乡镇 26420 个具备条件的建制村实现了通硬化路、通客车、通邮"三个全覆盖"。

（二）信息基础设施全面提档升级

2020 年，山西移动电话基站数达 26 万个，是 2015 年的 1.9 倍；宽带接入端口总数达 2322 万个，是 2015 年的 1.9 倍。2022 年，移动宽带网络已经实现城乡全覆盖，4G 基站总数达 15.9 万个，开通 5G 基站 1.6 万个；网络扶贫成效显著，全省行政村、贫困村光纤实现全覆盖；网民规模达 2549 万人，其中农村网民规模超 1011 万人。① 2021 年末，全省 4G 电话用户达 2760.2 万户，5G 移动电话用户达 900 万户。

五　生态环境质量明显改善

从生态保护到绿色发展，从能源革命到"双碳"工作，山西坚持减污降碳协同增效，全方位、全地域、全过程开展生态环境保护，生态环境发生了显著变化。

（一）生态修复取得明显成效

山西统筹推进山水林田湖草沙系统治理，在大力实施天然林保护、退耕还林、京津风沙源治理和"三北"防护林等国家工程的同时，推动太行山吕梁山生态系统保护和修复重大工程、"七河"流域生态保护与修复重大工程，构建黄河和黄河流域生态防护屏障、环京津冀生态安全屏障、中条山生物多样性保护屏障，全力打造纵横交织、互相贯通、功能完备的生态大动脉。近年来，山西每年完成造林 400 万亩以上，累计造林 2800 多万亩，山西常态化开展河湖"清四乱"，整治妨碍河道行洪突出问题；"七河""五湖"水生态治理项目被列入国家 55 项重大水利工程；完成汾河百公里中游示范区建设任务的 80% 以上；累计分别向汾河、永定河生态补水 12 亿立方米、8 亿立方米；永定河市场化治理模式

---

① 中共山西省委宣传部：《山西这十年｜全省宣传思想文化工作专场新闻发布会举行（第六场）》，山西省人民政府网，https://www.shanxi.gov.cn/ztjj/zgzsnsx/zgzsnsxfbh/202209/t 20220927_ 7182260. shtml。

成为全国典型。截至 2021 年底，全省水土流失面积 5.8 万平方公里，较 2011 年的 7.03 万平方公里减少 1.23 万平方公里，减幅达 17.5%，全省水土保持率达 63%。

（二）环境质量得到大幅改善

空气、水、土壤环境质量持续改善，2017 年到 2021 年，山西优良天数比例由 65.7% 提高到 72.1%，重污染天数减少了 85%；PM$_{2.5}$年均浓度由 55 微克每立方米降低至 39 微克每立方米，首次进入 "30+" 区间，实现历史性突破；国家地表水考核断面水质优良比例由 55.2% 提高到 72.3%，汾河水质全部提升到Ⅳ类以上，沁河、丹河、滹沱河、清漳河等河流出境水质稳定保持Ⅱ类水平；同步开展末端修复治理和源头预防，土壤污染风险得到有效管控。

（三）绿色低碳转型步伐加快

顺应能源转型、绿色发展的趋势，山西煤炭领域正在 "减" "优" "绿"，新能源产业快速崛起，加快转变生产生活方式，推动经济社会发展全面绿色低碳转型。出台做好碳达峰碳中和工作实施意见，扎实有序开展碳达峰山西行动，优化配置碳排放空间资源，倒逼总量减排、源头减排、结构减排，在全国碳市场第一个履约周期中，山西履约率达 99.68%，高于全国平均水平。节能降耗取得明显成效，党的十八大以来，全省单位 GDP 能耗累计下降 33.2%，节约能源约 1.1 亿吨标准煤；"十四五" 以来，全省能耗强度持续降低，2022 年上半年全省单位 GDP 能耗比上年同期下降 3.0%。用能结构不断优化，非化石能源占能源消费比重由 2012 年的 2.0% 提高到 2020 年的 7.4%。坚决遏制高耗能、高排放、低水平项目盲目发展，加强能耗 "双控" 管理，加速淘汰落后产能、化解过剩产能，将治理腾出的环境容量优先用于支持传统产业转型升级和战略性新兴产业集群发展。

六　基本公共服务均等化有效推进

山西社会领域民生事业投入力度不断加大，各级各类公共服务设施不断完善，基本建立起覆盖全民的基本公共服务和社会保障事业体系，人民群众的获得感、幸福感和安全感不断提升。

（一）重点群体就业稳中有进

山西高度重视重点群体就业工作，建立健全城乡劳动者平等就业制度，坚持统筹城乡就业，有力促进了农村富余劳动力就地就近转移就业、返乡创业和有序外出就业。"十三五"时期全省累计实现农村劳动力转移就业153.1万人，累计组织城乡劳动者职业技能培训350万人次，实现城镇新增就业257.5万人。截至2021年末，全省农民工总量达580万人，比2012年增长112.2万人。深入实施培训就业扶贫行动，2016~2020年贫困劳动力转移就业近42万人，完成五年行动目标的140%。坚持做好就业帮扶和就业援助工作，十年间累计帮扶失业人员再就业171.37万人，帮扶就业困难人员就业45.92万人，零就业家庭保持动态清零。

（二）推动基础教育优质均衡发展

山西系统推进基础教育各学段扩大资源、优化结构、提升质量，推动基础教育从扩大规模、满足基本需求向注重质量、提升治理水平和服务能力转变。基础教育主要发展指标均高于全国平均水平，全省学前教育、高中阶段教育基本普及，所有县（市、区）实现义务教育基本均衡。一是优化布局，解决"城镇挤、农村弱"问题。以县为单位优化中小学布局结构，持续加大公办学位供给力度，全省义务教育阶段校均规模从2012年的341人增加到2021年的551人，义务教育阶段学校和普通高中全部消除大班额。二是改善条件，推动城乡一体化发展。实施"全面改薄"和能力提升工程，在城镇地区落实小区配建中小学校政策，农村地区建设改造 1500 余所寄宿制学校，新增学位 10 万余个，办学条件得到全面改善，全面实现义务教育有保障。覆盖城乡的教育信息化体系更趋完善，中小学互联网接入率达 100%。

（三）基层医疗卫生服务能力不断增强

山西基层卫生服务体系逐步健全，在全国率先推行县域医疗卫生一体化改革，整合县乡医疗卫生资源，推行医疗同质化服务，构建了县域医疗卫生服务新体系。截至 2021 年底，全省共有各类基层医疗卫生机构 3.9 万个，覆盖城乡社区、村服务网络基本形成，服务可及性明显提升。基层医疗卫生机构建设持续加强，脱贫地区乡村两级医疗卫生机构全部达到基本医疗有保障标准，全省 62% 的乡镇卫生院和社区卫生服务中心达到服务能力标准，其中 138 所达到推荐标准；建成社区医院 62 所，全省基层医疗卫生机构县域就诊率达 60%。基层医疗卫生人才队伍不断壮大，2021 年全省基层卫生人员达 11.35 万人。基层医疗卫生服务模式创新发展，家庭医生签约服务制度实现全覆盖。

（四）民生兜底保障网不断织密织牢

山西加快健全覆盖全民、统筹城乡、公平统一、可持续的多层次社会保障体系，社会保障覆盖范围不断扩大、待遇水平稳步提高、保障能力持续增强。建立起全省统一的城乡居民基本养老保险制度，在全国创新实施城乡居民补充养老保险制度，城乡居民养老保险月人均水平由 2012 年的 55.68 元提高到 2021 年的 161.52 元。基本医疗保险基本实现全覆盖，城乡居民基本医疗保险财政补助标准由 2012 年的 240 元提高到 2021 年的 580 元。构建制度健全完善、运行高效顺畅、服务便民惠民、保障有力有效的社会救助体系，全省城乡低保平均保障标准分别达每人每月 628 元和 496 元，114.5 万城乡低保对象、13 万特困人员基本生活得到有效保障。截至 2021 年底，全省基本养老保险、失业保险、工伤保险参保人数分别达 2653 万人、504 万人、640 万人。大力发展养老服务业，不断满足老年人多层次养老需求，省市县乡四级养老服务网络初步形成。扎实做好儿童福利工作，儿童福利保障对象从孤儿拓展到事实无人抚养儿童等困境儿童，保障内容从基本生活保障拓展到康复、医疗、教育等综合保障。

七 人民生活水平显著提高

随着山西经济实力不断增强，全省居民收入保持稳定增长，收入水平持续提高，收入差距不断缩小，消费结构换挡升级，生活水平日益提高。

（一）居民收入水平稳步提高

2021 年，山西人均 GDP 继 2020 年突破 5 万元后，迈上 6 万元新台阶，达 64821 元。城镇居民人均可支配收入为 37433 元，农村居民人均可支配收入为 15308 元；城乡居民人均可支配收入持续稳定增长，人均可支配收入达 27426 元，比 2020 年增加 2212 元。从城乡居民收入差距看，2016~2021 年，全体居民人均可支配收入同比增速分别为 6.7%、7.2%、7.7%、8.4%、5.8% 和 8.8%，城镇居民人均可支配收入增速分别为 5.9%、6.5%、6.5%、7.2%、4.6% 和 7.6%，农村居民人均可支配收入增速分别为 6.6%、7.0%、8.9%、9.8%、7.6% 和 10.3%（见图 4-2），全省农村居民人均可支配收入增速明显高于城镇，城乡收入差距不断缩小，且差距小于全国平均水平。2016~2020 年，农村居民人均可支配收入年均增长 8.0%，比城镇居民高 1.9 个百分点。城乡居民人均收入比从 2015 年的 2.73 缩小到 2020 年的 2.51，优于全国平均水平（2.56），2021 年城乡居民人均收入比为 2.45，较 2020 年缩小 0.06。

（二）居民消费水平不断提高

山西城乡居民消费支出增长较快，2020 年全省城镇居民人均消费支出 20332 元，比 2015 年增长 28.5%，年均增长 5.1%；农村居民人均消

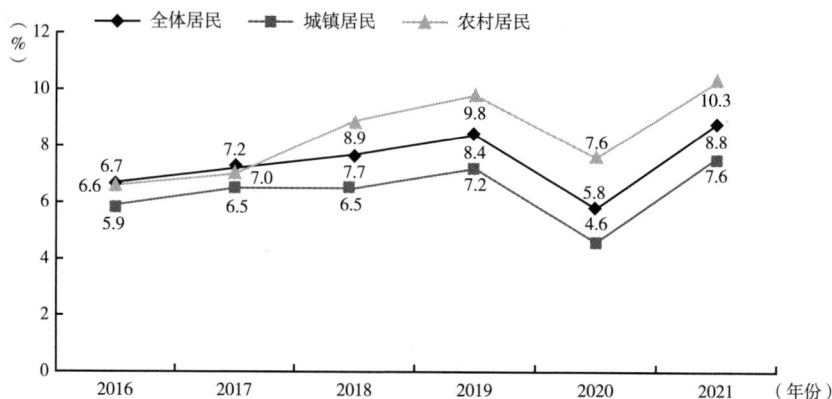

图 4-2 2016~2021 年山西居民人均可支配收入增速情况

费支出 10290 元，比 2015 年增长 38.7%，年均增长 6.8%，农村居民消费支出年均增速高于城镇居民 1.7 个百分点。其中，食品烟酒、居住、交通通信和医疗保健是居民消费支出的主要部分，分别占城镇居民和农村居民消费总支出的 73.1% 和 76.4%。2021 年，居民人均消费支出 17191 元，同比增长 9.3%；城镇居民人均消费支出 21965 元，同比增长 8.0%；农村居民人均消费支出 11410 元，同比增长 10.9%。农村居民消费支出增速高于城镇居民 2.9 个百分点，城乡居民消费支出差距不断缩小。

第二节 山西区域协调发展的现状特征

山西省委省政府高度重视区域协调发展，推进实施一系列促进区域协调发展的政策举措，山西区域协调发展呈现区域发展质量不断提高、结构不断优化、协调性不断增强、区域空间治理不断完善、民生福祉不断提升的现状特征。

一 中心城市集聚辐射效应持续显现

随着经济社会发展空间的深刻变化，中心城市越来越成为区域发展的增长中心、创新中心、服务中心，发挥了辐射带动、引领示范、组织协调等作用功能。山西中心城市的集聚辐射效应正在持续发挥关键作用。

（一）太原的"龙头"作用不断凸显

山西全力提升省会城市太原的集聚辐射功能和核心引领作用，按照全国区域性中心城市的定位，坚持"内""外"互动，积极打造创新高地、产业高地、人才高地、开放高地，不断提升城市首位度，持续强化区域中心城市影响力，其"龙头"作用不断显现。2021 年太原地区生产总值占全省比重超过 1/5，排名全省第 1；与 2015 年相比，其地区生产总值、第三产业增加值、进出口总额、一般公共预算收入和支出等主要经济指标占全省的比重都有不同程度的提升，占全省比重分别达22.7%、29.4%、83.1%、21.5% 和 15.7%，辐射和带动区域经济发展的作用不断增强（见表 4-4）。太原核心增长极地位突出，2021 年其市区 GDP 占全市的比重达 90.41%，常住人口占比 85.68%，人口和经济集聚水平越来越高。

表 4-4　2015 年、2021 年太原主要经济指标占全省比重情况

单位：%

指标名称	占全省比重	
	2015 年	2021 年
地区生产总值	22.5	22.7
第一产业增加值	4.7	3.5
第二产业增加值	19.5	18.8
第三产业增加值	24.7	29.4
社会消费品零售总额	25.6	24.2
进出口总额	72.6	83.1
一般公共预算收入	16.7	21.5
一般公共预算支出	12.3	15.7

资料来源：《山西统计年鉴 2016》《山西统计年鉴 2022》。

（二）其他中心城市集聚能力不断增强

中心城市经济集聚带动效应显著增强，大同、长治、临汾辐射带动作用初步显现，地区生产总值分别由 2015 年的 985.0 亿元、1117.2 亿元、1070.3 亿元增长至 2021 年的 1686.0 亿元、2311.1 亿元、1909.5 亿元；运城、晋城、阳泉、朔州、忻州、吕梁、晋中等城市发展基础逐步夯实，公共服务和基础设施条件逐步改善，中心城区经济和人口承载能力不断增强，推动全省高质量转型发展的多点支撑作用进一步提升。忻州、阳泉、吕梁、晋中是山西中部城市群的重要成员，随着太原晋中一体化发展进程逐步加快、太忻一体化经济区强势起航，晋中、忻州与太原的联动加强，市辖区的集聚辐射作用更加凸显。作为山西中部城市群的东西两翼，阳泉加快推进资源型城市绿色转型先行示范，吕梁正在打造山西中部城市群发展的生态安全屏障和重要战略支点。

二 中部城市群一体化发展加快构建

山西中部城市群是国家"十四五"规划中重点建设的 19 个城市群之一，是山西省第十二次党代会部署的重大战略任务之一，正在加快形成"中心龙头、南北引擎、东西两翼"的一体化发展格局，共同支撑山西高质量发展，成为山西全方位推动高质量发展、在中部地区高质量发展中争先崛起的重要力量。

（一）太原榆次太谷城市核率先打造

山西加快推进太原晋中一体化进程，做大做强太原榆次太谷城市核，不断提升太原作为城市群龙头的集聚效应和扩散效应，积极支持晋中建设全方位推动高质量发展先行区，形成辐射牵引山西中部城市群一体化发展的核心区和增长极。太原晋中一体化发展取得了阶段性成效，两市召开工作对接座谈会，联合印发了《太原晋中一体化发展推进方案》，提出"六个一体化"，即规划衔接一体化、产业布局一体化、基础设施一体化、生态治理一体化、公共服务一体化、要素配置一体化，明确了两市在基础设施建设、生态环境治理、公共服务保障等方面的 15 个推进事项，成立了综合协调、督查落实等 8 个工作专班。晋中主动服务、主动融入山西中部城市群高质量发展，依托山西大学城、晋中国家农高区（太谷国家农业科创中心）和转型综改示范区晋中开发区，主动对接、主动跟进太原国家区域中心城市建设。晋中榆次区将"智创谷"作为榆次在城市核中率先突围的强力引擎，围绕建设创新创业集聚宝地，发挥山西大学城、转型综改示范区晋中开发区优势，坚持服务与承接双向发力、产业与教育深度融合，充分利用"智创谷"建设的强大虹吸效应，以人促产、以产建核，高起点打造科技和人才集聚地、转型综改承载地、区域消费活跃地。晋中太谷区立足良好的区位优势、政策优势、平台优势和资源优势，充分发挥晋中国家农高区、山西农大（省农科院）优势，打造农业科技创新和农村改革策源地、优质农副产品供给地、生态康养休闲地。

（二）太忻一体化经济区强势起航

太忻一体化经济区自 2021 年 12 月底设立以来，实现了强势起步、迅速开局，北引擎作用正在凸显。太忻一体化经济区"1+3+N"的规划体系基本成型，以《关于推进山西中部城市群太忻经济一体化发展的指导意见》为统领，省级层面印发了《山西中部城市群太忻一体化经济区空间战略规划》《山西中部城市群太忻一体化经济区高质量发展规划（2022—2035 年）》，以及产业转移、综合交通、生态环境、文旅康养等 18 个分领域实施方案；市级层面，太原印发了《太忻一体化经济区（太原区）空间发展战略规划》《大盂产业新城空间发展战略规划》，编制了太原片区产业发展规划；忻州印发了《太忻一体化经济区（忻州片区）高质量发展规划》，编制了空间发展规划、启动区概念规划和城市设计方案。一体化措施陆续出台，《支持太忻一体化经济区高质量发展若干政策措施》《支持太忻一体化经济区打造数字经济发展先行区的若干措施》等政策支持产业发展；"太忻号"城际动车、异地就医备案、公共交通"一卡通"等多项公共服务一体化便民措施出台。太忻一体化经济区全力打造"三无""三可"营商环境，开通"山西太忻一体化经济区"冠名营业执照办理业务，率先建立项目前期研判策划、"一项目一方案一清单"审批服务新模式。① 一大批基础设施项目全速推进，太忻大道全线通车，太忻城际列车顺利开通，2022 年 10 月雄忻高铁开工，太铁客运枢纽西环线计划同步开工，集大原铁路、太忻大道等正在施工。一大批新兴产业类项目争先落地，围绕新材料、高端装备制造等产业，太原片区招商引资签约项目投资额达 646 亿元，忻州片区"云签约"项目投资额达 312 亿元，重点打造太忻数据流量谷，"专精特新"企业正在加快集聚，支撑高新技术企业聚链成群，推动创新生态加速形成。②

（三）山西转型综改示范区高质量建设

山西转型综改示范区（简称"山西综改示范区"）作为南引擎，担负着为山西转型综改先行先试、探路领跑的重大任务，是山西经济高质量发展的排头兵。山西综改示范区于 2017 年 2 月 25 日正式挂牌，先行布局发展未来产业，加快打造战略性新兴产业和现代服务业发展高地，打造最优营商环境、最佳宜居宜业新区，在改革、创新、发展等方面走在前列。山西综改示范区在国家级经开区的排名由第 99 位上升到第 37 位，在国家高新区的排名由第 106 位上升到第 72 位，成为全国发展最快的经开区和高新区之一。山西综改示范区形成了中部核心区和潇河、阳曲南北两翼"一核两翼"的空间发展格局。在电子信息、合成生物、新能源、现代服务业等领域加快形成千亿级产业集群，提高智能煤

---

① 中共山西省委宣传部：《山西这十年｜太忻一体化经济区建设专场新闻发布会举行（第二十四场）》，山西省人民政府网，https：//www.shanxi.gov.cn/ywdt/xwfbh/szfxwbxwfbh/20 2210/t20221012_ 7244967. shtml。

② 曹婷婷：《融入京津冀"北引擎"动力澎湃——我省高起点建设太忻一体化经济区》，《山西日报》2022 年 11 月 6 日。

机制造、轨道交通、信创、半导体、新材料、生物医药、通用航空等优势产业竞争力。山西综改示范区累计落地实施战略性新兴产业项目711个，拥有高新技术企业1130家，占全省的31.4%，国家级重点专精特新"小巨人"企业占全省的44%，已有46项改革创新经验在省内复制推广。建设"智创城"创新创业示范基地，引进清控科创、中关村智酷等一流双创团队，汇聚百度数据标注、华为鲲鹏云等一批领军企业。山西综改示范区先后经过"三化三制"改革、体制机制重塑性改革和重塑性改革再深化三个阶段，构建了"3+26"政策制度体系、"1+5+3+6"专业化产业招商架构体系等，形成了"普惠政策清单化、培育政策公式化、协议政策字典化""一枚印章管审批""智慧监督"工程试点等46项走在全省乃至全国前列的可复制可推广的改革创新经验。①

（四）阳泉吕梁东西两翼大力培育

作为中部城市群东翼，阳泉充分发挥向东开放的区位优势，实施开放格局重塑战略，打造石太经济走廊重要枢纽、全省融入京津冀协同发展重要节点。阳泉立足自身比较优势，抢抓机遇，创新发展，主动融入山西中部城市群高质量发展，打造融入京津冀的"六大节点"：积极谋划石太第三通道，争取"太原—雄安"高速过境阳泉，打造联通京津冀的重要交通节点；抓住京藏走廊通过阳泉的重大机遇，打造京津冀向中西部地区辐射的重要物流节点；建立跨省域产业协同发展合作区、承接产业转移，强化省域间数字经济、新材料、新能源等产业链供应链的对接协调，打造服务京津冀产业的生产配套节点；发挥阳泉土壤富硒优势，发展特色精品农业，打造服务京津冀的绿色优质农产品供应节点；依托智创城7号等创新平台，打造科技与人才交流服务的重要节点；依托阳泉气候、区位、饮食、文旅优势，发展"药医养健游"产业链，打造高品质文旅康养产业。同时，在省内拓展开放合作空间方面，阳泉加

---

① 中国日报山西记者站：《山西综改示范区："一核两翼"产业集群强势崛起》，中国日报网，https://sx.chinadaily.com.cn/a/202207/14/WS62cf6c23a3101c3ee7adf184.html。

强与忻州、太原的联动，积极融入太忻一体化经济区建设，发挥好联通太忻一体化经济区与京津冀协同发展战略的桥梁作用，更好地促进山西中部城市群联动发展。

吕梁积极打造山西中部城市群西翼，统筹山区与平川、经济建设与生态环保均衡发展，同城化推进离柳中方城镇组群建设，打造现代化市域中心城市；一体化推进交汾文孝城镇组群发展，建设太原城市产业互补地、生态后花园、服务保障区，打造引领全市高质量发展的"双核"引擎，全力构建山西中部城市群发展的生态屏障和重要战略支点。深入实施黄河流域生态保护和高质量发展战略，重点建设以离石、中阳、方山、交口、岚县为重点的吕梁山生态文明示范走廊，以沿黄四县为重点的沿黄干支流生态修复与治理带，以平川四县为重点的沿汾生态治理和高质量发展带，推动污染物排放总量大幅减少、生态环境大幅改善，努力把好山好水守护好、把生态优势发挥好，让绿水青山产生更高的生态效益、经济效益和社会效益。

三 区域空间布局持续优化

随着山西经济社会发展变化，山西区域空间结构从"K"字形、"大"字形、"一核一圈三群"、"一主三副六中心"到"一群两区三圈"，空间布局不断优化发展，城乡区域发展新布局加快构建，区域经济一体化发展水平不断提高。

（一）"一群两区三圈"的区域发展布局显现

为进一步提升区域竞争力，在中部地区高质量发展中争先崛起，山西提出要加强统筹规划，形成全省"一群两区三圈"的城乡区域发展新布局。山西中部城市群是"一群两区三圈"的核心组成部分，紧抓国家构建新发展格局重大机遇，充分发挥太原、晋中、忻州、吕梁、阳泉五市比较优势，加快推进中部城市群领先发展、争先崛起、率先布局、创先转型，正在构建城市群一体化发展新格局、共建优质宜居宜业城市、推进基础设施互联互通、协同共建现代产业体系、增强科技协同创新能力、推动内聚外合开放共赢、强化生态环境同保联治、完善公共服务共建共享体系等，引领山西全方位高质量发展。晋北、晋南、晋东南城镇圈是"一群两区三圈"的重要组成部分，包括大同、朔州、临汾、运城、长治、晋城六市，各市依托各自优势，发挥两两间地理相连、渊源深厚的区位优势，向内与山西中部城市群紧密联动，向外与京津冀、关中平原等周边城市群携手同行。"一群两区三圈"内外联通、双向联动、相互促进、相互支撑，构成区域协调发展的有机整体，提升区域综合竞争力，使山西发展活力持续增强、发展动能持续转换、整体形象持续重塑。

（二）城镇格局逐渐显现

以城市群、都市圈为主体形态的大中小城市和小城镇协调发展的城镇格局逐渐显现。"一群两区三圈"城乡区域发展新布局将全省城市群、城镇圈、大中小城市和小城镇串联起来，成为山西区域经济发展的重要区域，对优化区域空间布局、增强区域发展协调性具有重要意义。同时，深入推进以县城为重要载体的城镇化建设，扎实推进县城补短板强弱项，积极开展介休、孝义、泽州、侯马、清徐、阳城等国家新型城镇化、县城新型城镇化建设试点示范，县城扩容提质步伐不断加快，县城综合服务功能持续增强。小城镇建设效应不断显现，润城镇、大寨镇、杏花村镇等12个小城镇入选全国特色小城镇。特色小镇规范健康发展，太原市森栖小镇、阳泉市娘子关泉上文旅特色小镇、长治市振兴小镇等10个特色小镇被列入山西省第一批特色小镇创建清单。

四　区域空间治理不断完善

山西不断完善和落实主体功能区战略，细化主体功能区划分，按照主体功能定位划分政策单元，制定差异化政策，分类精准施策，全面提升国土空间治理体系和治理能力现代化水平。

（一）统筹规划科学布局

山西强化规划引领作用，注重规划刚性约束，编制《山西省国土空间规划（2020—2035年）》，优化空间开发保护格局，编制《山西省国土空间生态修复规划（2021—2035年）》，协调空间矛盾，总体布局全省域生态保护修复。构建覆盖省级行业部门四大类200多项1000多个图层数据的国土空间大数据基础体系，建设国土空间规划监测评估预警管理系统，形成了从国家到省、市、县、乡"横向到边、纵向到底"的国土空间规划"一张图"，空间治理能力和治理体系现代化水平稳步提升。

（二）推进"三线一单"分区管控

山西落实落细"三区三线"划定工作，按照"保护发展并重，坚守生态底线"原则，划分三类管控单元1584个，完成40个省级限制开发的农产品主产区和重点生态功能区内482个乡镇的评估调整，解决了省级限制开发区域内省级开发区与主体功能区规划要求不一致的问题；划定生态保护红线3.41万平方公里，占全省面积的21.77%，解决了约800多个矿权、230万亩永久基本农田的矛盾，生产空间集约高效、生活空间宜居适度、生态空间山清水秀的开发保护新格局加速形成。

五　民生保障能力不断提升

山西着力增进民生福祉，在持续增加民生投入、聚焦民生保障重点、完善民生保障政策上加大创新力度，扎实推进教育服务、医疗卫生、社会保障等各项工作，坚持有效保障民生支出，稳稳兜牢兜实民生底线。

（一）加强民生支出保障

山西持续加大民生投入力度，推动社会事业实现新发展，持续做好养老、教育、医疗等工作，民生保障有力有效。全省稳步增进民生福祉，民生支出由2012年的2253亿元增长到2021年的3976亿元，始终占财政支出的八成左右；省级投入278亿元落实强农惠农各项政策；全力支持就业创业，投入就业补助资金200亿元；支持优先发展教育事业，教育支出累计达6315亿元，占一般公共预算支出的16.3%。2012年以来，全省累计投入困难群众救助补助资金538.7亿元，127.5万城乡低保对象、特困人员基本生活得到有效保障；投入残疾人两项补贴资金12.76亿元，全省65万名困难残疾人和重度残疾人受益；投入1.49亿元完成全省残疾筛查、抢救性康复等工作。同时，及时调整基本民生政策，努力实现各项补助补贴标准随着经济社会发展"水涨船高"。2022年8月，山西省民政厅、财政厅联合印发《关于切实保障困难群众基本生活的通知》，从强化基本生活救助、加大临时救助力度等方面，制定了20条具体措施，进一步兜牢兜实基本民生保障底线。

（二）不断健全完善政策体系

山西各项民生提标政策的出台落实，促进了基本民生保障水平的稳步提升，使人民群众得到了越来越多的实惠。实施全民参保计划，全力扩大覆盖面，实现社会保险从制度全覆盖向人群全覆盖迈进。有效实施各项救助制度，先后颁布实施《社会救助暂行办法》《关于贯彻落实〈社会救助暂行办法〉的实施意见》《关于进一步健全完善临时救助制度的意见》《关于进一步健全完善特困人员救助供养制度的实施意见》等政策文件。健全法规政策体系，实现依法治欠，出台《山西省保障农民工工资支付办法》，完善"防、管、查、惩"相结合的制度保障体系。持续深化县域医疗卫生一体化改革，推广县级医疗集团"5G+远程医疗"试点，积极推动1个国家级（晋中介休）和5个省级（太原杏花岭、运城盐湖、晋城泽州、吕梁孝义、临汾翼城）基层卫生健康综合试验区建设。

第三节 山西区域协调发展的突出问题

山西区域协调发展取得了显著成绩，但同时地区发展不平衡不充分问题仍比较突出，整体发展水平仍然不高，区域内部发展出现分化，基础设施建设、绿色发展、社会民生等领域还有不少短板，推进区域协调发展还需要付出长期艰苦努力。

一 区域经济发展的平衡性协调性有待提升

山西在高质量转型发展上迈出了坚实步伐，经济总量接连进位，2021年提升到全国第20位，增速排全国第3位。但总体来看，区域发展的协调性还需进一步提升，区域间经济水平仍存在较大差距。

（一）区域间发展差距较大

由于地理环境、资源禀赋、区位交通、经济发展等因素不同，山西区域内部发展不平衡。省会城市太原综合实力最强，各项重要经济指标遥遥领先。太原经济首位度由2015年的22.5%提高到2021年的22.7%；2021年常住人口539.10万人，占全省人口的15.49%，居全省第1，比2010年增加118.94万人，占比提高3.73个百分点。阳泉经济综合实力最弱，2021年的GDP、常住人口、一般公共预算收入、社会消费品零售总额等指标都低于其他地区（见表4-5）。2021年太原与阳泉GDP相差4205.01亿元，2017年太原与阳泉GDP相差2710.16亿元，差距扩大了1.55倍。

表4-5 2021年山西各市主要指标情况

地 区	常住人口（万人）	一般公共预算收入（万元）	社会消费品零售总额（万元）	进出口总额（万元）
太原市	539.10	423.44	1873.90	1211.47
大同市	309.87	166.73	760.95	43.34

续表

地　区	常住人口 （万人）	一般公共预算收入 （万元）	社会消费品零售 总额（万元）	进出口总额 （万元）
阳泉市	131.10	56.19	328.01	15.05
长治市	315.17	224.06	667.12	8.88
晋城市	218.86	201.30	536.35	64.32
朔州市	159.03	116.29	347.54	7.83
晋中市	339.00	171.07	683.08	20.02
运城市	473.32	105.16	825.81	59.49
忻州市	266.32	117.94	442.20	18.87
临汾市	391.24	159.89	756.47	18.15
吕梁市	337.47	231.78	525.84	38.40

资料来源：《山西统计年鉴2022》。

（二）百强市（区、县）与全国差距大

中国GDP百强市、百强区、百强县的评比已经成为衡量地区发展实力的重要指标，山西百强市、百强区、百强县数量很少。根据21数据新闻实验室汇总整理的全国337个地级及以上城市经济数据，山西只有省会城市太原进入2021年城市GDP百强榜单，排第50位。根据赛迪顾问《2022年中国城区经济高质量发展研究报告暨2022赛迪百强区》，山西只有太原小店区上榜，排第62位。根据赛迪顾问《2022年中国县域经济百强研究》，山西没有县上榜。综合来看，百强市、百强区、百强县晋军数量少，在全国经济竞争中处于相对弱势的地位。

二　区域中心城市带动能力较弱

山西中心城市的集聚辐射效应不断增强，太原"龙头"的集聚扩散效应不断凸显，但与其他中部省份相比，山西中心城市对区域经济的引领带动作用相对较弱，提升中心城市经济实力至关重要。

（一）中心城市规模差异较大

山西大城市数量少，城市规模较小，对区域辐射带动作用较差。从中部地区地级及以上城市规模来看，2021 年 400 万以上人口的城市中，河南、湖北各有 1 个；200 万~400 万人口的城市中，安徽有 4 个，江西、河南各有 3 个，山西、湖北、湖南各有 1 个；100 万~200 万人口的城市中，山西有 2 个，安徽有 5 个，江西有 3 个，河南有 8 个，湖北有 4 个，湖南有 6 个；50 万~100 万人口的城市中，山西、安徽各有 6 个，河南、湖北、湖南各有 5 个，江西有 4 个；20 万~50 万人口的城市中，山西有 2 个，安徽、江西、湖北、湖南各有 1 个。与中部其他省份相比，山西城市规模差距较大，特别是 100 万~200 万人口的城市规模差距最大，200 万~400 万人口的城市只有太原，缺少 400 万以上人口的城市（见表 4-6）。

表 4-6 2021 年中部地区地级及以上城市市辖区城市规模

单位：个

地区	合计	>400 万	200 万~400 万	100 万~200 万	50 万~100 万	20 万~50 万
山西	11	0	1	2	6	2
安徽	16	0	4	5	6	1
江西	11	0	3	3	4	1
河南	17	1	3	8	5	0
湖北	12	1	1	4	5	1
湖南	13	0	1	6	5	1

资料来源：《中国统计年鉴 2022》。

（二）中心城市辐射引领作用不明显

山西区域中心城市带动力较弱，城市功能不够健全，存在着大城市不大、小城市不强、小城镇发展缓慢等问题。大城市数量偏少，100 万人以上的城市只有太原、大同、长治 3 个市，其他城市均为中小城市，人口规模偏小，区域性职能薄弱，难以对区域发展发挥带动作用。由于城市行政区划存在"一市一区""城郊矿区"等问题，部分地级城市规模较小，例如吕梁、忻州、晋城均只有一个市区，这些城市市区人口只有 50 万人左右，与其他城市规模差距较大，不利于区域中心城市功能的发挥，严重制约了城市发展。省会城市太原虽然在全省领头优势明显，经济发展规模和效能最大，但与中部其他省会城市相比，经济实力较弱，2021 年太原 GDP 只有长沙的 1/3，排在中部 6 省省会城市末位；经济辐射能力不强，GDP 排在全国第 50 位，而南昌、合肥、郑州、长沙、武汉的排名分别为 38 位、19 位、16 位、15 位、9 位，都领先于太原（见表 4-7）。

表 4-7　2021 年中部省会城市 GDP 及全国排名

单位：亿元

地区	城市	GDP	排名
山西	太原	5122	50
安徽	合肥	10046	19
江西	南昌	6651	38
河南	郑州	12691	16
湖北	武汉	17717	9
湖南	长沙	13271	15

资料来源：《中国统计年鉴 2022》。

三　绿色低碳转型任务艰巨

党的十八大以来，山西生态环境保护和绿色低碳发展取得了长足进步，对促进区域协调发展产生积极影响，但在"双碳"目标背景下，作为全国综合能源基地、煤炭产量大省，山西绿色低碳发展的道路漫长、任务艰巨。

（一）生态环境承载能力较弱

作为资源型省份和生态脆弱地区，山西煤炭开发的负外部性导致了资源损耗、生态破坏等一系列问题出现，生态环境保护治理压力仍较大、发展与保护的矛盾仍较突出。与中部其他省份相比，2021年山西森林覆盖率为20.50%，二氧化硫排放量为14.70万吨，颗粒物排放量为29.62万吨，均排在中部六省末位；氮氧化物排放量为41.94万吨，高于湖南、湖北、江西（见表4-8）；$PM_{2.5}$平均浓度为39微克每立方米，高于安徽（35微克每立方米）、江西（29微克每立方米）、湖南（35微克每立方米）。

表4-8　2021年全国及中部六省森林覆盖率及污染物排放情况

单位：%，万吨

地区	森林覆盖率	二氧化硫排放量	氮氧化物排放量	颗粒物排放量
全国	22.96	274.78	972.65	537.60
山西	20.50	14.70	41.94	29.62
安徽	28.65	8.55	44.58	11.73
江西	61.16	8.75	32.42	10.97
河南	24.14	6.00	49.81	7.27
湖北	39.61	9.21	28.69	13.36
湖南	49.69	8.49	26.18	15.02

资料来源：《中国统计年鉴2022》。

（二）低碳发展压力较大

山西是资源型省份，是我国煤炭、钢铁产业布局的重要区域，焦化行业的产能和产量都稳居全国第1位。由于资源禀赋依赖和产业结构偏重，山西工业绿色低碳转型困难重重，能耗占比较高，结构性污染问题一直存在，一些地方还没有摆脱对"煤焦电"产业发展的路径依赖。随着碳达峰碳中和被纳入生态文明建设整体布局，山西统筹能源安全保障和资源型地区绿色转型发展的任务更加艰巨，在短期内实现碳达峰碳中和面临的挑战更加严峻。

四 基本公共服务均等化水平亟待提高

基本公共服务是民生福祉的直接体现。随着经济社会的发展进步和公共服务供给的改进，人民群众公共服务需求出现了多元化、个性化和动态性的新特征，导致山西基本公共服务的均等化、可及性还存在一些不足。

（一）公共服务水平存在较大提升空间

基本公共服务均等化是促进区域协调发展的目标之一，更是实现区域协调发展的重要路径。山西在基础教育、公共医疗、养老服务、公共文化等基本公共服务方面持续加大投入力度，但仍存在供给不足、发展不均衡等问题。与中部其他省份相比，山西基本公共服务供给水平较低。每万人医疗机构床位数处于偏下水平，低于湖南、湖北、河南、安徽。中部各省份居民所享受的教育也存在较大的差距，山西小学、初中、普通高中、普通高校的生师比在中部六省中均排在末位（见表4-9）。从2020年中部六省地方财政基本公共服务支出情况也可以看出，山西地方财政人均教育支出、人均医疗卫生支出、人均社保和就业支出远低于其他省份，均排在中部六省末位；人均文化体育和传媒支出排在第5位，与河南、湖北、湖南差距较大（见表4-10）。

表4-9 2020年中部六省医疗卫生、教育情况表

地区	每万人拥有卫生技术人员数（人）	每万人医疗机构床位数（张）	小学生师比	初中生师比	普通高中生师比	普通高校生师比
			（教师人数＝1）			
山西	77	64.10	13.98	10.27	10.17	17.93
安徽	68	66.80	17.98	13.53	13.82	20.01
江西	63	63.30	16.77	15.15	16.94	18.78
河南	71	66.41	17.42	13.87	15.18	18.25

续表

地区	每万人拥有卫生技术人员数（人）	每万人医疗机构床位数（张）	小学生师比	初中生师比	普通高中生师比	普通高校生师比
			（教师人数＝1）			
湖北	74	68.04	18.15	12.65	13.02	18.81
湖南	75	78.20	17.81	13.33	14.16	18.17

资料来源：国家统计局网站2020年分省年度数据。

表4-10　2020年中部六省地方财政基本公共服务支出情况

单位：亿元

地区	地方财政人均教育支出	地方财政人均医疗卫生支出	地方财政人均社保和就业支出	地方财政人均文化体育和传媒支出
山西	733.36	433.55	810.20	112.31
安徽	1261.86	761.62	1173.07	97.06
江西	1223.59	642.36	865.65	120.35
河南	1882.56	1085.39	1575.03	140.93
湖北	1192.02	1019.71	1419.11	146.52
湖南	1325.25	737.62	1300.22	139.87

资料来源：国家统计局网站2020年分省年度数据。

（二）特殊类型地区基本公共服务水平偏低

作为区域协调发展中的短板地区，特殊类型地区存在发展不平衡不充分的突出问题，发展面临特殊困难。山西属于资源型地区，革命老区、欠发达地区、生态退化地区、老工业城市等特殊类型地区在振兴发展中还存在许多问题，特别是基础设施和公共服务薄弱、人民生活水平较低、社会事业发展欠账较多等。与其他地区相比，特殊类型地区面临的就业收入、教育文化、社会保障、医疗卫生、养老托幼、公共安全等民生问题更加棘手，主要表现在义务教育办学条件差、医疗卫生机构基础设施建设不足及服务能力低、人才配备薄弱等，严重制约了特殊类型地区的发展。

第五章 优化空间布局，构建区域协调发展新格局

新时期山西应立足本地优势，充分依托国内生产网络，抓住外部环境变化产生的机遇，深度融入国家重大战略，补齐欠发达区域发展短板，优化城乡区域协调发展布局，加快形成优势互补、高质量发展的区域经济布局和国土空间体系。

第一节 融入国家重大区域战略

进入新发展阶段，山西积极探索区域融合发展新模式、新路径，充分发挥资源禀赋、地理区位、发展潜力等方面优势，积极对接和融入重大国家战略，全面加强科技、产业、人才、教育、生态环境、文化旅游等领域务实合作，在区域融合发展中全方位推动高质量发展。

一 积极主动实施中部地区高质量发展战略

为贯彻落实《中共中央、国务院关于新时代推动中部地区高质量发展的意见》（简称"意见"），立足省情实际，山西形成了"1+N"政策体系，"1"是制定了《关于山西在新时代推动中部地区高质量发展中争先崛起的行动方案》（简称"行动方案"）；"N"就是围绕意见明确提及山西的政策点以及对山西具有关键指导意义的方面，有针对性地制定了22项工作计划，推动省际协作和交界地区协同发展，建设中部先进制造业基地，发挥特色优势，实现争先崛起。行动方案提出，要按照

"一群两区三圈"区域发展新布局，推动传统产业改造升级和新兴产业发展壮大并行，构建支撑高质量发展的现代产业体系，着力在建设中部地区高能级增长极、推动碳达峰碳中和牵引绿色发展、打造内陆地区对外开放新高地等方面发挥独特优势，加快争先崛起。

为实现在新时代推动中部地区高质量发展中争先崛起的发展目标，山西把"六新"突破作为"蹚新路"的方向目标、路径要求和战略举措，紧跟国际科技发展前沿和产业变革趋势，找准推动"六新"发展的关键着力点，勇于打破资源路径依赖，先行布局发展未来产业。

一是适度超前布局新基建，把新型基础设施建设作为数字经济时代转型发展的"加速器"。努力加快建设信息基础设施，注重高速智能通信网络、泛在感知网络、卫星互联网基础设施建设，实现5G基站在"十四五"末期达到12万座。在移动物联网方面实现交通路网、地下管网、现代农业示范区等应用场景深度覆盖。不断增强新技术基础设施能力，加快布局建设人工智能、区块链、量子通信基础设施；积极发展新型人工智能算力基础设施，推进存量数据中心绿色化改造，高标准建设一体化数据中心，形成中国北方重要的数据中心集聚区，创建国家大数据中心枢纽节点。全面提升数据服务能力，积极推进全国中西部算力中心、环首都数据存储中心、国家重要数据资源灾备中心建设。

专栏 5-1　山西"十四五"推进新基建共建共享的重点任务

新型基础设施是以新发展理念为引领，以技术创新为驱动，以信息网络为基础，面向高质量发展需要，提供数字转型、智能升级、融合创新等服务的基础设施体系。"十四五"期间是新型基础设施发展的重要窗口机遇期，山西"十四五"统筹推进新基建共建共享的重点任务主要包括以下几个方面。

融入京津冀。开展京津冀晋一体化新型基础设施体系建设，推进制造业与互联网深度对接，打造跨区域、跨行业工业互联网平台。加快京津冀后台数据服务中心、跨区域数据服务平台建设，打造环首都数据存储中心、国家大数据灾备中心和数据服务基地。合力打造京津冀晋科技创新共同体，强化与京津冀国家级科研机构和创新平台的对接，推动重大科技成果在山西转移转化。推动高新技术、制造业、中医药企业等跨区域资质互认。

协同长三角。深化推进与长三角地区的产业合作，高水平承接装备制造业、新一代信息技术产业。吸引长三角地区企业在山西布局建设信息基础设施、赋能升级传统基础设施，共建创新基础设施。鼓励和支持山西科技企业孵化器、众创空间等双创载体在长三角地区建立离岸孵化器，搭建双创资源共建共享平台，探索科技成果"离岸孵化、在晋转化"的双创孵化新模式。

对接大湾区。紧盯大湾区全球大数据硅谷和国际数据经济创新中心建设，聚焦关键共性技术、前沿引领技术、核心技术应用，构建政产学研共同体，开展跨学科跨领域协作攻关，形成基础研究、技术开发、成果转化、产业创新全流程创新产业链，促进产业链与创新链精准对接。

深化周边协作。持续深化晋陕豫、蒙晋冀（乌大张）、晋陕蒙（忻榆鄂）3个金三角区域合作，推动大数据和信息产业深度合作，进一步完善5G建设协调机制。建设区域级云平台、数据交换平台和网络安全中心，共建区域信息网络体系和交流平台，打造跨区域、跨行业、跨业务的"数字黄河金三角"。积极发展集智能交通、智能枢纽、多式联运于一体的智能物流体系，建设区域性物流中心，共同打造黄河金三角陆路口岸。

二是把培育新技术作为换道领跑、弯道超车的关键之举。体系化布局技术路线图、项目清单，努力突破一批关键共性技术、前沿引领技术、现代工程技术、颠覆性技术，加快实现更多具有标志意义的自主创新突破，促进新技术转向跟踪和并跑领跑并存的新阶段。聚焦产业链创新链"卡脖子"技术，实施 10 项基础技术研究和 10 项关键技术研发行动，着力攻克一批关键核心技术和重大技术产业化问题，在重点产业集群形成新技术基础研究、应用研发、成果转化的全链条优势。建立新技术突破机制，力争在高端芯片、基础元器件、基础软硬件、基础材料等方面攻克一批"卡脖子"技术。

专栏 5-2　山西"十四五"碳基新材料技术重点攻关领域

碳基新材料技术是山西"十四五"时期技术突破的重点领域，山西省力争在新、特、专、高、精、尖上下功夫，把碳基新材料打造成为山西煤炭产业向高科技高附加值产业转型发展的新突破点，具体包括以下几个方面。

碳纤维及复合材料领域。持续推动新型功能碳纤维、一体化碳纤维复合材料的制备及制造技术，开展新型异形碳纤维、中空碳纤维、镀金属碳纤维等连续碳纤维的创新性制备技术研究，开发低频高效碳纤维电磁屏蔽纱、红外隐身结构复合材料、电磁隐身结构复合材料的研制，实现自动化技术、材料技术、计算机技术的集成。开展面向医疗领域、燃料电池领域、航天、航空领域、风电领域、轨道交通及汽车领域等特种碳纤维材料的研制与应用研究，突破关键核心技术，在"十四五"末，技术水平达到国外同类产品水平。重点开展国产 T1100 碳纤维、M65J 碳纤维、高性能沥青碳纤维的工程化制备技术研究，打造国内一流的高端碳纤维工程化示范平台，为民机、卫星主承力结构等应用提供第三代国产化碳纤维技术。

特种石墨材料领域。面向 5G 高功率密度电子器件、高端工业用机械密封、高速列车摩擦制动等需求，重点开展第四代石墨制备、石墨提纯与高纯高密石墨制备及国产化制备技术研究，提升材料结构性能和制备工艺水平，面向煤焦油深加工利用等需求，突破高品质针状焦规模化制备能力。

石墨烯材料领域。突破大尺寸石墨烯气凝胶可控组装、炭化与石墨化等关键技术研究，开发其在相变复合材料、环保吸附和多孔集流体等领域的应用。开发石墨烯增强铝合金、石墨烯改性铜电缆、石墨烯改性镁合金制备与应用技术。面向柔性电子、电化学储能、微纳电子、电磁防护、热管理、农业领域增产防害等需求开展系列石墨烯应用技术研究。

功能碳材料领域。开发储能碳电极材料、多孔碳小球、燃料电池催化剂碳载体、特种导电碳黑、泡沫碳、纳米金刚石、煤基活性碳等多种功能碳材料的制备及应用研究，对标国际国内一流水平，持续降低生产成本和装备水平，在部分领域实现应用示范。

合成高分子材料领域。面向交通、能源、智能制造、通用航空等领域未来发展需求，探索突破新型改性聚醚醚酮、长链二元酸、聚酰胺（尼龙）、热塑性聚氨酯、高韧性环氧树脂、聚苯并咪唑树脂等合成高分子材料的制备技术，拥有自主知识产权，具备自主化生产能力。

三是把新材料作为战略性新兴产业和高技术产业发展的基石和先导。围绕保障大飞机、微电子制造等重点领域，实施产业能力提升、延链补链招商、产品应用保障三大工程，提升新材料竞争力，打造转型发展支柱产业，力争到 2025 年，基本建成国家重要的新材料产业基地。围绕半导体材料、芯片及器件、半导体装备、光伏和 LED 等领域的前沿技术和产业化技术集中攻关，优化创新链布局。以高纯度、大尺寸、高均匀性、高性能、低成本、多功能和集成化为方向，研发新型电子材料及替代进口高端芯片等产品。做大做强砷化镓、碳化硅等第二、第三代半导体衬底材料—芯片—封装—应用创新链条，积极建设国家半导体材料研发生产基地。

四是把装备制造业高质量发展作为转型发展的重中之重。坚持高端化、智能化、绿色化方向，实施产业生态培育、产业基础再造、智能绿色升级、先进集群打造、制造服务增值、央地先进产业融合六大工程，推动产业向价值链高端和产业链核心迈进。坚持做强做优智能煤机全产业链，重点开发煤炭智能化高效分选技术装备，建设有国际水平的煤机综采综掘成套设备研制平台基地。提升轨道交通装备竞争力，进一步提升轨道交通关键零部件及核心部件配套能力，提升整车研发制造和维修服务水平。加快培育壮大智能及新能源汽车产业，优化冶炼—铸造—机加—零部件产业链条，培育氢燃料电池汽车产业，构建智能网联创新体系。

五是把新产品作为自主创新能力提升的集中体现。聚焦"国家所需、山西所能"，系统推进创新链条激活、供给场景优化、山西品牌打造、创新主体壮大、跨界融合联动、生态绿色发展、开放体系赋能七大任务，加快研发制造科技含量高、品牌附加值高、产业关联度高、市场占有率高的新产品，打响山西品牌。以打破国际技术垄断、推动新技术转化为发展方向，探索开发量子通信卫星、数字货币、6G天线等"拳头型"产品，打造可以初步实现产业化的未来产业新产品。研发一批具有竞争力的量子应用产品，加大量子保密通信领域技术应用力度及"重要城市接入能力项目"建设力度，促进量子产业并跑国内发达省市。抢先打造类脑智能生态系统，促进人工智能技术的应用、融合和提升，发展人工智能硬件和智能化系统。

六是跨界融通培育新业态。突出数字化引领、撬动、赋能作用，着力推进数字经济与实体经济、民生服务深度融合，鼓励支持和规范各类新业态创新发展，发展智能制造新业态。实施智能制造试点示范创建工程，推动工业企业实现数字化、网络化、智能化。持续提升"工业互联网+智能软件"创新能力，支持企业利用平台开展产品设计、生产制造、采购销售等信息化协作。积极探索"区块链+产业"应用示范，形成人工智能和工业互联网产业"生态圈"。促进数字技术、智能技术与制造业深度融合，打造一批智能制造试点示范、标杆企业。

二　全力实施黄河流域生态保护和高质量发展战略

为全面落实黄河流域生态保护和高质量发展国家战略，推动黄河流域生态保护和高质量发展，山西相继出台了《山西省黄河流域生态保护和高质量发展规划》《山西省"十四五"黄河流域生态保护和高质量发展实施方案》，聚焦生态建设、绿色发展，加快建设黄河流域生态保护和高质量发展重要实验区。实施黄河流域生态保护和高质量发展国家战略，是推动山西生态文明建设、探索生态脆弱地区绿色发展新路径、促进人与自然和谐共生的重要举措，具有深远的历史意义和重大的战略意义。山西提出统筹黄河流经县和流域县、沿黄沿汾区域，提升发展整体性、协同性，坚持保护为主、生态优先，构建"两带两屏"生态保护和绿色发展空间格局，具体包括以下三个方面。

一是以黄河干流流经市县为主体，打造沿黄生态文化带。沿黄生态文化带包括黄河干流流经的 4 市 19 县（市、区），面积共 2.88 万平方公里，主要位于黄土高原丘陵沟壑区，分布有 18 个自然保护地和多个重要饮用水源地，是山西生态最为脆弱的地区之一。同时，沿黄生态文化带也是地域特色最浓郁、黄河文化最具代表性、旅游资源最丰富的区域，在建"黄河一号"旅游专用公路 1225 公里，分布有碛口古镇、乾坤湾、壶口瀑布、河津龙门、世界大河文明博览园等上百个景区景点。生态保护方面，坚持在保护中开发、在开发中保护，推进生态环境保护和文化传承，聚焦水土保持和生态修复，在黄河东岸建设集生态、景观、经济于一体的防护林带；强化国土空间管控，明确农村居民点用地扩展控制边界，推动工业用地进一步向工业园区集中；强化生态空间保护，全面实施封山禁牧，加大对重要湿地的源头保护，推动偏远山区人口有序向县城集中，尽量减少人为活动影响，促进生态自然恢复。文化传承方面，科学有序利用沿岸山水、景观、黄河历史文化等各类资源，依托"黄河一号"旅游公路，以黄河干流为轴，将以西口移民长城文化、古渡古镇商贸文化、红色文化、根祖文化、黄河水利文化等为代表的不同文化从北到南串联起来，构建"母亲黄河、龙腾黄河、多彩黄河、生态黄河"国家旅游精品线路，打造黄河文化保护传承廊带。

二是以汾河沿线为主体，打造沿汾生态经济带。沿汾生态经济带主要包括太原盆地、临汾盆地、运城盆地等，具体包括太原市的小店区、迎泽区、杏花岭区、尖草坪区、万柏林区、晋源区、清徐县、阳曲县、古交市，晋中市的榆次区、太谷区、祁县、平遥县、介休市，吕梁市的交城县、文水县、汾阳市、孝义市，临汾市的尧都区、侯马市、襄汾县、霍州市、洪洞县、曲沃县、翼城县、浮山县，运城市的盐湖区、闻喜县、新绛县、稷山县、绛县，共 31 个县（市、区），面积共 2.78 万平方公里。沿汾生态经济带拥有全省 1/3 以上的人口、60% 以上的国家级开发区、70% 以上的高校、90% 以上的中央及省属科研院所以及不可多得的连片可开发国土空间，是全省经济实力最强、人口集聚度最高、生产要素最密集、创新潜力最大、城镇体系最完备的区域，在全省经济发展格局中占据龙头地位。在严格生态保护的前提下，加快推动核心区域高质量发展。生态保护方面，加快推进汾河流域污染治理和生态景观带建设，严格汾河两岸产业准入标准，加快现有产业升级改造及落后产能退出，优化产业布局，规划汾河沿岸、大运高速绿化工程，统筹布局各类工业区和污水处理设施，促进沿岸环境整体改善，把汾河建成水利长廊、生态长廊、文旅长廊。经济发展方面，以"大运""大西"等重要交通干线为轴带，串联忻定盆地、太原盆地、临汾盆地、运城盆地，连接各大中小城市和小城镇，推进生产要素向"大运"轴带集聚，培育融通全省南北的经济大动脉；强化轴带空间效应，推动经济要素向城市流动，促进城市间生产要素合理配置，密切经济联系和职能分工，打造支撑黄河流域高质量转型发展的强劲活跃增长极。

三是以吕梁山区域、太岳山—中条山区域为重点，筑牢两大生态安全屏障。吕梁山生态安全屏障包括吕梁山地区限制开发的重点生态功能区，共涉及 7 市 17 县（区），包括灵石县、宁武县、静乐县、岚县、方山县、交口县、娄烦县、神池县、五寨县、岢岚县、蒲县、隰县、汾西县、中阳县、平鲁区、左云县、右玉县，面积共 2.63 万平方公里，区域内有国家级重点生态功能区 7 个、省级重点生态功能区 10 个，分布有黄土高原丘陵沟壑水土保持生态功能区、京津风沙源治理生态功能区、吕梁山水源涵养及水土保持生态功能区。太岳山—中条山生态安全屏障包括太岳山地区、中条山东北部限制开发的重点生态功能区，共涉及 3 市 5 县，包括沁县、沁源县、沁水县、古县、安泽县，面积共 0.97 万平方公里，区域内有省级限制开发重点生态功能区 4 个、国家级限制开发农产品主产区 1 个，分布有太岳山水源涵养与生物多样性保护生态功能区和沁河河谷盆地农产品主产区。两大生态安全屏障是国家黄土高原—川滇生态屏障的重要构成，分布有汾河、沁河、涑水河等重要河流源头，遍布自然保护区、森林公园、风景名胜区，在保障京津冀生态安全中发挥重要作用。按照因地制宜、分类施策的原则，开展生态空间分区保护。吕梁山北部重点加强汾河源头区保护，推进亚高山草甸保护建设，逐步恢复生物多样性。吕梁山中南部重点增强水土保持能力，精准提升森林质量。太岳山、中条山重点保护沁河源头、汾河支流源头水源涵养功能，推进森林修复和增效增汇，保护历山典型生态系统，提高生物多样性水平。加强其他森林公园、风景名胜区、湿地公园、水源地的分区保护。

三　积极融入京津冀协同发展

京津冀协同发展、雄安新区建设为山西经济社会发展带来重要机遇，山西以《关于支持山西省与京津冀地区加强协作实现联动发展的意见》为行动指南，强化与京津冀协同联动发展，在产业发展互融互促、生态环境联防联治、基础设施互联互通、教育医疗联合共建等方面深度融合，打造京津冀重要保障基地和联动发展战略腹地，建设高端科技成果转化地、公共服务共享示范区，构筑京津冀绿色生态屏障，实现山西与京津冀地区协同联动发展。积极融入京津冀协同发展是新时代山西优化区域布局、推进区域协调发展的重要举措，具体包括以下几个方面。

一是推进山西与京津冀地区生态环境联防联治。山西全面开展大气污染防治，进一步提升区域精准治霾能力和水平，加大对"煤改气""煤改电""超低排放热电厂集中供暖"等冬季清洁取暖工程以及农村电网升级改造的资金补贴力度，依法依规淘汰钢铁、焦化、水泥、电解铝等高耗能、高排放行业落后产能。山西大力推进"两山七河"生态治理，实施山水林田湖草一体化生态保护修复，加大太行山、吕梁山自然生态保护和恢复力度，实施太行山绿化、三北防护林、京津风沙源治理工程，加快汾河、桑干河、滹沱河、漳河、沁河、涑水河、大清河的综合治理，重点推动永定河上游综合治理与生态修复，推动构建山西与京津冀生态环境协同治理长效机制，进一步加大白洋淀上游生态环境保护力度，积极申请国家山水林田湖草生态保护修复工程试点。

二是促进山西与京津冀地区产业协调发展。注重加强山西与京津冀地区的产业分工协作，发挥比较优势，实现资源互补、互利共赢。鼓励京津冀地区优势资源向山西辐射和扩散，促进山西新兴产业发展壮大、传统产业转型升级。重点支持山西发展新一代信息技术、智能制造、增材制造、轨道交通、新能源汽车、新材料、航空航天、生物医药、节能环保等新兴产业；发展有机旱作和功能农业，着力推进面向京津冀市场的特色优质农产品供应基地和"中央大厨房"建设；加快山西（阳泉）国际陆港物流园建设，积极融入共建"一带一路"和河北省全国现代商贸物流基地建设，合作共建环渤海区域商贸物流大体系。在推进山西与京津冀地区文化旅游养老合作方面，进一步完善与京津冀地区旅游合作机制，整合区域旅游资源，共同开发跨省域旅游精品线路，多方位联合推广、合作开发市场，实现旅游产业、旅游市场、旅游信息和旅游管理一体化。发挥山西红色革命传统优势，挖掘红色文化精神内涵，打造革命文化保护传承弘扬区，培育一批有影响力的红色旅游经典景区。建立健全有效吸引京津冀大型旅游企业参与黄河、长城、太行三大旅游板块开发的政策机制，开拓京津冀康养产业市场，设立养老服务业发展投资基金，推动大同、忻州等地打造综合康养产业区，推动大同按程序申报全国居家和社区养老服务改革试点。

三是增进山西与京津冀地区能源合作。加大煤层气资源开发利用力度，加快完善输气管网等基础设施建设，增加对雄安新区及京津冀地区煤层气供应。因地制宜发展光伏、风电、地热能、太阳能、生物质能等可再生能源，稳步推进山西大型光伏基地、风电基地和其他分散式清洁能源供应基地建设，增加京津冀地区对山西清洁能源的消纳。探索建立能源清洁高效利用综合补偿机制，推动山西与京津冀建立能源结构调整基金，重点支持清洁能源开发利用、煤炭清洁高效利用等领域。在落实受端市场的基础上，结合国家煤电化解过剩产能的情况，协调跨省输电通道及配套电源点建设，优化电力通道布局，通过资本注入、股权置换、兼并重组、股权划转等方式，支持京津冀企业与山西电力企业开展合作。

四是加强山西与京津冀地区科技创新合作。推动山西科技成果转化和知识产权交易服务平台与京津冀地区的技术交易市场对接，促进信息共享，在依法依规的前提下扩大交易范围。设立能源科技成果转化基金，有序引导京津冀科技资源向山西集聚，实现能源清洁高效转化利用。加强山西与京津冀科技人才制度衔接，探索建立跨地区、跨行业、跨体制人才培养和人才流动机制。支持建立产业技术创新联盟，以山西企业为主体，联合京津冀金融机构、高等院校、科研院所和产业上下游企业共建产业协同创新共同体，在新兴产业和关键领域开展联合攻关，深度推进产学研用合作。积极与京津冀地区采用异地共建、托管、飞地等方式共建各类园区，支持共同出资与社会资本合作成立产业投资基金，加强园区基础设施和合作平台建设。强化山西与京津冀国家级科研机构和创新平台的对接，鼓励国家科技重大专项成果在山西转移转化。

五是加快山西与京津冀地区基础设施连接。推进高速公路建设，同步建设山西榆次—昔阳与河北赞皇—昔阳高速公路，加快山西与河北平远堡、加斗、下浣等出口的省际衔接。推进山西连接京津冀的铁路建设，加快忻州—雄安铁路客运专线前期工作，推进长治经邯郸至聊城高铁规划研究；参股京津冀城际铁路发展基金，有效推动连接山西与京津冀的轨道交通设施建设。积极与京津冀地区开展民航合作，提升太原区域枢纽机场功能，推进省内支线机场改扩建工程，构建航空快速运输通道。推进山西与京津冀地区信息网络一体化，以宽带普及提速和网络融合为重点，统筹规划建设数字化、智能化、一体化信息基础设施。推动国家级、行业级数据库落户山西，加强山西基础宽带网络建设，加快互联网骨干节点升级。加快山西与京津冀数据开放共享，提高区域信息资源的利用效率，建立信息一体化发展的长效协同机制。推动山西融入京津冀信用合作机制，开展跨区域、跨领域联合奖惩，强化信用应用。

六是促进山西与京津冀地区教育医疗联合共建。推进京津两地高等院校与山西高等院校合作，引导和推动高等院校优质教学科研资源共享，支持联合办学、合作招生。支持山西大学、太原理工大学等省属院校加入京津冀高等学校联盟，以师资队伍培训交流、优质课程资源共享、实验实训基地共建等方式开展"点对点"合作，提升高等教育服务水平。加强中小学省际交流合作，提升基础教育质量。创新职业教育模式，建立面向京津冀市场需求的职业教育服务机制，做好人力资源保障。在加强与京津冀医疗资源共享方面，主要是推动在京优质医疗卫生资源通过对口支援、共建共管、办分院等方式向山西发展，组建医疗联合体或医院集团，支持京津冀重点医院的专业特色科室入驻山西。加强与京津冀地区医疗资源交流互动，推动实施区域内就医一卡通，完善门诊通用病例、双向转诊等合作机制。积极与京津冀地区建立高效远程医学咨询网络服务中心及远程医疗系统。加快推动山西与京津冀地区建立完善地方病、重点传染病与突发公共卫生事件联防联控和信息共享机制。发挥优势，共建具有康养一体化功能的医疗机构和综合服务中心。

四　主动对接长三角地区

山西把握长三角区域一体化发展战略机遇，加快承接产业转移，加大产业承接转移合作力度，构建产业转移平台，完善产业转移机制，提高产业整体发展水平；深化重点领域务实合作，加大科技研发合作力度，推动科技创新领域区域合作，加快消费目的地建设，协同推进对外开放，加快接轨国际化营商环境，构建市场共建、资源共享、企业互动、产业互融、要素互补的合作机制；对标对表长三角地区先进发展经验，在行政管理体制改革、民营经济发展、人才交流等方面加强合作交流，积极搭建人才信息共享交流平台，引导长三角地区人才积极参与山西创业创新，实现区域共赢发展，具体体现在以下几个方面。

一是在长三角地区积极发展"飞地"园区。加强山西与长三角地区产业合作，充分利用长三角地区的园区运作经验、产业集群发展优势，通过委托管理、投资合作等多种形式与长三角地区共建产业合作园区，做大做强山西产业转移平台。支持长三角地区大型装备制造企业在山西设立研发制造基地。积极承接长三角工程机械、轻工食品、纺织服装等传统产业转型升级。深入开展工业互联网、云计算、大数据领域合作，加强产业配套协作，促进山西数字化技术与制造业深度融合。

二是完善山西与长三角地区的产业转移机制。探索建立跨区域产业转移、园区合作的成本分担机制、税收利益分享机制和争端处理机制。完善促进产业承接转移的支持政策。充分发挥长三角招商局、行业协会、商会、企业、人才等资源优势，实施精准务实高效招商，统筹协调区域间产业转移，促进重大承接项目落地。

三是加强山西与长三角地区重点产业合作共建共享。借鉴和复制推广长三角地区先进经验做法，引进长三角地区企业参与山西国企改革、改造和重组，加强与长三角地区民营企业交流合作。建设长三角地区清洁能源供应地，谋划新建晋电送浙通道。加强文化旅游交流合作，建设面向长三角地区的旅游康养基地。依托山西农谷等平台，加强与长三角地区农业科技企业合作，建设科研成果转化基地。

五　精准对接粤港澳大湾区

山西抢抓粤港澳大湾区发展战略机遇，把握大湾区建设国际一流湾区的经济发展机遇，加强数字经济合作共享，协同共建新一代信息基础设施，共同推动重点领域智慧应用，合作推动建设智慧城市；推进科技成果应用转化，共建共享科技创新平台，共同推进科技成果转化，携手提升科技创新能力，创新产业园区共建体制；促进服务业重点领域交流合作，加快跨境电商服务合作，推动绿色金融对接合作，推动文旅康养交流合作，促进与港澳交流合作；促进生产性服务业及农业领域对接，实现区域协同发展。具体体现在以下几个方面。

一是与粤港澳大湾区共建加工贸易产业园。山西立足能源资源优势和发展需求，依托粤港澳大湾区先进制造、数字经济、加工贸易先发优势，积极搭建与粤港澳大湾区合作的载体，推动共建加工贸易产业园区，加大承接粤港澳大湾区加工贸易产业转移的力度，探索共建共享共赢新路径。

二是与粤港澳大湾区共同推进"数字山西"建设。推进数字经济领域合作，协同共建新一代信息基础设施，联合打造跨行业跨领域跨区域工业互联网平台。深入与国内外信息技术龙头企业合作，推进山西产业与互联网深度融合，提升信息服务供给能力。推动疾病防治、公共安全、新型城镇化、文化体育等重点领域智慧应用。

三是对接粤港澳大湾区积极发展科创"飞地"。对接粤港澳大湾区科技创新基础平台共享体系，建立共享科技基础设施通道，引导山西科研机构与粤港澳大湾区共建科技合作平台，加快引进优秀科研成果在山西落地转化。

四是强力推进粤港澳大湾区招商引资。结合新一轮产业转移的趋势特征和转移动因，充分发挥山西比较优势，立足自身产业特色和资源禀赋，坚持"全省一盘棋"，从省级层面加强统筹协调，编制产业地图和招商地图，指导各地因地制宜地制定产业承接规划，找准承接产业转移的着力点和主攻点，防止各地一窝蜂、同质化恶性竞争，加强产业承接的针对性。创新招商引资方式，更好地发挥市场在招商中的作用，整合招商专业机构、项目设计公司、园区管理咨询公司、商会协会等招商资源，培育为山西服务的中介招商机构。

五是提升山西在粤港澳大湾区的招商能力。根据不同产业类别，培养一批懂政策、会规划、识市场、有专长的专业化招商人才队伍，要能够准确把握产业发展和招商引资内在规律，紧跟产业前沿，具有迅速按照项目需求整合政策资源、人才资源、市场资源的能力。加强对招商人员的教育培训，举办有针对性的招商知识培训，优化知识结构，通过招商实践锻炼，开阔招商人员的眼界，不断提升实操能力。

六是推动山西园区与广东开发区、产业园区建立合作关系。开展实地培训，点对点学习广东园区建设和招商经验。在条件成熟的开发区建设"区中园"，聘请国内有成熟运作经验的公司进行运营，建设产业小镇或产业链园区，政府对园区发展结果进行考核奖励，充分发挥专业管理公司熟悉产业情况、掌握产业资源、灵活配置人才的优势，不断增强山西园区招商吸引力。

六　加强与毗邻地区务实合作

毗邻地区与山西交流合作紧密，山西探索要素跨区域高效整合、市场体系一开放、合作协调组织紧密联动机制，创新资源共享、产业分工协作、利益分配模式，打造毗邻地区融合发展先行区，实现区域共融发展。积极融入中原城市群及关中平原城市群，推进基础设施建设与合作，推进产业联动发展，深化贸易金融科教合作。深化晋陕豫黄河金三角建设，加快基础设施互联互通，建设公共研发平台和公共创新服务平台，推进区域制造业基地建设，联合培育区域共同市场，推进重大项目库建设。拓展蒙晋冀（乌大张）合作空间，提升基础设施互联互通水平，推进区域产业联动发展，强化生态环境联防联治。推动忻榆鄂区域协同发展，建设区域产业联动与合作平台，推进区域能源合作，推进跨区域农牧业基础设施建设，加强黄河两岸地区生态环境保护合作。加强与沿黄省区交流合作，加强生态环境联防联治，强化产业发展合作联动，推动科技创新合作，推进基础设施互联互通，保护传承弘扬黄河文化。推进与中部地区区域合作主要包括以下三个方面的内容。

一是站在中部地区全局发展、协调发展的高度，推动特色化制造业集群发展。立足中部地区产业发展基础和市场需求，发掘产业规模优势、产业配套优势和产业先发优势，整合城市群产业资源，加强山西与中部地区其他省份产业分工协作，壮大以智能制造、新材料、新能源汽车、电子信息等为代表的先进制造业，重点推动山西与武汉光谷、合肥声谷、郑州电子信息产业集群、长株潭装备制造产业集群、南昌和吉安电子信息产业集群、洛阳装备制造产业集群等先进制造业基地的产业协同。推动山西承接中部地区产业链关键环节的制造业产业转移，深度融合精密机械、电子信息等高新技术成果，加强山西与皖江城市带、晋陕豫黄河金三角、湖北荆州、赣南、湘南湘西承接产业转移示范区和皖北承接产业转移集聚区的产业协作。积极发展高端装备制造业，支持工业机器人、医疗等特种机器人设计、制造、试验检测等核心基础技术研究，开展包括云识别、人脸识别、图像识别、语音识别等在内的智能感知技术、认知技术以及自平衡技术研究，积极探索基于跨模态的机器人记忆、推理、表达和自学习等人机交互系统，建立智能机器人研发平台、性能测试功能验证平台等协作平台，组织开展智能机器人应用示范，推动智能机器人在铸造、能源、电力装备、生物医药、集成电路装备、食品、化工等领域的应用示范，研发一批标志性产品。加强山西与中部地区高端铸造产业协同发展，以山西中部城市群为重点，以智造科技产业园、机电装备产业园、绿色铸造创新产业园等园区为载体，有效集聚上下游企业、科技创新平台和人才等资源要素，加速产品结构转型，重点发展汽车轮毂、转向节、制动鼓、刹车盘、刹车支架等汽车制动类铸件，轻量化、薄壁式的轨道交通配套铸件和搅拌臂、斗齿等工程机械配件产品，鼓励发展铝镁合金铸件、不锈钢铸件、高端球墨铸铁铸件、蠕墨铸铁铸件等新型材料铸件，提升中部地区城市群铸造业整体水平。积极运用云计算、物联网等新一代信息技术，推动制造业信息化转型，促进定制生产、智能制造、智能建造等模式创新发展。

二是站在中部地区全局发展、协调发展的高度，推动山西现代服务业品质化多样化升级。以物联网、大数据、云计算、人工智能、区块链以及智能化物流设备等技术升级创新为基础，推动山西现代化服务业高质量发展，促进生产性服务业向价值链高端延伸。重点发展集工程总包、核心设备研发与制造、设施运营维护于一体的高端智能物流与仓储装备产业，突破全数字化控制、自主导航、智能避障等智慧物流技术，加快发展重载自动导引运输车、智能起重设备等车间物流智能化成套装备。引进国内龙头企业和核心技术，加快无线射频及智能标签等自动识别技术、可视化及货物跟踪技术、自动快速分拣技术研发和应用，发展堆放、存取和分拣等智能仓储设备。推进检验检测认证、产品研发设计、人力资源服务和品牌建设、税收融资服务等生产性服务业发展，引导企业进一步打破散发式经营格局，鼓励支持企业分离和外包非核心业务，促进智能终端与应用服务相融合、数字产品与内容服务相结合，推动产品创新，拓展服务领域，强化产业转型升级的生产性服务需求。推动生活性服务业数字化、标准化、品牌化发展，促进生活性服务业向高品质和多样化转型升级，鼓励数字创意产业与健康、养老、育幼、文化、旅游、体育、家政、物业等传统生活性服务领域融合发展，以山西中部城市群为重点推进个性化、数字化健康管理产业集群发动性发展，鼓励技术创新和模式创新相结合，推广应用移动健康终端产品，构建数字化、网络化的生命健康信息平台，实现本地和远程相结合的健康信息管理，培育差异化健康管理服务项目，推广应用分级式健康管理服务模式，探索集预防、评估、跟踪、随访、干预、指导、教育与促进于一体的新型健康管理服务产业模式，培育一批以个性化服务、会员制经营、整体式推进为特色的健康管理企业，发展家庭医生、个性化体检、疾病筛查、保健指导、健康干预、慢病管理、心理健康咨询等特色健康产业集群；丰富产品功能，提高产品性能，增加服务的互动性和实时性，进一步优化消费者全过程体验，促进消费者在信息获取、行程规划、产品预订支付、产品享受、回顾和评价等方面的转变，联动线上线下文化娱乐和综合信息消费，形成高效便捷的现代生活性服务产业生态。

三是站在中部地区全局发展、协调发展的高度，培育和发展山西未来产业。围绕智能机器人、人工智能、生命科学、生物技术等未来产业重点领域的关键重大创新需求，建设未来产业创新平台，筹划国家级重大项目，以"未来技术产业化"和"现有产业未来化"为重点推动未来产业培育和发展。深化"大数据+知识驱动认知"计算、新一代机器学习、推理与决策、人机混合增强智能、自主智能、人工智能安全保障理论等前沿基础理论研究，突破跨模态与协同感知、自然语言理解、协同控制、人机物混合智能、智能计算芯片研制等关键技术，建设中部地区城市群人工智能创新研究院和一批人工智能研发与应用平台，着力培育智能芯片、智能语音及翻译、智能图像、智能器件等核心产业。推动人工智能在机器人、机床、汽车、医疗以及政务、城管、社区、旅游、教育、安防等领域的深度应用，组织开展人工智能应用示范，加快推动智能装备和产品研发、数字化车间、智能化工厂和智能服务平台等建设。以太原、大同、晋中等中心城市为重点，培育发展新能源汽车和智联汽车产业集群，重点突破高性能动力电池、电机、电控等关键零部件和材料核心技术，大幅度提升动力电池和电机的安全性与可靠性，加强电制动等电动功能部件的研发，提高车身结构和材料轻量化技术水平，建立涵盖整车、动力电池、驱动电机及控制系统、充换电设备、动力电池回收的完整的中部地区城市群新能源汽车和智联汽车产业链。依托山西现有优势产业资源，积极承接中部地区未来产业布局和产业转移，在做好自身智能化改造的基础上，不断总结成功的经验和模式，以科技创新积聚新发展动能，不断催生新基建、新技术、新材料、新装备、新产品、新业态，打造具有比较优势的未来智能装备制造产业集群、未来信息技术应用集群、未来材料产业集群、未来能源产业集群和未来智能交通产业集群。

第二节　补齐欠发达区域发展短板

为优化山西省内部空间布局，深入推进区域协调发展战略，山西省委、省政府相继出台了《关于促进区域协调发展的指导意见》《山西省建立更加有效的区域协调发展新机制实施方案》，着力实施中心带动、轴带牵引、乡村振兴、融合发展"四大战略"，加快推进区域协同、产业联动、精准脱贫、生态共建和基础设施互联互通"五大任务"，建立健全区域合作、区域互助、利益补偿、要素流动、公共服务均等化"五大机制"，实现"两山"与平川、城市与乡村、经济与生态"三个协调"，推动区域协调可持续发展。

一　推动"两山"与平川地区协调发展

以国土空间规划统筹各类规划，创新引领平川地区率先发展，发挥优势加快东部山区振兴，强化举措推动西部山区崛起，加大统筹力度，促进区域之间基本公共服务逐步均等、基础设施通达程度比较均衡、人民生活水平大体相当，努力缩小区域发展差距，具体包括以下三个方面。

一是创新引领平川地区率先发展。山西素有"二分川、八分山"之称，具有东西两侧高中间低的地势特征，中部平川地区自北向南依次分布着大同盆地、忻定盆地、太原盆地、临汾盆地和运城盆地，自然条件好，城镇集中，交通便利，人口稠密，是山西经济社会发展高度集聚区，也是东部山区与西部山区联动发展的重要平台和联系纽带。支持平川地区率先实现高质量发展，在全省经济增长中更好地发挥引擎和辐射带动作用。以转型综改示范区建设为引领，深入实施创新驱动发展战略，加快推动产业转型升级，引领新兴产业和现代服务业发展，培植产业集群，构筑大交通网络，强化城市功能，积极参与国内、国际合作与竞争，加快形成宽领域、多层次、高水平的全方位开放型经济体系，强化领头羊的使命担当，使平川地区在转变发展方式、调整经济结构、自主创新、公共服务均等化、社会文明程度提高、生态环境质量改善等方面走在全省前列。

二是发挥优势加快东部山区振兴。东部山区北起广灵南至垣曲，包括六棱山、恒山、五台山、系舟山、太行山、太岳山、中条山及山前丘陵和上党、泽州山间盆地，是省内地势较高的凸起地区，地形起伏较大，土地面积近6万平方公里，占全省总面积的38.4%，自然环境复杂多样，生态环境较好，宜于发展多种经营和立体农业，盛产杂粮和特种经济作物，其东南部矿产资源丰富，阳泉、长治、晋城等拥有较为发达的工业体系。发挥好东部山区区位优势，使其真正成为山西走向东部沿海发达地区的重要桥头堡。以生态优先、绿色发展为引领，厚植生态优势，加快产业转型升级，重点发展以优质杂粮和中药材为主的特色农业、以乡村旅游和森林康养为主的太行板块旅游、"生态+"等绿色产业，坚持保护与开发并重，重点加强生态保护修复，加强水源涵养与生物多样性保护，将东部山区打造成为全国知名的山岳旅游胜地和避暑康养胜地。

三是强化举措推动西部山区崛起。西部地区包括吕梁山区、晋西北高原区和晋西黄土高原丘陵沟壑区，是山西经济发展水平较低、自然环境脆弱、贫困县集聚的区域。吕梁山是山西主要的林业基地，也是受风沙危害最明显的地区。晋西北高原位于大同和朔州两市的西部，海拔较高，气候寒冷干燥，加之西北风的强劲作用，风蚀、风化现象较明显，风沙危害成为突出的环境和社会问题。晋西黄土高原丘陵沟壑区包括内长城以南，吕梁山以西到黄河谷地，居于黄土高原中西部的东侧，皆被黄土覆盖，流水切割明显，沟谷纵横，是山西水土流失最为严重的地区。给予特殊政策支持西部山区振兴崛起，不断提升内生发展能力，着力培育区域经济增长新优势。加强西部中心城市建设，支持资源型产业转型升级，发展以农林牧业为主的生态立体农业，加快黄河板块旅游发展，面向陕甘宁积极参与区域合作。强化生态环境保护，继续实施重点生态工程建设，加强生态安全屏障功能。不断加大转移支付和政府投资力度，着力补齐基础设施、公共服务、生态环境、产业发展等短板，集中攻坚深度贫困，坚决打好脱贫攻坚战。

二　支持特殊类型地区共同发展

促进资源枯竭城市转型发展，加快采煤沉陷区综合治理，加强环境极度脆弱区持续发展，引导特殊类型地区积极探索各具特色的转型发展之路，推动形成绿色发展方式和生活方式。支持革命老区振兴发展，为贯彻落实《国务院关于新时代支持革命老区振兴发展的意见》，山西省政府出台《关于新时代支持山西太行革命老区振兴发展的实施意见》，支持被列入太行革命老区的35个县（市、区）在新发展阶段巩固拓展脱贫攻坚成果，加快提升基础设施和公共服务水平，培育特色优势产业体系，推进欠发达革命老区建设乡村振兴示范区，具体包括以下几个方面。

一是加快特殊地区重大基础设施建设，进一步改善发展环境。大力推进长治至临汾、祁县至离石、右玉至平鲁等特殊地区高等级公路建设，进一步完善特殊地区高速公路网，加快实现特殊地区"县县通高速"。深入实施特殊地区通村公路完善提质工程，实现特殊地区具备条件的建制村通硬化路、通客车。支持特殊地区优先布局一批铁路项目并设立站点，大力推进大同至张家口、太原至焦作、原平至大同、忻州至保定等高速铁路建设。完善特殊地区支线机场布局，逐步建设一批通用机场，加快推进朔州支线机场前期工作。进一步规范和强化特殊地区电网结构，加大集中连片特困地区电网布局力度。加快推进特殊地区农网改造升级，完成新一轮农村电网升级改造，提升特殊地区农网供电能力和供电质量。加快实施山西大水网中部引黄、小浪底引黄、东山供水等工程，全面开展县域配套小水网工程建设，全力推进古贤水利枢纽工程、万家寨引黄配套工程等重大水利工程建设，着力推进病险水库水闸除险加固、灌区续建配套与节水改造等水利项目建设，加快推进采煤区地下水修复试点工作，支持小型农田水利、"五小"工程等向贫困特殊地区倾斜，加大特殊地区抗旱水源建设、中小河流治理、水土流失治理力度。

二是积极有序开发特殊地区优势资源，切实发挥带动效应。着力推进特殊地区煤炭及其相关产业向市场主导型、清洁低碳型、集约高效型、延伸循环型、生态环保型、安全保障型转变，加大对化解煤炭过剩产能的支持力度，提高煤炭就地转化率。优先支持特殊地区发展大容量、高参数超临界、超超临界燃煤发电机组。增加贫困特殊地区的发电企业年度电量计划，提高水电工程留存电量比例。稳步推进特殊地区电力体制改革，在铝土矿资源丰富地区，坚持煤电铝材一体化发展，提高氧化铝就地转化率，推进铝深加工，发展循环经济，促进铝工业转型升级。建立先进装备制造研发设计平台，构建高效完备的先进装备制造业服务体系，加快提升特殊地区轨道交通、煤机、电力、煤化工、环保等装备制造业竞争力。在具备资源禀赋的特殊地区积极有序开发建设水电、风电、光伏发电和生物质发电等新能源产业，加快推进有条件的特殊地区贫困县光伏扶贫开发工作，积极推进大同浑源、运城垣曲两个抽水蓄能电站前期工作。大力推进有条件的特殊地区开发利用煤层气资源，积极支持瓦斯发电项目建设。

三是着力培育壮大特殊地区特色产业，不断增强"造血"功能。优化特殊地区农业区域布局，大力发展小杂粮、干鲜果、设施菜、草牧业、中药材等特色产业。汾河平原区域的特殊地区重点发展优质高效的粮食、水果和家禽等产业，上党盆地区域的特殊地区重点发展优质杂粮、中药材和生猪产业，雁门关区域的特殊地区重点发展草牧业和优质杂粮产业，太行山区域的特殊地区重点发展道地中药材和杂粮产业，吕梁山区域的特殊地区重点发展优质干鲜果和马铃薯产业。重点支持特殊地区建设农产品物流工程，围绕山西较为丰富的农产品资源，依托大型农产品批发市场和骨干农产品流通企业，建设具有较大规模的冷链物流集散中心、综合性加工配送中心、产地集配中心，发展农产品电子商务。引导社会性资金和电子商务平台企业加大涉农电子商务投入力度，提升特殊地区电子商务水平，带动特殊地区农民就业创业。积极建设特殊地区农村物流末端网点，力争达到"县县有分拨、乡乡有网点、村村通快递"。探索保护传承与发展创新路径，建立非物质文化遗产数据库，对特殊地区传统美术、技艺、医药类项目进行生产性保护，支持传承人在传承非遗项目核心元素和典型特征的基础上进行创造性转化、创新性发展，优先在特殊地区建设一批综合性非物质文化遗产展示馆或综合传习中心，深入挖掘文化资源，大力发展特色文化产业。积极打造太原—大同—灵丘—涞源—易县—涿州线、石家庄—西柏坡—涉县—长治—晋城线两条国家级红色旅游精品线路和石家庄—太原—忻州—大同—呼和浩特线、太原—石家庄—保定—北京线、邯郸—渭南—晋中—阳泉—邢台—邯郸线三条抗战主题红色旅游精品线路，加大省际红色旅游深度融合式开发力度。精心打造大同—忻州—太原—晋中—阳泉、太原—文水—孝义—交口—石楼—隰县—永和、太原—长治—晋城等"红色两日游"省级红色旅游品牌线路和具有山西地域特色与代表性的"八路军抗战文化""大寨艰苦创业文化""右玉绿色生态文化"等特色文化品牌。统筹保护特殊地区相对集中并进入主题规划的历史文化遗址、遗存，抢救保护特殊地区近现代重要史迹及代表性建筑。

四是切实保护生态环境，着力打造永续发展的美丽特殊地区。继续实施天然林保护、防护林建设、石漠化治理、防沙治沙、湿地保护与恢复、退耕还林、水土流失综合治理和坡耕地综合整治等重点生态工程，积极争取国家支持，依法将山西392.9万亩25°以上坡耕地全部纳入新一轮退耕范围。优先安排贫困特殊地区新一轮退耕还林还草任务，支持特殊地区开展各类生态文明试点示范。按照因地制宜、适地适树的原则，着力打造标准化、专业化、规模化的林业产业基地，加快宜林荒山绿化进程，投资造林重点向特殊地区特别是贫困县倾斜。强化森林资源管护，优先把特殊地区部分贫困人口转变为林业工人，以改良品种、精细管护为重点狠抓现有经济林提质增效，在大力发展干鲜水果林、沙棘、柠条、双季槐等特色经济林的同时，积极发展油用牡丹等新品种经济林。深入挖掘"森林康养"和旅游度假产业，大力发展林禽、林蜂、林菜、林草、林药、林菌、林油、林粮等林下循环经济，延伸生态产业链条，推行企业带动、农民合作组织联动机制，把投入到基地的建设资金折股量化到村到户，采取成立"专业合作社"等方式把特殊地区贫困人口组织起来参加植树造林、治山治水，提高特殊地区贫困人口的参与度和收益度。大力推广绿色建筑，促进传统建筑产业升级。优先发展公共交通，推广节能与新能源交通运输装备，大力推广节能农业生产设备。扎实推进低碳试点示范，逐步扩大低碳县试点范围。加快特殊地区燃煤设施达标治理或清洁能源改造，积极推进农作物秸秆综合利用和禁烧工作。加大对汾河、桑干河、浊漳河、沁河、滹沱河、涑水河、御河、桃河等重点流域水生态修复和水体污染防治的支持力度。加大农产品产地净化力度和农村人居环境保护力度。

五是全力推进特殊地区民生改善，提升基本公共服务水平。大力推进农村饮水"巩固提升"工程，确保特殊地区城乡供水安全。全面改善特殊地区义务教育薄弱学校的基本办学条件，进一步落实国家相关资助政策，确保适龄儿童和少年不因家庭经济困难而失学，能接受良好的义务教育。逐步实行普通高中免费教育，在集中连片贫困地区对建档立卡的家庭经济困难学生，率先免除普通高中和中等职业教育学（杂）费。支持特殊地区中等、高等职业学校建设高职省级重点专业、中职省级重点专业和省级中等职业教育改革发展示范校。完善特殊地区社会保障体系，建立与经济社会发展和人民生活水平相适应的城乡居民基础养老金正常调整机制，大力改善特殊地区医疗卫生条件，加快推进县、乡、村三级医疗卫生服务网格标准化建设，加大特殊地区传染病、地方病、慢性病防控力度，保证村医服务全覆盖，稳步提高医保待遇水平，健全和完善特殊地区包括最低生活保障、特困人员供养、受灾人员救助以及医疗、就业、教育、住房、临时救助等专项救助在内的社会救助制度体系。积极构筑特殊地区基本医疗保险、大病保险和医疗救助"三重医疗保障"，逐步提高特殊地区贫困人口大病费用实际报销比例，加大特殊地区医疗救助、临时救助、慈善救助等的帮扶力度以及农村"三留守"的关爱力度。加强特殊地区公共文化体育设施和基层综合性文化服务中心建设，深入推进特殊地区广播电视传输覆盖网络建设，实现广播电视户户通。

六是大力促进转移就业，全面提升群众增收致富能力。大力加强特殊地区人力资源和社会保障公共服务设施建设，全面实现县级、乡镇级、行政村级劳动就业和社会保障综合服务平台全覆盖。建立健全城乡劳动者平等就业制度，完善职业培训、就业服务、劳动维权"三位一体"的工作机制，加强农民工输出输入地劳务对接，积极开展有组织的劳务输出，推进农村富余劳动力有序外出就业和就地就近转移就业。扎实推进农民工职业技能提升计划——"春潮行动"，提高农民工适应经济社会发展的就业创业能力。加大职业培训补贴资金投入力度，提高就业专项资金中用于职业培训的比例和补贴标准。加大特殊地区创业就业政策支持力度，鼓励和支持外出务工人员返乡创业。支持特殊地区发展返乡创业孵化基地和返乡创业园区，对达到规定条件的地区，优先推荐和列入省级孵化示范基地和省级创业示范园区范围，并给予省级财政资金支持。

专栏5-3　山西省推动太行革命老区人民共享发展成果的政策举措

为支持山西省列入太行革命老区的35个县（市、区）在新发展阶段巩固拓展脱贫攻坚成果，开启社会主义现代化建设新征程，推动太行革命老区人民共享发展成果，山西省提出以下三个方面的政策举措。

巩固拓展脱贫攻坚成果。保持5年脱贫攻坚过渡期内主要帮扶政策总体稳定，加强对脱贫不稳定户、边缘易致贫户以及因病因灾因意外事故等刚性支出较大或收入大幅缩减导致基本生活出现严重困难户的动态监测，巩固"两不愁三保障"等脱贫攻坚成果。强化易地扶贫搬迁后续扶持，完善安置区基础设施和公共服务，加强安置区产业培育和就业帮扶，促进搬迁群众社会融入。拓展以工代赈公益性岗位开发、资产折股量化分红等赈济模式，积极推广以工代赈方式。加大对农村低收入群体就业技能培训和外出务工的扶持力度。大力实施农村电网和乡村电气化提升工程、通信网络设施改善提升工程、农村危房改造工程，深入推进农村饮水安全巩固提升行动和农村人居环境整治提升行动，推进武乡县、五台县等欠发达革命老区乡村振兴示范区建设，加快革命老区美丽生态宜居乡村建设，支持开展数字乡村试点。全面落实优抚安置各项制度政策，提高残疾军人、"三属""三红"等人员抚恤补助标准和在乡老复员军人的生活补助标准。

加快实施新型城镇化战略。支持长治建设全国创新驱动转型示范城市、生态引领的太行宜居山水名城。鼓励阳泉加快资源型经济转型，打造晋东区域中心城和生态经济核心区。推动晋城利用文旅资源密集和光机电产业优势，全面提升城市功能品位。统筹革命老区县城旧城整修、新城建设和园区扩展，实施公共服务设施提标扩面、市政公用设施提档升级、产业培育设施提质增效等工程，建设一批具有太行文化特色和时代气息的"精致"小城市和特色县城。加快阳泉、晋城省级新型智慧城市试点市建设，推动长治全面落实系统化全域推进海绵城市建设示范城市工作任务。建立城乡基础设施一体化规划、建设、管护机制。

补齐公共服务短板。研究制定山西省基本公共服务标准，建立以居住证为载体、与居住年限等挂钩的基本公共服务提供机制。完善中小学和幼儿园布局，实施义务教育薄弱环节改善与能力提升计划、农村义务教育学校教师"特岗计划"，加强高职学校、技工院校建设。开展疾病预防控制机构标准化建设，建立完善协同高效的公共卫生体系。鼓励省内一流医院与革命老区重点医院开展对口帮扶，建立托管式医联体和专科联盟。支持长治市人民医院、大同市第五人民医院建设省级区域医疗中心。巩固县域医疗卫生一体化改革成效，继续开展村医"乡招村用""乡聘村用"工作。普及基层中医馆建设，实施中医药康复服务能力提升行动和中医药健康服务业拓展工程。实施农村区域性养老集中供养工程，完善城乡居民补充养老保险制度。

第三节　优化区域发展空间布局

新发展阶段，山西按照客观经济规律调整完善区域政策体系，充分发挥区域比较优势，加强统筹规划，强化政策支持，促进要素和人口加快集聚，积极优化完善"一群两区三圈"区域发展新布局。

一　促进山西中部城市群一体化发展

山西积极谋划中部城市群高质量发展，紧抓山西中部城市群上升到国家战略规划的重要机遇，审议通过了《关于推动山西中部城市群高质量发展的指导意见》《山西省人民代表大会常务委员会关于支持和保障山西中部城市群高质量发展的决定》，提出做大做强中心区域，着力打造南北引擎，大力培育东西两翼，全面推动与"三圈"协同发展，加快推动与国家战略融合发展。太原作为山西人口密度最大、发展水平最高、创新要素集聚最密、基础设施能力最强的区域，是山西中部城市群的龙头。加快太原国家区域中心城市建设，做大做强山西中部城市群中心区域，能够促进太原经济、创新、文化、公共服务等优势资源向周边扩散，辐射带动晋北、晋南、晋东南城镇圈协同发展，以"中心隆起"牵引推动全省构建"一群两区三圈"城乡区域发展新布局。

就中心区域太原的发展而言，早在"十二五"时期，山西就提出按照"一核一圈三群"布局，以太原都市区为核心、以区域中心城市为节点、以大县城和中心镇为基础，加快推进市域城镇化的发展格局；"十三五"时期，又提出重点推进太原晋中同城化，支持太原率先发展，强化太原在全省经济社会发展和对外开放中的"火车头"作用，全力构建辐射带动能力强的省城中心和都市化地区；"十四五"时期，明确提出要增强太原在世界城市网络体系中的节点地位，打造具有国际影响力的国家区域中心城市。山西省第十二次党代会报告和《关于山西在新时代推动中部地区高质量发展中争先崛起的行动方案》均突出强调，要在全省域构建"一群两区三圈"区域发展新布局，建设太原国家区域中心城市，举全省之力支持太原打造"四个高地"，带动山西中部晋中、忻州、吕梁、阳泉四市协同发展。《关于推动山西中部城市群高质量发展的指导意见》提出，要做大做强中心区域，率先打造太原榆次太谷城市核，形成辐射牵引山西中部城市群一体发展的核心区和增长极，进一步强化了太原在山西中部城市群中的核心引领地位。

晋中、忻州、吕梁、阳泉四市的区域协同发展对于建设山西中部城市群至关重要，政策层面主要包括四个方面：一是支持晋中发挥山西大学城、国家农高区优势，强化科技和人才集聚，建设全方位推动高质量发展先行区；二是支持忻州南融东进，与太原和雄安新区相向发展，提升基础设施和产城融合水平，建设开放发展前沿城市；三是支持阳泉推进资源型城市绿色转型先行示范，建设融入京津冀协同发展的重要节点，打造城乡一体共同富裕的市域样板；四是支持吕梁统筹平川与山区、经济建设与生态保护均衡发展，打造离柳中方、交汾文孝城镇组群，成为山西中部城市群发展的重要战略支点。

二　高起点建设太忻一体化经济区

为进一步优化区域发展布局，集聚高质量发展新动能，山西提出建设太忻一体化经济区，出台了《关于推进山西中部城市群太忻经济一体化发展的指导意见》，提出推动太原向北与忻州协同共赢发展，打造山西中部城市群发展的北引擎。就战略定位而言，太忻一体化经济区主要以基础设施建设为先导，以产业园区为载体，以区域文化为纽带，全力构建以先进制造业为支撑的现代产业体系，全面推进产业创新协作耦合、开放合作协同共进、基础设施互联互通、公共服务便利共享、生态环境共保联治，旨在将太忻一体化经济区建设成为融入京津冀和服务雄安新区的重要走廊。到"十四五"末期太忻一体化经济区要达到以下发展目标：创新力、竞争力、带动力大幅提高，GDP 占全省比重达到 20%；现代产业集群和科创共同体集聚成势，制造业增加值占规模以上工业增加值比重达到 60%；人口集聚度和城市辐射力明显提高，常住人口城镇化率达到 70%；开放型经济规模和质量显著提升，生态环境质量明显改善，居民人均可支配收入增速明显超过全省平均水平，在全省域协同发展大格局中的位势和影响力实现跃升。

从覆盖范围看，太忻一体化经济区以中北高新区、阳曲产业园区、忻州经济开发区、原平经济技术开发区为建设重点，牵引带动周边地区联动发展，涉及太原市尖草坪区、杏花岭区、万柏林区、古交市、阳曲县 5 县（市、区），忻州市忻府区、定襄县、原平市、繁峙县、代县、五台县 6 县（市、区），共 11 县（市、区）的部分区域。从空间布局上看，太忻一体化经济区呈现"一核双轴多组团"的空间布局。"一核"即以太原为核心，引领带动忻州与太原、雄安新区相向发展，提升基础设施和产城融合水平，建设开放发展前沿城市。"双轴"即以雄忻高铁、108 国道沿线为双主轴，辐射青银高速等交通干线，串联太原至忻州主要城镇及产业密集区，联动周边城镇发展。"多组团"主要是依托市政交通、产业结构及人文联系，按照核心引领、以点带面、拓展支撑的思路，打造形成繁峙—代县—五台、忻府—定襄—原平、阳曲—古交、尖草坪—万柏林—杏花岭 4 个城镇组团。繁峙—代县—五台组团主要依托五台山风景名胜区，重点发展生态文化旅游、现代农业，发挥繁峙、代县铁矿石资源优势，发展特种金属新材料产业；忻府—定襄—原平组团主要依托忻州经济开发区、原平经济技术开发区，重点发展半导体新材料、装备制造、文旅康养、现代农业等产业；阳曲—古交组团主要依托阳曲产业园区、古交综合能源输出基地等，重点发展生物基新材料、现代农业、清洁能源、固废综合利用、现代物流产业；尖草坪—万柏林—杏花岭组团主要依托中北高新区，重点发展集成电路和半导体研发制造、高端装备制造、高端服务、数字经济等产业。

专栏 5-4　太忻一体化经济区构建承接京津冀产业转移集聚区的重点领域

为充分发挥太忻一体化经济区承东启西、连接南北、毗邻京津冀的区位优势，抓住京津冀产业向中西部地区转移和国家支持中部地区高质量发展的重大机遇，打造京津冀产业转移"首选地"，建设承接京津冀产业转移集聚区，山西提出在以下几个领域重点发力。

新材料领域。聚焦"补链、延链、强链、提链"，依托山西合成生物产业生态园，吸引京津冀重点企业，全力培育生物基新材料产业。推动与京津冀地区合作建设阳曲碳基复合材料科研生产基地，开发高端生物碳材料。依托忻州铝工业基础优势，建设全链条新型铝材基地。（忻州市）依托太钢不锈、太钢大明等重点企业优势，加强做强特种钢等先进金属材料，布局手机柔性屏等下游产业。发挥忻州铁矿资源优势，重点承接"铁矿采选-生铁冶炼（球团烧结）-精密铸件-装备制造-固废综合利用"和"废铝回收-熔炼-铝锭-压铸-中高端配件"一体化全产业链。

　　高端装备制造领域。依托东杰智能数字化车间、京丰铁路轨道交通电务装备制造基地、忻州新松机器人智能装备制造产业园等项目建设，重点承接发展轨道交通、高端工程机械、汽车及零部件、智能制造装备、锻铸造等装备制造及相关产业，大力发展高端智能装备。推动原平、忻府装备制造及定襄法兰锻造企业与京津冀地区优势产能互补，推动在煤机制造关键零部件上取得突破，做强做优煤机智能制造产业，（忻州市）打造新能源装备制造-风电光伏电场产业链。依托中北大学、国科大太原能源材料学院、太原理工大学（太原市），引入京津冀地区优质创新资源，建设中国（太原）航天科学城，构筑北斗导航全产业链。

　　集成电路和半导体领域。坚持以集群化、高端化、特色化发展为导向，依托京津冀半导体产业优势，整体承接构建配套设施齐全、服务功能完善、产业链相对完整、规模效应明显的产业集聚区，加强龙头企业引进和培育，推进打造以半导体材料产业为核心，以光电、射频、功率等半导体特色领域为引领，相关配套产业共同发展的产业集聚区，建设太忻经济区复合半导体全产业链产业基地。

　　现代服务领域。完善商业布局和网点建设，引进知名商业综合体项目，大力提升忻州古城等重点商圈和特色街区服务功能，打造晋北地区高品质消费中心和体验消费目的地。（忻州市）依托大盂物流园、南塔地穗华物流园，布局一批国内外知名供应链企业，同步发展研发设计、检验检测、信息技术、服务外包、通用航空等生产性服务业。重点承接发展工业物流、商贸物流、保税物流、国际物流、航空物流、快递物流、冷链物流、医药食品物流等专业物流，积极引进国内外现代物流龙头企业。支持供应链管理等物流服务模式创新，加强与供应链上下游企业协同联动，加强对采购、生产、销售等过程的全程计划和物流管理，积极发展集原材料和零部件采购、产成品包装销售、售后零配件供应维修于一体的全过程供应链物流，提高一体化服务能力。

生态文旅康养领域。以五台山、雁门关、云中河、忻州古城、青龙古镇、晋祠等为关键节点，重点承接发展红色旅游、历史文化旅游、乡村旅游、休闲度假旅游、医疗服务、医养结合服务产业，培育太原方特、奇顿合温泉休闲康养集聚区，积极打造温泉康养中心、精品民宿，推动医疗、健康、养老、养生与文旅深度融合，打造"宜居忻州·康养忻州"养老服务品牌，努力把忻州建成面向太原都市区、辐射京津冀的养老养生首选地。（忻州）建设忻州综合旅游集散中心，组建太忻文旅联盟共同开发京津冀客源市场，打造京津冀地区健康休闲和养老服务"后花园"。

现代农业领域。依托蓝顿旭美、阳曲县特色食品产业园区、"中国杂粮之都"产业融合园区等，协同完善两市农产品供应链，重点承接小杂粮等特色农产品精深加工产业转移，积极引入市场认可的技术、标准和品牌，建设面向京津冀（雄安新区）和山西中部城市群的特色优质农产品供应基地。注重承接农业生物技术、标准化栽培技术、规模化养殖和繁殖技术、重大病虫害及动物疫病防治技术等农业先进技术转移，以及产业服务及质量监管能力转移，建设与京津冀地区对接的农产品和食品质量安全检测体系、物流配送体系和网络化信息服务平台，加快建设集科技研发、体验展示、贸易出口为核心，精深加工、综合物流、示范基地为支撑的现代杂粮产业融合园区，打造百亿级的国家农村产业融合发展示范园。

三　锻造转型综改示范区先行优势

建设国家资源型经济转型综合配套改革试验区是党中央赋予山西的重大任务。山西转型综改示范区担负着为山西转型综改先行先试、探路领跑的重大任务，是深化转型综改的主战场、主引擎。在优化区域发展布局中，山西持续强化中部城市群的南引擎，继续发挥山西转型综改示范区的排头兵作用，开展先行先试，理顺运行机制，厚植创新生态，实现动能转换，打造战略性新兴产业和现代服务业发展高地。

从空间范围看，山西转型综改示范区横跨太原、晋中两市，位于太原、晋中最具活力的黄金发展地带，由太原高新技术产业开发区、太原经济技术开发区、太原武宿综合保税区、晋中经济技术开发区4个国家级开发区，太原工业园区、山西榆次工业园区（含山西中鼎物流园、新能源汽车园）、山西科技创新城3个省级开发区以及山西大学城共8个园区整合而成，并向南、向北建立扩展区，总规划面积约600平方公里，形成一个战场、两个集团军协同作战的格局。从空间布局看，山西转型综改示范区分为3大片区，各片区根据地理位置、产业基础和优势，规划布局相应的新兴产业。北部阳曲产业园区，规划面积约105平方公里，原太原工业园区基础区约4平方公里，在阳曲县的扩展区约101平方公里，重点布局新材料、节能环保、绿色食品、文化旅游、健康休闲等产业。中部产业整合区，包括除原太原工业园区外的7个现代园区，规划面积约151平方公里，其中学府产业园区（原太原高新区）约9平方公里，唐槐产业园区（原太原经济区）约31平方公里，武宿综合保税区约5平方公里，科技创新城约20平方公里，晋中汇通产业园区（含中鼎物流园）约49平方公里，晋中新能源汽车园区约9平方公里，大学城约28平方公里，主要是对现有比较成熟的产学研体系以及城市功能进行提档升级，重点布局大数据、物联网、电子信息、高端装备、生物医药、绿色食品、文化创意、跨境电子商务、保税物流、煤基科技研发等产业。南部潇河产业园区，规划面积约343平方公里，其中太原约205平方公里，晋中约138平方公里，重点布局新一代信息技术、先进制造、新能源、新材料、生物医药、节能环保等产业。潇河产业园区起步区约100平方公里（太原60平方公里，晋中40平方公里），沿潇河两岸布局新能源汽车、移动能源、智能制造、健康医药、电子信息、总部经济、智能物流等多个产业组团，以及金融小镇、智慧小镇、健康小镇等特色小镇；沿潇河生态廊道和潇河两岸，在太原、晋中建一主、一次两个生产生活公共服务中心。

四 建设晋北、晋南、晋东南高质量城镇圈

晋北、晋南、晋东南高质量城镇圈是"一群两区三圈"空间布局的重要组成部分，主要依托各自区位优势，向内提升凝聚力，向外拓展影响力，加强晋北、晋南、晋东南城镇圈与中部城市群协同联动发展。从区域发展层面看，包含以下三个层面。一是推动晋北城镇圈与山西中部及京津冀、呼包鄂榆城市群内外联动，深化蒙晋冀长城金三角区域合作：支持大同提升城市综合承载力和辐射带动力，建设全国性交通枢纽和陆港型国家物流枢纽，打造蒙晋冀长城金三角中心城市和对接京津冀、融入环渤海门户城市；支持朔州打造右玉精神实践高地、能源革命创新高地、农牧融合发展高地，在资源型经济转型中建设现代化的塞上绿都。二是推动晋南城镇圈与山西中部及关中平原城市群内外联动，深化晋陕豫黄河金三角区域合作：支持临汾建设黄河流域绿色崛起转型样板城市，打造晋陕豫黄河金三角区域中心城市；支持运城建设黄河流域生态保护和高质量发展示范区，打造新兴产业、现代农业、知名旅游强市。三是推动晋东南城镇圈与山西中部及中原城市群内外联动，申建国家级承接产业转移示范区：支持长治建设全国资源型城市转型升级示范区，打造现代化太行山水名城；支持晋城建设绿色转型示范城市、能源革命领跑城市、光机电产业集聚城市，打造通往中原城市群和对接长三角的桥头堡。

第六章　强化产业联动，培育区域协调发展新动能

破解区域发展不平衡不充分难题是构建现代经济体系、推动高质量发展的重要任务。推动山西区域协调高质量发展，必须始终坚持新发展理念，着眼融入新发展格局，以强化产业对经济社会发展的基础性支撑性作用为核心，优化产业发展总体布局，大力发展战略性新兴产业，扎实推动产业转型升级，构建多元支撑的高质量现代产业体系。要优化营商环境，持续激发市场主体活力，推进市场主体倍增。同时，要始终坚持创新驱动发展战略，打造并用好各级各类创新平台，吸引集聚创新要素，依靠创新为资源型经济转型发展涵养不竭动能。

第一节　统筹协调区域产业发展

在新发展格局下，要根据全省"一群两区三圈"城乡区域发展新格局，合理布局产业发展集聚区，充分发挥产业分工和协同发展的作用。省级层面要统筹好全省各地区的产业布局，避免低效重复建设和无序产业竞争。要发挥各地区的比较优势，推动产业合理布局，构建"和而不同、错位联动、全面统筹"的产业发展格局。同时，要促进产业跨区域联动发展，积极有序承接东部地区产业转移，提高资源配置效率，提升区域劳动生产效率和区域交易效率。

一　推动山西中部城市群产业协同发展

要进一步优化区域发展布局，集聚高质量发展新动能。加强省级层

面的统筹规划，加快要素和人口集聚，推动资源要素承载能力与经济发展水平相匹配，加快形成全省"一群两区三圈"的城乡区域发展新格局。山西中部城市群发展进入国家规划，是山西在中部地区争先崛起、在全国版图彰显地位的重大机遇。

山西中部城市群包括太原、晋中、忻州、吕梁、阳泉五市，根据《山西中部城市群产业协同发展专项规划（2022—2035年）》，山西中部城市群五市将进一步推进区域间产业联动发展，依托区位条件、资源禀赋和产业基础，协同构建"两极三廊五群多点"产业格局，打造以先进制造业为支撑的现代产业体系，共同提升山西中部城市群产业规模和整体竞争力。根据规划，山西中部城市群将涌现出一批世界级产业集群，在全国经济版图中彰显重要地位。

专栏 6-1　山西中部城市群产业协同发展目标

《山西中部城市群产业协同发展专项规划（2022—2035年）》提出，到2025年，山西中部城市群产业链、创新链、价值链一体化发展达到较高水平，产业协同发展格局初步形成。优势产业竞争力显著增强，重点产业链本地配套率大幅提高，新材料、高端装备制造、新能源、节能环保等领域形成四大千亿级产业集群，现代医药与大健康产业集群化水平明显提升，文化旅游、现代物流等现代服务业进入全国第一方阵。

到2035年，山西中部城市群重点产业在中西部地区乃至全国产业分工和价值链中的地位大幅跃升，涌现出一批世界级产业集群、全球头部企业和国际知名品牌，在全国经济版图中的重要地位全面彰显。

要进一步突出太忻一体化经济区和山西转型综改示范区的"两级引领"作用。以太忻一体化经济区、山西转型综改示范区为核心，整合区域

创新资源和产业基础，打造山西中部城市群南北增长极，辐射带动五市产业协同发展。太忻一体化经济区突出先进制造业定位，构建半导体、数字经济、高端装备制造等高技术产业全产业链。山西转型综改示范区重点培育发展合成生物、新能源、新材料等战略性新兴产业，深化先进制造业与现代服务业融合发展，推动总部经济、平台经济发展，构建全省要素集聚中心和生产服务中心。

要打造三大产业廊带。以山川水系、交通干道为纽带，强化城市间产业分工协作，共同打造先进制造、生态文旅康养、现代物流三大产业廊带。一是依托太原先进制造产业优势，与其他四市开展高端装备制造、新一代信息技术、新能源汽车等重点领域产业链上下游合作，联合打造产业配套、优势互补的先进制造产业廊带。二是统筹规划建设黄河、太行、汾河沿线景观，打造一批红色、晋商、古城、康养、佛教精品旅游路线，协同建设生态文旅康养产业廊带。三是以太原国家物流枢纽为中心，纵向依托雄忻高铁、大西高铁、郑太高铁、二广高速，横向依托青银高速、石太高铁，打造省内连接"三圈"、省外贯通京津冀和关中平原城市群的现代物流产业廊带。

要统筹各市产业发展方向，突出优势和长板，避免低效重复建设和无序竞争，实现错位发展。山西中部城市群内各市聚焦主导产业，坚持产业错位发展，打造一批特色鲜明、优势互补、链条完整的产业集聚区。其中，太原重点发展高端装备制造、新材料、信创和清洁能源等产业，培育总部经济和平台经济，打造中部城市群的金融中心、科创中心、品质消费中心。晋中要加强与太原协作，发挥山西大学城和国家农高区的人才和创新优势，重点发展新能源汽车、光伏装备、现代医药、特钢新材料、现代农业等产业，发挥晋商文化影响力，打造全国知名的文化旅游目的地，建设全方位推动高质量发展先行区。忻州要与太原和雄安新区相向发展，加快南融东进，提升基础设施和产城融合水平，重点发展现代农产品加工、法兰锻造、煤机装备、文旅康养等产业，打造服务建设融入京津冀和雄安新区重要走廊，建设开放发展前沿城市。吕梁要统筹山区和平川均衡发展，打造离柳中方、交汾文孝城镇组群，重点发展大数据、非常规天然气、新能源、白酒等产业，打造黄河流域生态保护和高质量发展先行区，打造山西中部城市群发展的重要战略支点。阳泉要进一步推进资源型城市绿色转型先行示范，重点发展新能源电池材料、数字经济、煤机装备、清洁能源等产业，打造石太经济走廊重要枢纽，建设融入京津冀协同发展的重要节点，打造城乡一体共同富裕的市域样板。国内多地推进区域内产业联动发展，对此我们要充分借鉴先进经验，推动构建"和而不同、错位联动、全面统筹"的产业发展格局。

二　明确各市产业发展定位和方向

山西根据全省不同区域资源环境承载能力、要素禀赋和比较优势，积极适应人口流动和就业新形势，引导大中小城市和小城镇产业错位发展，逐步培育形成分工合理、优势突出、特色鲜明的产业体系。围绕"一群两区三圈"的区域发展新布局，优化产业平台布局，统筹做好各市、县（区）的产业规划，科学制定主辅产业布局，推动区域产业分工协作，加快构建与城市功能定位相适应的现代产业体系。

大同要聚力发展先进制造、现代医药、新能源、大数据、新材料、通用航空、文化旅游等产业，提升城市综合承载力和辐射带动力，建设全国性交通枢纽和陆港型国家物流枢纽，打造蒙晋冀长城金三角中心城市和对接京津冀、融入环渤海的门户城市。长治要着力推进装备制造、高端LED、生物制药、特色农业、文化旅游业高质量发展，建设全国资源型城市转型升级示范区，打造现代化太行山水名城。临汾要不断提升装备制造、现代农业、文化旅游产业水平，建设黄河流域绿色崛起转型样板城市，打造晋陕豫黄河金三角区域中心城市。朔州要聚焦绿色低碳产业，打造千亿级低碳硅芯产业园和零碳产业园，培育发展新能源产业集群、陶瓷产业集群、新材料产业集群和医药产业集群，全力推动战略性新兴产业融合化、集群化、生态化发展，打造右玉精神实践高地、能源革命创新高地、农牧融合发展高地，在资源型经济转型中建设现代化的塞上绿都。运城要围绕先进装备制造、精品钢、新材料、绿色焦化、特色农副产品加工、数字经济、节能环保、新能源、现代医药、绿色建材十大产业建设黄河流域生态保护和高质量发展示范区，打造新兴产业、现代农业、知名旅游强市。

要进一步引导其他中小城市发挥要素成本低的优势，增强承接产业转移能力，推动制造业规模化、特色化、集群化发展。

三 积极推动产业承接和转移

产业转移不仅有利于移出地整体竞争力的提高，同时也可以促进承接地经济的快速发展，因此，产业转移被认为是促进区域协调发展的有效手段之一。山西应利用所处区位优势、现有产业基础，全面融入京津冀协同发展、长江经济带发展等国家发展战略规划，积极承接国际国内产业转移。

加快产业承接与产业协作。山西应立足产业基础优势、瞄准国际国内产业转移趋势，以资源型产业的延伸发展和战略性新兴产业的培育壮大为导向，加快产业承接和产业协作。加强与我国发达地区的产业协作配套，差异化承接长三角、珠三角、京津冀、粤港澳等地区产业梯度转移，有序承接北京非首都功能疏解，把有利于全省产业结构升级的企业、技术、资金、人才等要素引进来，着力开发新技术、新产品和新模式。以共建"一带一路"为引领、以京津冀、环渤海经济圈、长江经济带、中原经济区、黄河金三角、蒙晋冀（乌大张）长城金三角等区域合作为载体，积极拓展国内外市场，加强对内对外全面协作。作为京津冀周边省份，山西应加快推进与京津冀地区产业深度融合发展，精准对接《京津冀产业转移指南》《京津冀协同发展产业转移对接企业税收收入分享办法》，明确将煤基产业、装备制造、新材料、新能源汽车、生物医药、大数据、电子商务、现代物流、文化旅游、现代农业等作为重点对接领域。发挥太忻一体化经济区承东启西、连接南北、毗邻京津冀的区位优势，深度融入京津冀，主动对接雄安新区，拓展承接产业转移新空间，在太忻一体化经济区重点建设承接产业转移集聚区，构建与京津冀联动发展高地。坚持差异化导向，提升中北高新区等开发区产业承载能力，发展"飞地经济"。鼓励京津冀开发区或产业园在太忻一体化经济区设立分园，强化资本、技术、人才、品牌、管理等核心要素配套转移。鼓励京津冀信息服务等生产性服务企业在太忻一体化经济区设立山西总部。

完善产业转移承接机制。创新承接产业转移方式，鼓励以连锁经营、委托管理、投资合作等多种形式与东部沿海、京津冀、粤港澳地区合作共建产业园区，实现优势互补、互利共赢。打造产业转移的重点承接地，重点依托省级以上开发区、产业集聚区、海关特殊监管区域等载体，建设产业转移承接平台，支持有条件的地区创建国家级承接产业转移示范区。发挥已有重点产业和骨干企业的带动作用，吸引产业链条的整体转移和关联配套产业的协同转移，提升产业配套能力。建立跨地区跨部门的对接协调机制和服务促进体系，推进组团式承接产业转移。

强化承接产业转移管理。承接产业转移，应注重增强产业间的前后向联系，注重承接产业与原有产业的结构互补。同时，为了避免盲目承接产业转移而被锁定于价值链末端，应根据地理区位和要素禀赋，确立具有比较优势的支柱产业、创新产业和主导产业。实施主体功能区战略，根据各地区主体功能定位，按照耕地总量控制、能耗强度控制、主要污染物排放总量控制、禁止开发空间控制的原则，加强对产业发展的规划管理，严把产业承接准入门槛，加强重点用能企业节能监管，强化产业转移项目环境影响评价和节能评估审查，加大污染防治和环境保护力度，发展循环经济，推动产业转移、经济发展与资源环境相协调。

第二节　推动战略性新兴产业成链成群

聚焦战略重点，集中优势资源，统筹推进产业基础高级化和产业链现代化，注重产业建链、延链、补链、强链、提链，协同优化产业生态，努力在有创新性、超前性、先导性、引领性和基础性的产业领域打造集群，使各区域优势资源获得交互式开放应用，实现区域产业集聚和联动发展。

一　着力培育壮大重点产业链

着力提升山西产业链供应链稳定性、安全性和竞争力，注重补链、延链、建链、强链，夯实产业链基础，推动制造业高质量发展，培育省级 10 条重点产业链。建立并实施产业链链长工作机制，加速推进竞争力强、地域特色鲜明的本土产业链建设，加快构建具有山西特色的现代化产业体系。聚焦 10 条重点产业链，建立"链长+链主"的工作推进体系，通过产业链高质量发展带动"链主"做强做优、"链核"企业提质增效，着力提升国内、省内配套水平，到"十四五"末，培育形成 6 条千亿级产业链、4 条 500 亿级产业链，全面提升产业核心竞争力、市场占有率和抗风险能力。

（一）特钢材料产业链

围绕"原材料开采加工—特殊钢、精品钢冶炼及压延—零部件加工及装备制造"成链，重点解决产业链上游原料支撑能力不足，下游深加工能力偏弱、消纳特钢材料能力不足等问题，打造精品钢、高端冷轧硅钢、极薄无取向硅钢、车轴钢等高附加值产品，构建具备世界级核心竞争力的特钢材料产业链。

（二）新能源汽车产业链

围绕"车用原材料—零部件—系统总成—整车—配套基础设施"成链，重点解决生产规模较小、相关配套零部件企业数量偏少、配套能力较弱等问题，打造动力电池负极材料、新能源汽车驱动电机、大功率快速充电设备、智能化电动重卡及乘用车等高水准特色产品，构建产品种类较为完备的新能源汽车产业链。

（三）高端装备制造产业链

围绕"原材料—关键部件、系统总成—轨道交通制造、智能煤机、工程机械"成链，重点解决产业链整体竞争力不强的问题，打造客运电力机车、快速掘进煤机成套装备、全地面大型特种起重机等拳头产品，构建辐射带动力强、具有国际竞争力的高端装备制造产业链。

（四）风电装备产业链

围绕"零部件及原材料—整机设备制造—风电场开发运营"成链，重点解决上游叶片、轴承、电控等配套企业缺失，中游整机、塔筒企业竞争优势不明显，下游电力企业多而散，产业链整体竞争力不强等问题，打造大功率风力发电机、风电塔筒、风电整机等成套产品，构建国内一流的风电装备产业链。

（五）氢能产业链

围绕"绿色炼焦—焦炉煤气制高纯氢—制、储、运、加氢等设备及产品"成链，重点解决上游产能不足，下游氢能利用率不足、应用场景不多等问题，打造氢燃料电池电堆、氢气压缩机、固态储氢设备、氢能源车辆等氢能应用关键产品，构建安全高效的氢能产业链。

（六）铝镁精深加工产业链

围绕"铝土矿—氧化铝—电解铝—铝精深加工""炼镁用白云岩—金属镁—镁合金—镁精深加工"成链，重点解决铝镁精深加工能力不够的问题，打造航空航天精密铸件、铝镁合金汽车轮毂、轻量化部件等高精尖产品，构建绿色循环的铝镁精深加工产业链。

（七）光伏产业链

围绕"工业硅—多晶硅—拉棒—切片—电池—辅材—组件"成链，

重点解决上游多晶硅、拉棒、切片环节基本缺失，中下游电池组件产业尚未形成规模优势等问题，打造新一代 N 型光伏电池、高效光伏组件等行业领先产品，构建具有较强国际竞争力的光伏产业链。

（八）现代医药产业链

围绕"制药原材料—医药研发—医药制造"成链，重点解决创新能力不足、高附加值品种缺乏、产品同质化严重等问题，打造道地中药材、特色原料药、经典中成药、生物创新药等具有山西特色的医药产品，构建具备差异化竞争优势的现代医药产业链。

（九）第三代半导体产业链

围绕"材料—装备—芯片—封装—应用"成链，重点解决缺乏上下游配套、技术研发能力薄弱等问题，打造大尺寸碳化硅衬底、高端晶圆检测设备、高效深紫外 LED 芯片等进口替代产品，构建国内先进的第三代半导体产业链。

（十）合成生物产业链

围绕"玉米加工—合成生物单体—合成生物高分子材料—工业丝、民用丝、工程塑料加工"成链，重点解决下游配套企业数量不足、产能不能及时消化等问题，打造戊二胺、生物基聚酰胺、长链二元酸等技术领先的产品，构建具有国际影响力的合成生物产业链。

二　推动战略性新兴产业集群化发展

山西战略性新兴产业经过多年培育，具备了一定规模，犹如星星之火正呈燎原之势，必须倍加珍惜。要进一步聚焦"六新"领域，坚持前瞻布局、创新引领，推动战略性新兴产业从零到一、从一到多，成为山西转型的新标识。要实施千亿产业培育工程，支持高端装备制造、新材料、数字产业、节能环保、现代金融、现代物流等营业收入超千亿元的产业提升竞争力，支持节能与新能源汽车、现代煤化工、煤成气、光机电、合成生物、现代医药和大健康等产业迈向千亿目标，支持通航、数字创意、信创、碳化硅、蓝宝石等产业发展壮大。实施高成长性企业培育工程，注重从细分行业中发现一批潜力企业，用好创投、风投和政府引导基金，完善战略性新兴产业市场化电价机制，优先配置能耗和环境容量，全力培育一批"小巨人""隐形冠军""单项冠军"。实施未来产业培育工程，以现有产业未来化、未来技术产业化为方向，超前布局量子产业、碳基芯片、人工智能等产业，抢占发展前沿。

（一）打造千亿级新兴产业研发制造基地

深入实施千亿产业培育工程，做强做优高端装备制造、新材料、节能环保、数字产业等千亿级产业，做大做深节能与新能源汽车、合成生物、现代医药和大健康等百亿级产业，做精做专通航、信创、软件业等潜力产业，布局量子信息、碳基芯片、氢能与储能、下一代互联网等未来产业，构建产业集群梯次发展体系，培育和打造一批具有全国影响力的产业基地，引导和储备一批各具特色的产业生态，积极争取国家战略性新兴产业集群和国家先进制造业集群建设，形成分工明确、相互衔接的区域产业发展格局。

专栏6-2　"十四五"期间山西重点打造14个战略性新兴产业集群

信息技术应用创新产业。坚持"安全可替代"方向，重点推进中国电子信创产业园、长城智能制造（山西）基地、百信自主安全计算机研发与产业化等项目，拓展在能源、教育、医疗、交通、农业等领域应用试点，建成全国领先的信息技术应用创新产业基地。

半导体产业。抢抓国产替代发展机遇，加速实现碳化硅第三代半导体材料、深紫外LED、红外探测等领域的重大产品规模化生产，重点推进碳化硅单晶衬底、外延材料、微波功率放大器芯片、滤波器芯片制造加工等项目，打造抢占国际战略制高点的半导体衬底材料产业基地。大数据融合创新产业。坚持"以算力算法强大大数据应用，以创新生态壮大大数据产业"主线，聚焦数字基础设施升级、数字产业方阵打造、数字化融合应用、数据治理能力提升，依托秦淮、百度等重点项目，建设国家级大数据产业集群。

碳基新材料产业。大幅提升煤炭作为原料和材料使用的比例，构建煤（焦炉煤气）—全合成润滑油、高端蜡等具有全国比较优势的产业链条，重点推进高端碳纤维千吨级基地、煤层气生产金刚石等项目，打造国家级碳基新材料制造基地。

光电产业。瞄准关键材料、关键工艺、核心器件等重点领域，加快形成"光电材料—光电元器件—系统/设备/终端产品"产业链条，重点推进中科深紫外产业链等项目，打造国家级光电产业基地。

特种金属材料产业。聚焦汽车、轨道交通、高端装备、电子信息、通用航空、装配式建筑、矿山机械等7大应用领域，打造拳头产品，扩大产业规模，开展行业应用示范，建设国家级特种金属材料产业生产基地。

先进轨道交通装备产业。发挥轨道交通装备关键零部件环节的优势地位，围绕电力机车、高速列车、城轨车辆，加快推进高铁轮轴轮对、新一代制动系统等高端产品产业化规模化·重点推进中车轨道交通城轨车辆造修基地等项目，打造全国轨道交通装备重要零部件生产基地。

煤机智能制造产业。依托智能矿山建设，围绕煤炭精细化勘探、智能化开采等领域开发新技术和智能化成套装备，实现煤矿和煤机装备智能化联动协同发展，加快建设煤机智能研发、电传动矿用自卸车等项目，打造国内一流的煤机重要整机与零部件生产基地。

节能环保产业。以商业模式创新为突破，以再生资源绿色循环利用产业园等重点工程为牵引，以基地园区建设为着力点，推进节能技术和装备、节能服务产业、先进环保技术和装备、资源循环利用等领域，加强链条互补合作，带动上下游产业发展。

生物基新材料产业。依托全省生物质资源和煤化工原料基础，加快推进山西合成生物产业生态园区等项目建设，重点发展生物基聚酰胺等产品。

光伏产业。加大光伏制造关键技术攻关，加快新技术创新研发应用迭代升级，重点推进晋能控股电力集团为核心的产业链建设，形成多晶硅—硅片—电池—组件—应用光伏产业链条，打造全国重要的光伏制造基地。

智能网联新能源汽车产业。围绕电动、甲醇、燃气三大方向，加大对汽车配套产业及基础设施建设的支持力度，引导企业加大智能化、网联化产品研发力度，打造具有区域特色的智能网联新能源汽车产业集群，建设电动汽车产业集群、氢燃料电池汽车产业集群和区域智能网联汽车产业集聚区。

通用航空产业。立足山西航空产业基础，布局通用航空研发、制造、运营、服务全产业链建设，加快建设太原飞机拆解基地、潇河航天产业装备制造、大同通航全产业链等项目，持续办好尧城（太原）国际通用航空飞行大会，打造全国重要的通用航空产业发展试验示范基地。

现代医药和大健康产业。实施医药工业增品种、提品质、创品牌"三品"专项行动，加快发展化学原料药及制剂、中成药及大健康、生物制品和医疗器械等优势产业，加快推进基因重组人血白蛋白、人源化胶原蛋白等项目，打造全国重要的原料药、中成药、新特药与医疗器械产业集聚区。

专栏6-3　太忻一体化经济区七大产业集群

坚持优化配置、高效协同，突出先进制造业定位，发挥两市比较优势，以开发区为载体，着力构筑太原产业首脑—忻州落地承载的分工格局，以数智赋能传统产业全方位全链条改造，促进数字经济与实体经济深度融合，共同提升制造业产业基础能力和产业链现代化水平，共建高能级产业生态圈，构建产业竞争新优势。

打造太原新材料产业集群。建设碳纤维及复合材料产业园，加快煤化工向高端碳基新材料升级拓展，推进高端碳纤维、石墨纤维技术突破和产业化，重点建设阳曲碳基复合材料科研生产基地，打造国家级碳基新材料研发制造基地。全力培育生物基新材料产业，建设山西合成生物产业生态园。做强特种钢、钕铁硼高性能磁性材料等先进金属材料产业，建设繁峙—代县特种钢生产基地，形成太原、忻州互补的高端特种金属材料产业集群。发挥忻州铝资源及产业基础优势，建设全链条新型铝材基地。支持原平打造全国最大可降解塑料生产基地。

打造千亿级高端装备制造产业集群。推动传统装备制造业向高端基础零部件、大型装备、工业母机方向升级，重点提升高铁轮对、车轴等优势产业能力。大力发展高端智能装备，做大做强3D打印、民用无人机、工业机器人等高技术产业。推动忻府装备制造、代县矿山设备、定襄法兰锻造、原平煤机制造与太原优势产能互补，打造新能源装备—风电光伏电场产业链。鼓励新能源整车集成技术创新，推动氢燃料电池等技术产业化应用。规划建设中国（太原）航天科学城，构筑北斗导航全产业链。

打造百亿级集成电路和半导体产业集群。研发新型电子材料及替代进口高端芯片等产品，加快发展砷化镓、硅片、蓝宝石、紫外LED外延芯片等半导体材料，规划建设中北信息产业园、忻州半导体产业园、晋芯电子制造产业园，前瞻谋划第四代半导体材料研发。依托中北高新区、忻州经济开发区内重点企业，构建半导体"材料—IC 设计—IC 制造—封装测试—应用"全产业链。

打造新型绿色能源产业集群。坚持集中式和分布式并举，加快大型风电、光伏基地项目建设，推进整县屋顶分布光伏开发试点，大幅提升风电、光伏发电规模。开展非常规天然气资源综合开发，加大古交煤层气综合利用力度。增强储气调峰保障能力，建设阳曲工业园 LNG 储气调峰站。建设忻府、原平大营地热综合利用产业园，推动地热能开发利用高质量发展。加快新型储能试点示范，积极推进太原斧柯、定襄莱咀山、代县雁门关、五台西龙池二期等抽水蓄能电站建设。大力发展智慧能源，开展综合能源试点示范。

打造专业化品质化高端化现代服务业体系。大力发展生产性服务业，推动科技服务、数字信息、高端商务、现代金融、现代会展、服务外包等产业向专业化方向发展、向价值链高端延伸，谋划建设软件和服务外包园区。以铁路多式联运为核心，建设太原国家物流枢纽。提升发展生活性服务业，打造太原国家区域消费中心城市，支持两市在现代商贸、医疗保健、体育休闲、家庭服务等领域探索合作新模式。

打造生态文旅康养产业集群。以区域文化为纽带，以五台山、雁门关、云中河、青龙古镇等为关键节点，加强文旅资源整体开发利用，协同打造历史文化、佛教文化、自然山水、红色革命、古建艺术等精品旅游线路。培育奇顿合温泉等休闲康养集聚区，建设福山全国森林康养基地。提升忻州综合旅游集散功能，完善旅游集散网络。组建太忻文旅联盟，共同开发京津冀客源市场。

打造优质高效现代农业产业集群。协同完善太忻农产品供应链，大力发展设施农业，重点建设"中国杂粮之都"产业融合园区、阳曲县特色食品产业园区等，打造特色优质农产品供应基地。支持山西（忻州）杂粮出口平台建设，打造国家级杂粮市场。建设阳曲、五台现代农业产业示范区。推进雁门关农牧交错带建设。实施国字号品牌规模开发工程，培育"忻州杂粮""阳曲小米"等区域公用品牌。

（二）打造数字经济发展新引擎

山西发展数字经济有场景、有前景。要加快 5G 基站等新型基础设施建设，扩大 5G+工业互联网、医疗、教育、智能矿山、智慧城市等应用场景，利用互联网技术对传统产业进行全方位全链条改造，推动制造业、服务业、农业等产业数字化发展，巩固拓展信创、大数据等数字产业发展成果，促进数字经济与实体经济深度融合，以数字赋能三次产业跨越发展。

发挥好太原国家级互联网骨干直联点、国家超级计算太原中心作用，加快培育制造业云服务商和云服务平台，推进智能制造试点示范标杆项目和诊断服务，丰富 5G 应用场景，力争培育 200 户以上智能工厂和智能车间，加快产业信息化融合、智能化改造、数字化转型步伐。以太忻一体化经济区为核心，打造全省先进制造业集聚地。以中北高新区、忻州经济开发区等升级扩容为抓手，共同构建新材料、高端装备制造、半导体、节能环保等高技术产业全产业链和集聚区，推动太忻经济一体化发展动能整体跃升。

专栏 6-4　山西中部城市群打造五大产业集群

山西中部城市群将加强产业配套、空间集聚，促进产业链上下游协同合作，推动产业发展集链成群，协同打造五大产业集群。

新材料产业集群。以太原、忻州、阳泉为重点，强化跨区域原材料与精深加工环节协同合作，建设国家级新材料基地。

高端装备制造产业集群。加强太原设计研发、总装集成和周边四市原料供应及关键零部件生产深度协作，打造高端装备制造产业集群。

新能源产业集群。推进跨区域能源产业合作，建设忻州—吕梁晋西沿黄百里风光基地、太原—晋中—忻州地热能+可再生能源综合利用示范区等。

节能环保产业集群。以吕梁、阳泉、忻州为重点，打造大宗工业固废综合利用示范基地，建设"无废城市群"。

现代医药与大健康产业集群。以晋中、吕梁等地为重点，着力打造国内重要的化学原料药、中成药与新特药产业集聚区。

推动山西转型综改示范区加快打造芯片研发、整机制造、软件开发全产业链，建设国家级信创产业基地。依托龙头企业，重点突破车轴、高速轮对等关键零部件，建设轨道交通产业集群。鼓励新能源整车集成技术创新，推动氢燃料电池等技术产业化应用。培育大同通航全产业链，打造国家通用航空示范省。建设太原国家先进装备制造高技术产业基地。实施未来产业培育工程，超前布局量子产业、碳基芯片、人工智能等重点产业。全面落实战略性新兴产业电价机制实施方案，实现规范化、市场化、可持续运行。

实施网络强省战略，加快建设智能化综合性数字信息基础设施，全面推进数字产业化规模化应用，推动制造业、服务业、农业等产业数字化。布局信息技术应用创新产业，建设大数据产业基地，打造数字产业集群。实施数字赋能行动，在工业、能源、物流、医疗、教育、智慧城市等领域培育一批数字经济和实体经济融合应用示范项目。不断丰富数字场景应用，加快推进平台经济、共享经济、流量产业等新业态发展。

优化无线宽带网络布局，推动到 2025 年 5G 基站达到 12 万座，并力争提前完成。制定构建全省一体化大数据中心协同创新体系工作计划，有序发展大数据中心、智能计算中心等强算力基础设施，建设太原国家级互联网骨干直联点，加快建设工业互联网标识解析二级节点，完善工业互联网平台体系。

（三）推动现代服务业发展提质增效

深入实施服务业提质增效十大行动，加快建设现代服务业集聚区。大力推动批零住餐等传统商贸消费升级，鼓励新能源汽车、绿色智能家电消费，新建或改造一批高品质特色商业街、商业综合体、餐饮集聚区，打造一批地标性夜经济生活集聚区，大力推进老字号传承振兴，积极发展首店经济、流量型经济，培育电子商务、无接触配送、无人零售等新业态，建设直播电商基地、跨境电商示范区。加快发展研发设计、检验检测、中介咨询、法律服务、会展服务等生产性服务业，依托山西转型综改示范区，打造全省咨询服务、人力资源服务、法律服务、会展服务、知识产权服务核心区。培育壮大物流龙头企业和网络货运平台，建设太原、大同、临汾国家物流枢纽，打造内陆型国际物流中心。坚持以文塑旅、以旅彰文，推动文旅康养业提档升级，着力打造国际知名文化旅游目的地。实施龙头景区"9+13"梯次打造培育计划，推动 A 级景区倍增，推出一批精品旅游线路，布局建设 50 个文旅康养示范区。建设黄河、长城国家文化公园山西段。深入开展安全、服务、环境质量提升行动。新建成 3 个一号旅游公路 2500 公里以上，完善游客集散中心、公路驿站、房车营地等配套设施，推动同城景点公交化，开通跨省旅游专列，实现重点旅游城市、街区、景区 5G 网络全覆盖，完善山西文旅云功能。高品质优化游客体验，建设一批高端酒店、特色民宿，打造一批精品文创产品、文创店和演艺项目，拓展自驾游、研学游、低空游、体育游、工业游，发展避暑康养、温泉康养、中医药康养等业态。办好旅发大会、康养大会、大河文明旅游论坛、杏花村国际酒业博览会等活动，打响山西文旅康养品牌。

（四）将开发区打造成为产业集群集聚发展的主战场

打造开发区建设升级版，决胜高质量发展新战场。推动全省各类开发区由拓展面积向提高效益、由同质化竞争向差异化发展、由注重硬环境向创优软环境转变。要强化规划引领，进一步优化园区功能，延伸产业链条，推进"腾笼换鸟"，集聚创新资源。强化经济产出，有序推进工业企业退城入园，滚动开展"三个一批"活动，抓好项目投产达效工作，大幅提高开发区亩产水平，不断提高园区工业增加值占全省工业增加值的比重。强化全面赋权，推动设立综合服务平台，做到赋权事项领得到、接得住、管得好，实现"区内事、区内办"。支持省级以上开发区整合或托管其他园区，鼓励国有企业、社会力量建设"区中园"。强化激励约束，深化"三化三制"改革，完善督导落实、考核评价体系，推动各类开发区争先进位、提档升级。

第三节　培育壮大市场主体

培育壮大市场主体，既是发展社会主义市场经济的重要途径，也是提升市场活力的根本举措。市场主体是经济的力量载体，保市场主体就是保社会生产力。市场主体是经济的细胞，是创新创业的主要载体，也是产业发展的基础支撑。只有千方百计把市场主体培育好，激发市场主体活力，才能够推动企业发挥更大作用实现更大发展。在山西推进区域协调发展的进程中，必须充分发挥市场主体的基础性作用，采取全方位举措，全面激发各地区市场主体的活力，为山西经济高质量发展夯实根基、持续注入澎湃动能。要聚焦市场主体需求，对标国际国内一流水平，全链条优化审批，全过程公正监管，全周期提升服务，全力打造"三无""三可"营商环境，充分激发市场活力和社会创造力，确保"十四五"全省市场主体数量实现倍增，为全方位推动高质量发展提供实体支撑。

一　进一步放宽市场准入

要始终坚持"法无禁止即可入"，严格执行全国统一的市场准入负面清单，任何部门不得以任何形式增设民营企业准入条件。同时，要推动清理与企业性质挂钩的行业准入、资质标准、产业补贴等规定和做法，完善市场公平竞争投诉机制，以信息公开和有效监督保证"非禁即入"。

民营企业和民营企业家是自己人。要坚持"两个毫不动摇"，继续落实好山西支持民营经济发展30条、新23条等政策，实施晋商晋企贴心计划，引导支持民营企业增总量、扩规模、提质效，积极参与国企混改。着力构建亲清政商关系，健全常态化服务对接机制，完善民营企业诉求维权机制，引导领导干部光明磊落同民营企业交往，做到无事不扰、有求必应，亲而有度、清而有为。

要鼓励和引导民营企业积极参与基础设施建设运营，支持鼓励民营企业进入公共服务和公用事业领域，鼓励民营企业深度参与各级国资国企改革。要坚决消除政府采购和招投标领域的各类隐性壁垒，政府采购项目要全部实行采购意向公开。同时，要制定并公布山西省特许经营权事项目录，支持各市创新特许经营模式，规范准入退出标准及程序，提高公共资源市场化配置效率。

二　进一步推动市场主体开办经营便利化

要进一步优化营商环境，推行企业开办注销极简审批。在全省推行市场主体登记注册"一网通、一窗办、半日结、零成本"，新设立市场主体首次刻制公章、申领税务 UKey 免费。全面推行"十一税合一"申报，企业个人办税缴费"一网通办"，发票实现全程网上办。推行企业注销登记简易化，使得市场主体进出市场更加便利。

要进一步深化住所、经营场所登记制度改革，推行"一址多照""一照多址"，支持个体工商户线上、线下"一照多址"经营。推进注册改革集群制，通过托管公司为无固定办公场所的创业者和新业态市场主体办理集群登记，并持续优化托管服务。

在全省推行涉企经营许可承诺制，进一步推进"证照分离"，按照取消审批、审批改备案、实行告知承诺、优化审批服务等方式分类推进涉企经营许可事项审批制度改革，使得承诺制成为山西领先全国的亮点性政策。

要进一步提升涉企经营审批效能。全面整合政府信息资源，推动数据资源跨地区、跨部门共享共用。加快建设全省电子营业执照和电子印章同步发放系统，推进电子证照、电子印章一体化应用，实现市场主体身份在线"一次验证、全网通用"。改进税务与人力资源社会保障、医疗保障等部门数据共享方式，实现社保数据"领跑"、缴费人"零跑"。供排水、供电、供气、供暖等小型市政设施接入实行企业零上门、零审批、零投资"三零"服务。

三 发挥各类平台的载体和集聚作用

一是要加快打造一批活力载体。依托农产品加工等特色优势产业，全省首批培育 100 个乡村 e 镇，促进电商、金融、物流、创新等要素聚集。依托龙头景区、三个一号旅游公路推进文旅康养示范区建设，集聚一批住宿、餐饮、文创、康养等方面市场主体，各级财政性资金要加大资金补助和重大文旅项目贷款贴息支持力度。

二是要打造一批网络流量平台。建设山西流量生态园，引导入驻企业实账交易结算，推进山西数字经济加快发展。支持网络货运平台建设，推动网络货运健康发展。全面推进 5G 网络深度覆盖，进一步完善数字经济基础设施。

三是要打造高质量楼宇经济。支持有实力的民营企业以集体合资形式组成联合投资体建设经营民营经济大厦，加大用地支持力度。积极引进世界500 强和中国 500 强企业在晋设立地区总部、功能型总部、采购中心、结算中心、运营中心、消费体验中心、独立核算子公司等，并给予相应的开办资金补助。

四是要打造城市"烟火气"集聚区。建议在市县国土空间规划中合理布局各类城市公共空间、商业区、步行街、商品集散地等，引领城市打造"烟火气"集聚区。积极建设完整居住社区，制定《完整居住社区建设标准》，提升居住社区基本公共服务和便民商业设施配套水平，为各类小微生活服务类经营主体提供发展空间载体，打造"10~15分钟便捷生活圈"，提升城市居住社区"烟火气"。在全省培育夜间经济试点城市，打造一批地标性夜经济生活集聚区，创建一批国家及省级示范步行街、特色商业街区、夜间文旅消费集聚区、旅游休闲街区。

专栏6-5　山西认定省级夜间经济试点城市

2022年10月31日，山西省商务厅公示首批7个省级夜间经济试点城市，包括：太原市迎泽区、晋城市城区、大同市平城区、长治市潞州区、晋城市高平市、阳泉市城区、晋中市介休市。

夜间经济是指晚间6时至次日早上6时产生的消费经济，是现代城市经济的重要组成部分，是经济社会活动在时空上的延伸，是消费增长的新引擎。山西省将以扩大消费、服务民生为导向，突出三晋文化、黄河韵味、塞北风情特色，抓试点、树品牌、优服务，着力打造一批特色鲜明、业态多元、靓丽美观、整洁卫生的城市"夜经济"地标，发展形式多样的夜市消费，更好满足品质化、多元化、便利化消费升级需求，推动形成与高质量发展高品质生活相匹配的夜间经济体系。

四　培育壮大产业主体

山西致力于全面提升市场主体活力，统筹实施企业培育壮大专项行动，持续激发经济发展内生动力。企业是市场经济最重要的主体，要围绕山西重点和特色产业链条，综合实施要素保障政策，支持产业链企业强创新、优品牌、促转型。从产业链角度看，要进一步实施产业链市场主体倍增行动，推进"产业链+市场主体"培育模式；实施产业链重大项目攻坚行动，加快推动产业链重点项目尽快落地达效；实施产业链精准招商引资行动，推动产业链上省内重点企业与国内相关领域重点企业对接来晋投资；实施产业链创新能力提升行动，全面提升产业链关键环节、关键领域、关键产品保障能力；实施产业链金融资本助力行动，积极引导金融机构在服务团队、审批流程、贷款规模、授信条件、融资利率等方面给予专项优惠政策支持；实施产业链供应链保稳行动，建立重点产业链、供应链企业"白名单"，增强企业应对外部环境变化的能力。

五　强化土地环境能耗保障支撑

要进一步完善市场主体的要素保障体系，尤其是要一视同仁地给予民营企业土地、用能、环境容量保障，着力降低企业生产经营成本。

一是优化企业用地供给。建议实施差别化的地价政策，对战略性新兴产业项目可在工业用地以最低价优惠出让。同时，要进一步提升用地审批效率，全面推行国有土地使用权全流程电子化交易。规范占补平衡管理，完善土地指标交易平台建设，简化交易流程，压缩交易时限。

二是进一步推进房屋产权登记交易规范化、便捷化。逐步推进"房证同交""地证同交"改革，全面推广企业不动产登记电子证照。

三是进一步加强企业用能保障。对符合国家产业政策、单位产品能耗总体优于国家行业先进值标准的新兴产业项目实行能耗正面清单管理，对正面清单以外的产业实行能效先进性审批，对绿色能源和绿色制造业试行产业链审批。不将企业生产原料用能纳入能耗双控考核。实施重点用能单位能耗动态监测。

四是加强战略性新兴产业的环境容量保障。要科学配置排污总量指标，推动排污总量指标向战略性新兴产业、低碳环保产业和重大项目等效益更好的领域和企业倾斜。探索实施差别化清洁生产审核，对能耗低、环境影响小的企业应适当简化审核工作程序。进一步开展项目环评承诺制改革试点，豁免部分项目环评审批手续。加强开发区、产业园区规划环评与项目环评联动，简化入区建设项目环评编制内容。

五是进一步降低企业综合物流成本。继续合理推广高速公路差异化收费政策。对城市货运车辆推行网上自助办理通行证。应有序调整地方铁路运价，规范铁路专用线收费标准。充分发挥网络货运信息优势和规模效益，推动分散运输资源集约整合、精准配置。发展太原国家物流枢纽，培育大同、临汾区域物流枢纽，鼓励与京津冀地区共建制造业、农产品、医药等综合物流园，对服务京津冀地区的物流企业涉税事项实时办理。推进农村寄递物流体系全覆盖，对农村地区下行快件给予补贴。

六　加大对创新创业的财税金融支持力度

积极引进省外企业在山西投资和经营，加大对重点企业在晋各地落户的奖补力度。健全对首次创业人员的扶持政策，通过创业担保贷款、财政贴息、税费减免等扶持政策，对符合条件的首次创业人员给予创业补贴。同时，对新创业失败人员给予一定的社会保险补贴，激励各类人员勇于创新创业。探索开展人才创业保险制度，符合条件的行业可享受保费全额补贴。高规格举办创业大赛，对进入决赛的创客团队奖励开办费，并开展后续跟踪孵化。进一步支持和鼓励高校、科研院所等事业单位科研人员创新创业。事业单位科研人员在职创办企业或离岗创业的，同样要给予创业补贴和创业失败人员社会保险补贴等。

强化普惠性融资担保服务。通过财政增资、争取国家融资担保基金股权投资等方式，扩大省级政府性融资再担保机构资本规模。建立健全担保体系与风险分担合作模式，构建以融资担保放大倍数为导向的考核机制，推动担保服务覆盖市场主体数量倍增。

鼓励银行创新融资方式，加大对中小微企业和实体经济的金融支持力度。要加强"信易贷"平台对税务、市场监管、社保、公积金缴纳等信息的归集，支撑服务中小微企业信贷风险识别及贷款发放。建议允许

"链主"企业以应付账款开展融资。

健全股权投融资体系。建议省市两级设立天使投资基金,培育壮大风投创投市场主体,支持国有股权投资机构适当放宽返投比例,吸引优质基金管理人来晋创业。加快实施企业上市倍增计划,提高企业的直接融资比重。

七 构建精准高效完善的服务机制

要进一步完善对企业及其他市场主体的服务机制,提升企业获得感,让企业安心经营,全力创新发展。

一是要完善常态化服务企业机制,建立重大诉求反馈的"绿色通道"。各市也建立常态化入企服务机制,做到"有呼必应、无事不扰"。

二是进一步完善涉企政策制定、发布和执行机制。制定与民营企业生产经营密切相关的政策措施,应当充分听取相关民营企业、商协会的意见。涉及民营企业的政策实施应当保持连续性和稳定性,基于公共利益确需调整的,应当设置过渡期。建立全省统一惠企政策"一站式"发布平台,健全市场主体财政资金网上公开办理制度,实行普惠性优惠政策"免申即享"。

三是要进一步实行柔性执法。对违法违规情节轻微且及时纠正、没有造成危害后果的市场主体,实行"首次不罚、告诫到位、下不为例"政策。严格规范行使行政处罚裁量权,完善涉企重大处罚集体讨论决策制度,坚决杜绝涉企执法过程中的"吃拿卡要"等问题。对市场主体财产慎用查扣冻结措施,对民营企业家严格执行羁押必要性审查制度,慎用拘留、逮捕等强制措施。完善市场主体信用修复机制,帮助已修复信用的市场主体及时停止公示失信信息。

第四节 打造区域创新平台

山西是典型的资源型和欠发达省份,创新不足的素质性矛盾突出,严重抑制了传统产业转型升级和新兴产业持续壮大,也限制了山西经济的长期竞争力。当前，山西正处于资源型经济转型发展的关键期，发展动能的创新转换十分重要。但是，山西仍存在科技创新素质不高，创新平台偏少，研发投入不足，科技人才总量较少、结构不优，支持科技创新的金融服务、中介服务供给不足的问题和矛盾，深层次看，是体制上存有缺陷、制度上存有缺失、机制上存有缺点。因此，要把创新驱动放在转型发展全局中的核心位置，深入实施创新驱动、科教兴省、人才强省战略，打造多层级的区域性创新平台，构建全生命周期服务的创新生态，实现政、产、学、研、用主体贯通，人才、金融、土地、数据要素汇聚，重塑山西创新环境和产业结构，打造核心竞争力，为转型发展提供坚实的支撑。

一　聚焦目标全面发力

要把山西打造成为"三区一高地两标杆"。一是打造高质量转型发展创新生态示范区，用足用好国家资源型经济转型综合配套改革试验区政策，在区域层面形成创新生态优化的示范。二是打造科技管理体制机制重塑性改革示范区。以深化新一轮科技体制改革为引领，做好全省科技体制机制重塑性改革的后半篇文章，蹚出举国体制"山西实践"新路子。三是打造国家科技成果转移转化示范区。大力产出、吸纳一流科技成果，着力打造成果集聚—中试—产业化应用的完整链条，打造区域科技成果转移转化示范区。四是打造内陆地区科技开放合作新高地。牢固树立内陆和沿海同处开放一线的理念，建立"一带一路"科技合作基地，嵌入京津冀、长三角、粤港澳大湾区等创新区域，提升科技开放能级。五是打造先进制造业创新转型标杆。支持钢铁、有色等传统优势行业加快数字化、网络化、智能化发展，全力打造信创、大数据、半导体等标志性引领性产业集群，以先进制造业创新带动转型发展。六是打造黄河流域生态保护和高质量发展创新标杆。建立健全生态文明体制机制，落实好能源技术革命改革试点任务，实现可持续、高质量创新发展。

聚焦战略科技力量建设，围绕重点发展的战略性新兴产业集群，布局建设重大科技基础设施、重点实验室、技术创新中心、工程研究中心等一流创新平台，努力建设区域性重要创新高地，全力推动实现"3个突破""5个倍增""2个全覆盖"。

专栏 6-6　山西区域创新发展目标

根据《山西省"十四五"打造一流创新生态，实施创新驱动、科教兴省、人才强省战略规划》，到 2025 年，在创新驱动方面要实现"3个突破""5个倍增""2个全覆盖"。

实现 3 个突破。力争国家实验室、国家大科学装置和国家超算中心在山西布局，实现三个"零"的突破。

实现 5 个倍增。力争国家级重点实验室总数倍增，达到 10 个；省级重点实验室（含省实验室）数量倍增，达到 210 个；研发经费投入 5 年实现倍增；高新技术企业数量实现倍增，达到 5000 家以上；高科技领军企业达到 100 家；技术合同成交总额实现倍增，达到 530 亿元以上。

完成 2 个全覆盖。实现战略性重点产业集群中试基地全覆盖；规模以上工业企业创新活动保持全覆盖。

二　打造山西的战略科技力量

加强顶层设计，面向国家重大战略需求，按照国家实验室建设要求，对标已有国家重大科学装置，发挥山西特色优势，集聚省内外创新资源，加强基础研究、前沿高技术研究，主动参与国家战略科技力量建设。重组重点实验室体系，围绕重点产业集群发展建设高水平重点实验室。加大中试投入，发展多种形式的中试基地，形成覆盖战略性新兴产业主要领域的中试体系。

培育国家实验室。主动聚焦"量子科技中的关键科学与技术问题""煤炭绿色低碳清洁利用""杂粮种质创新与分子育种"，争取布局国家实验室和参与组建分中心。

布局大科学装置。高水平谋划大科学装置，布局建设大科学装置和交叉前沿研究平台。面向"基于量子光源的引力波探测"领域，探索将废弃矿井改造为基于量子光源的引力波探测科学研究基地。支持山西大学深化与知名院校合作，重点攻关量子信息、精密测量、激光离子加速器等领域先进技术，加快极端光学装置项目建设。引进清华大学大型发电设备安全控制和仿真国家重点实验室，加快建立覆盖能源互联网主要技术的科技基础设施和实验平台。

打造 E 级规模国家超算中心。突出国家目标，面向国家重大战略需求，力争构建全国大数据一体化算力枢纽节点，在国家战略科技力量建设中做出山西贡献。

建设国家技术创新中心。面向国家能源安全战略，由省内主要煤企牵头，建设煤炭大型气化国家技术创新中心，构建从煤气化原料、工艺、装备研究、中试验证到产业孵化的全流程产业技术创新体系，形成完整的技术供应链。

重组重点实验室体系。实施国家重点实验室"保5争5"行动，提升优化已有的 2 个学科类国家重点实验室和 3 个企业国家重点实验室，力争达到国家重组重点实验室标准。重点支持与产业结合紧密、研发总体实力居国内领先的机构开展"一对一"重点培育，争取"十四五"进入国家重点实验室队伍。面向战略性重点产业领域，布局建设山西省实验室，择优培育国家和省重点实验室联合共建省实验室。重组优化现有省重点实验室，加快新建一批省重点实验室，探索厅市共建重点实验室。

整合组建科技信息资源平台。集成中央在晋机构、科研院所、高校、行业与地区情报机构的科技文献信息资源，建成集资源整合、分析工具、智能检索和最新成果展示于一体的"一站式"科技情报信息共享平台。整合现有科技报告系统、科技项目管理系统，积极开发追踪全球创新人才系统、国际国内最新科技成果和获奖成果系统，搭建直通企业、高校、科研院所的信息服务平台。利用科技文献大数据平台挖掘知识、发现知识的优势，跟踪热点科研成果和科技人才。

建设科技成果转化中试基地。聚焦重点需求，完善引导、激励机制，到2023年首先在标志性引领性产业集群实现中试基地全覆盖。创新建设模式，鼓励龙头企业牵头建立中试基地。建立中试基地技术转移和产业化服务体系，把中试成果的评估评价作为促进科技成果转移转化的重要依据。建立市场化的中试利益分配机制，按照中试合同约定分配中试成果产权，推动中试合作有序开展。强化中试基地开放共享，逐步优化共享标准和机制，形成布局合理、开放共享、资源利用高效的中试共享系统。加大中试投入，建立适应不同产业的中试合作机制，推进中试资源共享。

三 打造"双创"支撑体系

以激发市场活力和社会创造力为主线，推动全省创新创业高质量发展、打造"双创"升级版。全面推进"智创城"建设，推进综合性众创空间向专业化方向发展。加强高新区创新资源配置和产业发展统筹，支撑创新型产业集群发展，加强创新型市县建设。

推进智创城建设。第一批布局建设15个智创城，其中山西转型综改示范区3个，太原2个，其余各设区市分别布局1个。在此基础上，再择优建设一批智创城，打造"山西智创城"品牌。打造智创城双创升级版，聚焦智慧、智能、智力，加快推进已布局规划的智创城建设，高标准打造智创城创新生态小气候。引入一流双创运营团队，构建"创业苗圃+孵化器+加速器+产业园"的双创全产业链培育体系，提供"空间+孵化+基金+服务+生态"的双创全链条服务。

推进专业众创空间建设。鼓励全省综合性众创空间向专业化方向发展，面向区域内细分市场实施精准孵化，力争新建或转型5家以上。率先推进山西转型综改示范区、国家级高新技术产业开发区和经济开发区加快向专业众创空间、专业孵化器转型。引导高校、科研院所、省属国有企业、行业龙头民营企业建设专业孵化器和专业众创空间。鼓励专业众创空间自建孵化器、加速器或与其他孵化器、加速器合作。

支持高新区质量提升。支持高新区建设，把高新区建成高质量发展的重要载体，引导高新区内企业进一步加大研发投入。建立健全研发和知识产权管理体系，加强商标品牌建设。实施一批引领型重大项目和新技术应用示范工程，构建多元化应用场景，发展新技术、新产品、新业态、新模式。探索实行包容审慎的新兴产业市场准入和行业监管模式。

加强创新型市县建设。深入推进太原国家可持续发展议程创新示范区建设。推动太原市国家创新型城市、交城国家创新型县建设。新推动建设1~2个国家创新型城市、3~5个国家创新型县（市、区），增强高端辐射与引领作用。

四　培育一流创新主体

以提升企业技术创新能力为目标，强化企业创新主体地位，推进创新软硬件环境不断改善，促进各类创新要素向企业集聚，聚焦重点产业集群，率先打造创新生态子系统。

强化企业创新主体地位。促进各类创新要素向企业集聚，推进以企业为主体、以市场为导向、产学研深度融合的技术创新体系建设。实施规模以上工业企业研发提升工程和科技型企业"提质倍增"工程，引导大型企业发挥人员、资金、设备等优势，主动担当成为科技创新主力军，推动高新技术企业和科技型中小企业加大科技研发投入，实现依靠创新支撑的企业发展新路径。

实施规模以上工业企业研发提升工程。巩固提升规模以上工业企业研发活动全覆盖。鼓励大企业加快创建企业技术中心、技术创新中心、产业技术创新联盟等高水平创新平台，开展关键共性技术和"卡脖子"

技术攻关。引导中小企业与高校、科研院所、大企业配套协作，组建新型研发机构。鼓励高科技领军企业带动本行业企业开展创新活动，支持领军企业组建创新联合体。鼓励建设大中小企业融通发展平台，向中小企业开放资源，构建大中小企业融通创新生态。实施科技型企业"提质倍增"工程。加快实施高新技术企业和科技型中小企业"双倍增"行动计划。推动科技型中小企业"专精特新"发展，完善高新技术企业梯队培育机制，发现、培育、引进一批科技小巨人、单项冠军、瞪羚企业和独角兽企业。

积极建设新型研发机构。聚焦产业发展需求和关键技术研发，推动产学研深度合作，加快产业技术研究中心、联合实验室、科技创新中心等新型研发机构建设，推动协同攻坚，支撑高质量发展。建设多种类新型研发机构，打通基础研究到产业化的创新链条，支撑产业基础高级化和产业链现代化。建设海外新型研发机构，探索在创新大国、关键小国设立国际联合实验室、海外研发机构和创新孵化中心，引进转化一批重大科研成果。积极参与大科学计划与工程，共建"一带一路"国际合作平台，构建开放共享的创新创业生态。组建新型研发机构联盟，坚持协同导向，强化高校、科研机构、企业等创新主体的交流合作、协同攻关，跨领域、跨单位整合创新资源。鼓励省内新型研发机构组建联盟协同发展，推动多部门、多单位、全链条协同创新，打造优势互补的创新共同体。

优化产业创新生态。实施产业链一体化创新生态配套专项行动，围绕先进制造、绿色能源、数字产业统筹推进战略性新兴产业、特色优势产业和传统产业创新生态建设，打造产业创新领先方队，推进战略性新兴产业创新生态全覆盖。以绿色低碳发展为路径，加强能源资源的节约集约利用，全力支撑先进制造业发展迈出更新更大步伐。打造产业创新领先方队，在大数据、半导体和新材料、智能制造等产业率先形成创新生态子系统。加快突破一批行业共性、关键重大技术，建成一批国家级、省级重大创新平台，培育一批高科技领军企业。推进新兴产业创新生态全覆盖，在战略性新兴产业和重点领域，统筹布局高水平研发平台和中试基地，探索关键核心技术集成攻关机制，采取创新引领、项目带动、链式布局、园区承载模式，着力构建以龙头企业为牵引的"龙头企业+研发机构+配套企业+产业基金+政府服务+开发区落地"产业创新生态。

第七章　加强生态共生，形成区域绿色发展新面貌

树牢"绿水青山就是金山银山"理念，以"两山七河一流域"为主战场，坚持生态优先、保护优先原则，山水林田湖草一体治理，治山、治水、治气、治城一体推进，实现区域生态同建、污染同治，推进区域生态环境质量的全面提升和改善，实现有天同蓝、有山同绿、有水同清，以绿色发展促进区域协调发展，建设人与自然和谐共生的美丽山西。

第一节　推动黄河流域生态保护

扎实推进黄河流域生态保护和高质量发展，坚持整体保护、系统修复、综合治理，统筹黄河流经县和流域县、沿黄沿汾区域协同发展，构建"两带两屏"生态保护和绿色发展空间格局，全面提升黄河生态系统质量和生态价值，推动黄河成为造福三晋人民的幸福河。

一　有序开展水土流失治理

以沿黄区域为重点，推进国家水土保持重点工程、黄土高原塬面保护工程、坡耕地水土流失治理工程、淤地坝建设工程、京津风沙源治理工程、水利水保项目等重点工程建设，加快黄河流域水土流失治理。以小流域为单元开展山水田林路统筹规划、坡沟梁峁川综合治理。开展清河行动和滩区综合治理，逐步恢复河流生物群落系统。加强林草植被和

治理成果管护，推进黄河流域护岸林工程、荒山绿化工程、晋西太德塬等固沟保塬工程建设，全面预防水土流失。

黄河流域吕梁山范围开展以旱作梯田和淤地坝建设为重点、以小流域为单元的山水田林路综合治理，合理配置工程、植物、耕作等措施，形成综合治理体系；东部太行山继续加强林草植被建设和治理成果管护，实施封育保护，促进自然修复。对水土流失严重区、革命老区、脱贫人口集中的区域开展重点治理。继续实施国家水土保持重点建设、淤地坝、旱作梯田、黄土高原塬面保护等工程，加快推进山西沿黄生态廊道建设。因地制宜发展生态清洁型、生态经济型、生态景观型、生态安全型等水土保持治理开发模式，以"保水、增绿"为目标，持续巩固水土保持生态治理成果，逐步建立健全水土保持生态产品价值实现机制，将当地生态优势变为产业优势、经济优势，实现水土保持生态产业化和产业生态化。

二　严格水资源消耗总量和强度"双控"

以节水为前提，全面加强水资源节约、开发、利用、保护、配置、调度各环节管控和监督考核，合理规划城镇规模、产业布局，推动经济社会发展与水资源承载能力相适应。在生态脆弱、严重缺水和地下水超采区，严格控制高耗水行业新建、改建、扩建项目，推进高耗水企业向水资源条件允许的工业园区集中。建立水资源论证区域评估制度。进一步加强节水评价工作，完善节水用水制度管理体系。不断完善节水标准体系，定期修订用水定额标准。发挥用水定额的导向和约束作用，从严核定用水户取水规模，严格用水总量控制和定额管理。

三　推进重点领域节水和节水型社会建设

深入贯彻新时期"十六字"治水思路，完善"政府主导、水利抓总、有关部门分工负责"的节水管理体制，实施深度节水控水行动，加强工业、农业和城镇等重点领域节水提标改造，推动节水型社会建设，加快形成全社会节水型生产生活方式和长效机制。

大力推进农业节水增效。加快以黄河流域大中型灌区为重点的灌区现代化节水改造，大力发展节水灌溉，推进适水种植、量水生产，建立节水型农业种植模式，培育节水品种。积极推广低压管道输水灌溉、喷灌、微灌、滴灌、集雨补灌、覆盖保墒等技术和蔬菜、果品等特色种植区水肥一体化技术。加快发展旱作农业，在地下水严重超采地区，实施轮作休耕，积极发展集雨节灌。推进农村生活节水，推行农村集中供水工程水费以量计征、工程以费管养。推进农业水价改革，建立健全精准补贴与节水奖励机制。

深入开展工业节水减排。完善供用水计量体系和在线监测系统，强化生产用水管理。大力推广高效冷却、循环用水、高耗水生产工艺替代等节水工艺和技术，推进污水资源化利用实施方案落地见效。支持企业开展节水技术改造和再生水回用改造，对重点用水企业定期依法开展水平衡测试、用水审计及水效对标，对超过取用水定额标准的企业限期实施节水改造。推进企业和园区开展节水及水循环利用改造，推动企业间串联用水、分质用水、一水多用和循环梯级利用，促进企业间用水系统集成优化。创建节水标杆企业和节水标杆园区。

全面加强城镇节水降损。将系统性节水落实到城市规划、建设、改造和管理各环节，推进城镇节水改造，全面推进节水型城市建设。推广海绵城市建设模式，构建城镇高效供水系统。重点抓好污水再利用设施建设与改造，提升再生水利用水平，构建城镇良性水循环系统。持续推进老旧供水管网改造，完善供水管网检漏制度，推进城镇供水管网分区计量，建立精细化管理平台和漏损管控体系。推进公共领域节水，城市园林绿化选用适合耐旱型植被，采用高效节水灌溉和中水灌溉的方式。开展公共机构节水诊断和节水标杆建设，推广绿色建筑节水措施，在公共建筑和居民家庭全面推广使用节水器具。从严控制洗浴、洗车、高尔夫球场、人工滑雪（冰）场、洗涤、宾馆等行业用水定额，推广循环用水技术、设备和工艺。

第二节　加强"两山七河"生态保护和修复

坚持高标准保护，全面推进森林、草原等生态系统保护修复，大规模营造生态林，多树种配置景观林，促进绿化彩化财化同步推进，增绿增景增收有机统一，提高生态系统承载能力，构筑黄河中游生态屏障和环京津冀生态安全屏障。

一　筑牢太行山吕梁山绿色生态屏障

全面推行林长制，实施林草生态保护修复工程，统筹推进太行山、吕梁山生态产业化和产业生态化同步提速提质。全面推进吕梁山生态脆弱区修复，深化太行山环京津冀生态屏障区建设。健全沙地用途管制和沙区植被保护制度，加大沙化土地治理力度。强化矿山生态修复，推进大同煤矿区、平朔煤矿区等13个重点治理区和14个一般治理区的修复工程。完善以林长制牵引、以标准化实施、以市场化带动的林草治理新体系。推进森林防火和有害生物防治，保护林草生态资源的原真性和完整性。加强自然保护地体系建设，建立以国家公园为主体的自然保护地体系，积极推进太行山（中条山）国家公园创建。统筹规划各类自然保护地，构建自然保护地分级分类管理体制，建设一批森林公园、风景名胜区、沙漠公园等自然公园。实施生物多样性保护工程，加强对金钱豹和其他极小种群野生动植物拯救性保护。开展野生动物重要栖息地恢复，扩大野生动植物生存空间。

二　推进"七河"生态修复治理

坚持以水生态环境质量提升为核心，统筹水资源节约利用，开展水生态评估，维护水生态安全格局，实现"七河"清水永续长流。

打造青云素波、两岸锦绣新汾河。合理利用雨水、污水资源，加快推进太原、临汾、运城等地下水超采区综合治理，深入推进"五水"济汾，切实保障汾河生态流量。加强流域入河排污口监管，实现全面达标排放，实施流域水污染物总量控制。推进汾河上游娄烦—古交段生态保护与修复、汾河百公里中游示范区生态修复及潇河流域综合治理，再现古晋阳"汾河晚渡"美景。实施汾河下游干流及入黄口生态保护与修复等工程，持续推进汾河"水量丰起来、水质好起来、风光美起来"。

打造水草丰美、五彩缤纷桑干河。加大管涔山、恒山、洪涛山水源涵养林建设力度，实施万家寨引黄工程北干线向桑干河—永定河生态补水工程，保障永定河上游生态补水。深入推进朔州、大同盆地水污染治理，补齐城镇生活污水治理短板，实施朔州市七里河、大同市御河、十里河、桑干河朔州—大同段水系综合整治等工程。统筹推进桑干河山水矿城林田湖系统治理，打造具有生态涵养、景观旅游等多重价值的生态大动脉。

打造水波荡漾、人水和谐滹沱河。加强滹沱河源头保护，加大五台山生态保护力度，强化云中山、系舟山水源涵养林建设，深入推进娘子关泉等岩溶大泉保护。在水质稳定改善、生态基流有保障的河段，强化河流生态系统建设，提升河流生物多样性。强化忻定盆地、阳泉市区水污染防治，减少汛期生活污水直排入河，实施滹沱河源头、繁峙段、代县段及南云中河河道综合整治，促进滹沱河干支流水环境质量改善。

打造桑榆汗浸、城水相依大漳河。加大漳河流域水源涵养林建设力度，推进云竹湖、千泉湖、精卫湖及榆社漳河源湿地等保护修复，加强清漳河干支流及浊漳北源、绛河、淅河等河流和辛安泉保护。推进煤炭开采水资源保护，加大煤矿矿井水综合利用力度。实施长治浊漳河干流重点河道治理及浊漳南源河道治理，强化漳河干流及主要支流沿岸煤化工企业水环境风险防控，减少河道水质污染，改善浊漳南源、浊漳西源、石子河、陶清河等支流水环境质量。

打造碧水长流、钟灵毓秀美沁河。探索建立沁河流域闸坝、水库联合调度机制，促进河流纵向连通，确保河流生态流量。实施太行山水土保持与矿山生态修复，重点保护沁河源头、张峰水库、沁河出境区、丹河出境区等良好水体。提升晋城城区、高平等城镇生活污水处理能力，加强煤层气采排水处理与回用，开展煤化工行业水污染治理，深入推进沁河干流阳城、沁水段生态修复及支流芦苇河、长河治理，建设河流人工湿地，有效改善入河水质。

打造丰美清亮、鸥鹭齐飞涑水河。依托大水网小浪底引黄工程，推进农业灌溉输水与河流生态补水相结合，确保涑水河干流河道生态用水。加大流域工业和城镇生活污水治理及中水回用力度，实现污水资源化。加强涉重金属企业废水治理。保护白沙河等良好水体，重点治理涑水河下游，实施盐湖以及支流官道河生态保护与修复，开展姚暹渠综合整治，改善涑水河下游水质。

打造山水相映、绿韵清波大清河。加强唐河、沙河、青羊河上游水体保护，推进城头会泉域重点保护区建设。开展唐河、沙河干流河道治理、灵丘县大清河上游三河（县城段）生态修复综合治理。健全灵丘县城镇配套管网，推进灵丘县污水处理厂提标改造，开展沿河农村综合整治，严控污水直排入河。

努力绘制沿黄支流水清岸绿美好画卷。重点保护苍头河、岚漪河、三川河上游、鄂河、昕水河、芝河、州川河、板涧河、亳清河、曹河等良好水体，深入治理三川河中下游、南川河、湫水河、屈产河、蔚汾河、偏关河、朱家川河等沿黄支流，全面消除劣 V 类断面。

三 推进"五湖"生态修复治理

以"五湖"（晋阳湖、漳泽湖、云竹湖、盐湖、伍姓湖）为重点，综合运用空间管控、水系连通、污染防治、生态修复和园林景观等措施，维护山西健康湖库生态系统的良性循环，推动湖库生态保护和产业深度融合，实现山水田园和城市宜居自然生态之美。

打造文景相依晋阳湖，靓丽省城绿色名片。通过河湖连通，增强湖水流动性，加大晋阳古城遗址保护和文化挖掘力度，强化湖区自然生态景观与人文遗产交融，形成"山湖一体、河湖连通、城景交融、历史与现代融合、人文与自然辉映"的省城绿色发展名片。

打造生态格致漳泽湖，构筑城市健康绿心。进一步加大水污染防治力度，改善湖区水质，做好湖（库）区周边生态空间管控，建设漳泽湖山水林田湖草生态系统国家示范区。

打造生态舒卷云竹湖，创建太行康养胜地。在满足晋中东山供水工程调蓄要求的基础上，合理调整湖（库）岸开发规划，优化林草布局，加大湖（库）区周边农村生活污水和面源污染治理力度，加强生物多样性保护，恢复自然生态湿地景观，实现湖区山水林田湖草生态系统良性循环。

打造色彩斑斓大盐湖，守望河东古韵风貌。实施"一湖四滩"（盐湖、硝池滩、鸭子滩、汤里滩、北门滩）系统规划和综合治理，加大水污染治理力度，构建科学合理的调蓄水系统，形成以文化旅游为主体的产业体系，遏制盐湖生态退化趋势，保持东侧七彩盐田景观。

打造湖波泮森伍姓湖，再现舜乡如画明珠。实施涑水河流域系统治理，突出自然湿地和城郊湿地公园功能，以水污染防治为核心，强化河湖连通、上下游系统治理，提升伍姓湖水质，改善湿地生态景观。

四　实施重点生态保护修复工程

加强岩溶大泉和湿地保护。实施岩溶大泉生态保护修复工程，健全地下水位监测网络，严格限制泉域范围内取用地下水，涵养保护"华北水塔"。加强对泉域范围内采矿企业的取用水管理，有效减缓地下水水位总体下降趋势，推动晋祠泉实现自然复流。推进重点湿地自然保护区、湿地公园建设。运用工程生物技术，重建恢复湿地生物群落。完善湿地分级管理体系，建立健全湿地用途监管机制、退化湿地修复制度和湿地监测评价体系。

持续推进地下水超采综合治理。以地下水超载地区为重点，按照"先建机制、后建工程"的要求，在地下水超采区和地表水供水工程覆盖的城市及盆地区，通过采取强化节水、结构调整、置换水源、再生水利用、禁采限采等措施，压减地下水开采量，多渠道增加水源补给，加强地下水超采区治理。建立完善超采区考核评价机制和退出机制，健全地下水利用与保护长效机制。严格控制地下水开采总量，逐步恢复地下水的涵养能力，将地下水作为应对干旱年份和极端干旱年份的战略储备资源。

推进城乡饮用水水源安全保护工程。深入推进城乡饮用水水源保护，加强生态防护和治理、水量优化调度。开展地下水集中饮用水水源地保护，合理确定管控水位，严格取水管理。开展汾河水库、松塔水库地表水源地水源涵养。加强部门联动，推动水源污染防治和沿河湖排污口优化及整治。加强农村饮用水水源保护，提升农村饮水安全检测能力和监管水平。

第三节　强化环境综合治理

推进区域协调绿色发展，要以提高环境质量为核心，坚持治山、治水、治气、治城一体推进，加强农业、工业、生活等重点领域的环境综合整治，推行全流域、跨区域联防联控和城乡协同治理模式，持续提升生态承载力，实现区域环境质量明显改善，为全方位推动山西高质量发展营造良好的生态环境。

一　深入开展碳达峰山西行动

聚焦 2030 年前实现碳达峰目标，科学合理设定指标，推进减污降碳协同增效，促进产业生态化和生态产业化同步提速。探索"双碳"目标实现路径，推动能耗"双控"向碳排放总量和强度"双控"转变，加快形成减污降碳激励约束机制。突出绿色化，推动传统优势产业降能耗、提能效，坚持把提高能效作为降低能耗的主攻方向，着力降低单位产出能源资源消耗和碳排放。巩固提升碳汇能力，推进碳排放权市场化交易，积极参与国家碳市场交易，探索建立碳汇补偿和交易机制。积极推进近零碳排放示范工程、碳达峰试点示范建设，支持有条件的城市和园区申建国家级碳达峰试点，深化晋城市国家低碳试点及太原市、朔州市等省级低碳试点建设。

扎实推进重点领域节能降碳，有力有序实施重点行业能效提升行动，在煤电、钢铁、有色、焦化、化工、建材"六大"高耗能行业严格落实能耗双控行动方案，坚持"上大压小、产能置换、淘汰落后、先立后破"，坚决遏制"两高"项目盲目发展，加大节能降耗技术改造力度，持续降低能耗强度，能效水平要全面达到全国平均水平。落实新增可再生能源和原料用能不纳入能源消费总量控制政策，加快推进能源、工业、交通运输、城乡建设等领域绿色低碳转型。倡导绿色消费，增加绿色产品和服务供给，推动衣食住行用游全过程绿色升级。推行城市生活垃圾分类和减量化处理、资源化利用，在全社会倡导简约适度、绿色低碳的生活方式。

二 合力改善大气环境质量

推动重点区域联防联控。以"2+26"城市（太原、阳泉、长治、晋城）、汾渭平原（吕梁、晋中、临汾、运城）和太原及周边"1+30"区域为重点，强化重点区域协同治理。进一步加强区域大气污染联防联控，加强城市大气质量达标管理，落实汾渭平原城市群大气污染协同控制机制。建立重污染天气监测预警、预报、会商、信息通报和数据共享机制，区域内县（市、区）统一应急预警和监管要求，开展异地交叉联合执法和重点行业新建项目环评会商，促进区域空气质量大幅改善。深化太原及周边"1+30"生态环境一体化发展，实施"锦绣太原城"生态环境治理工程，推动太原生态环境质量整体提升。

加强煤炭清洁化利用。持续推进清洁取暖改造，进一步扩大清洁取暖覆盖面，加快推进大同、朔州、忻州3市农村地区清洁取暖改造，力争实现全省平原地区散煤清零。巩固已完成改造地区的清洁取暖成果，开展清洁取暖运行状况评估，持续做好农村"煤改气""煤改电"等清洁取暖补贴政策延续，鼓励社会和民间资本投资清洁取暖供热领域。落实好天然气（煤层气）、电力供应和热源保障措施，在山区等暂不具备清洁能源替代条件的地区，做好洁净煤保底，严格管控煤炭质量。加快推进农业生产用煤清洁化替代。深入推进工业煤炭清洁利用，按照煤炭集中使用、清洁利用原则，深入实施燃煤锅炉和工业炉窑清洁能源替代。加快推进大同、朔州、忻州 3 市 35 蒸吨/小时以下燃煤锅炉淘汰，实现全省范围内 35 蒸吨/小时以下燃煤锅炉清零。全面加大锅炉监管力度，保留锅炉稳定达标排放。建设集中供汽供热或清洁低碳能源中心，替代工业炉窑燃料用煤。推进煤炭分质分级梯级利用，探索"分质分级、能化结合、集成联产"的新型煤炭利用方式，推进煤电热一体化发展。

全面推进重点行业深度治理。实施重点行业氮氧化物等污染物协同减排。全面完成钢铁、焦化、水泥行业超低排放改造，对有组织、无组织排放及清洁运输等环节开展全过程、高标准、系统化整治，并建设完善无组织排放监控系统。加强自备燃煤机组污染治理设施运行管控，确保稳定达到超低排放标准要求。加大工业炉窑深度治理力度，稳步推进铸造、铁合金、陶瓷、耐火材料、砖瓦、石灰等行业工业炉窑全面达标排放，严格控制物料储存、输送及生产工艺过程的无组织排放。加强煤炭等粉粒物料堆场扬尘控制，全面完成抑尘设施建设和物料输送系统封闭改造。电解铝行业建设热残极冷却过程封闭高效烟气收集系统，实现残极冷却烟气有效处理。加强重点行业挥发性有机物综合治理。建立焦化、化工、工业涂装、包装印刷、石化等重点行业挥发性有机物全过程控制体系。大力推动低挥发性有机物物料源头替代，全面推进使用低挥发性有机物含量的涂料、油墨、胶粘剂、清洁剂等。开展涉挥发性有机物储罐排查，逐步取消化工、制药、石化、工业涂装、包装印刷等企业非必要的挥发性有机物废气排放系统旁路。推进工业园区、企业集群因地制宜建设涉挥发性有机物"绿岛"项目，推动涂装类产业集群取缔分散涂装工序，统筹规划、分类建设集中涂装中心并配备高效废气治理设施。推进有机溶剂使用量大的产业集群建设有机溶剂集中回收处置中心。鼓励活性炭使用量大的产业集群建设区域性活性炭集中再生基地。推进加油站、储油库和油品运输行业油气回收设施建设，强化油气回收设施运行监管。加大餐饮油烟污染治理力度。加强汽修行业挥发性有机物综合治理。

切实加强移动源污染防治。强化油路车联合防控，开展新生产机动车、发动机、柴油机械监督检查。压实车辆使用环节监督责任，加大柴油货车污染治理力度。严格实施汽柴油质量标准，强化油品生产、销售、储存和使用环节监管。推进非道路移动源污染治理，强化非道路移动机械排放控制区管控，逐步扩大禁止使用高排放非道路移动机械区域范围。鼓励优先使用新能源或清洁能源非道路移动机械，除消防、救护等应急保障外，机场、铁路货场、物流园区等新增或更新的场内作业车辆和机械基本实现新能源化。推动老旧燃油工程机械淘汰。

全面加强面源污染防治。提高扬尘精细化管理水平，全面推行绿色施工，建筑工地严格落实扬尘治理"六个百分之百"管控措施。强化道路扬尘综合治理，推进城市道路低尘机械化清扫作业，有效管控渣土运输扬尘，渣土车实施硬覆盖与全密闭运输，严格按规定路线行驶和倾倒。加强煤矿企业厂区道路、厂区与周边道路连接路段的路面硬化。持续开展城乡环境整治工程，加强城市裸地扬尘污染控制，关闭城市规划区范围内露天矿山，对遗留场地进行生态修复或采取抑尘措施。探索开展大气氨排放控制，建立大气氨规范化排放清单，摸清重点排放源。加强固定源烟气脱硝和氨法脱硫过程中氨逃逸防控，探索开展火电、氮肥、纯碱等重点行业氨排放控制。推进养殖业、种植业大气氨减排，加强源头防控，优化肥料、饲料结构。探索开展大型规模化养殖场大气氨排放总量控制。

三 强化水污染治理

实施入河排污口整治。采取生态沟渠、净水塘坑、跌水复氧、人工湿地等措施，进一步提升分布在汾河干流和主要支流上的入河排污口水质。对入河排污口进行高标准治理、规范化建设，并配套建设入河排污口监测、计量设施，严格控制入河排污总量。积极推动堤外人工湿地建设，在有条件的汾河两岸入河排污口，沿黄兴县、临县、柳林县、石楼县、临猗县等重点国考断面涉及的城镇生活污水处理厂出水口及进水管道溢流口配套实施人工湿地水质改善工程，提升排水入河前"最后一公里"治理效能。

推进工业污水"零排放"。对黄河干流沿岸新上项目，应以布局文化旅游生态项目为主，对新上的其他项目实施最严格的环保准入条件。严禁在黄河干流及主要支流临岸一定范围内新建"两高一资"项目及相关产业园区，对临岸一公里范围内已有的"两高一资"项目要分行业、分时段有序退出。强化工业集聚区水污染治理，推进清徐县、介休市等新增省级及以上工业集聚区污水集中治理，建设科学有效、布局合理的污水集中处理设施，实现达标排放。以体制机制创新为切入点，实现废污水收集、处理、回用、排放各环节良性运行。积极推动工业废水资源化利用，开展企业用水审计、水效对标和节水改造，推进企业内部工业用水循环利用，提高重复利用率。推进开发区（园区）内企业间用水系统集成优化，实现串联用水、分质用水、一水多用和梯级利用。提高工业企业、开发区（园区）运营管理水平，确保工业废水达标排放。鼓励开发区（园区）实现工业废水"零直排"。开展工业废水再生利用水质监测评价和用水管理，推动重点用水企业搭建工业废水循环利用智慧管理平台。

强化城镇污水治理。加快城镇污水处理设施建设与改造，基本实现城镇生活污水全收集全处理。统筹考虑城镇（含易地扶贫搬迁后）人口容量和分布，坚持集中与分散相结合，科学确定城镇污水处理厂的布局、规模，实现生活污水集中处理设施全覆盖。加快推动城镇生活污水资源化利用，全面系统分析本地区工业生产、生态（景观）、城市杂用等领域的用水现状及未来需求，实施以需定供、分质用水。以现有城镇污水处理厂为基础，结合实际合理布局再生水利用基础设施。严格执行国家规定水质标准，在推广再生水用于工业生产、城市景观水体和市政的同时，通过逐段补水的方式将再生水作为河湖湿地生态来水。具备条件的地区可以采用分散式、小型化的处理回用设施，对市政管网未覆盖的住宅小区、学校、企事业单位的生活污水进行达标处理后实现就近回用。火电、石化、钢铁、有色、造纸、印染等高耗水行业项目应优先使用再生水，在水资源论证规划、建设项目取水许可等前期工作中要开展节水评价，从严叫停节水评价审查不通过的项目。严控开发区（园区）新水取用量，将市政再生水作为工业生产用水的重要来源。推动开发区（园区）与市政再生水生产运营单位合作，规划配备管网设施。

积极推进建制镇污水处理设施建设。全面推行城镇生活污水处理厂第三方特许经营，鼓励实施"厂网一体化"运营管理模式。加快城镇雨污合流制管网改造，在雨污管网未分离的区域，因地制宜开展初期雨水收集、储蓄、净化、回用等工程建设，有效防范初期雨水污染河流。抓好各县（市）建成区黑臭水体的排查整治，强化截污纳管，巩固黑臭水体整治成效。在汾渭平原城市和引黄灌区实施农田退水污染综合治理，实施生态沟道、污水净塘、人工湿地等生态拦截净化工程。实施隔离防护工程、污染源综合整治工程、生态修复与保护工程，深入开展黄河流域饮用水水源地环境保护专项行动，推进饮用水水源地保护。

强化农村生活污水治理。以解决农村生活污水等突出问题为重点，提升农村环境整治成效和覆盖水平。推动县域农村生活污水治理统筹规划、建设和运行，与供水、改厕、水系整治、农村道路建设、农业生产、文旅开发等一体推进，有效衔接。结合村庄规划，重点治理水源保护区、城乡接合部、乡镇政府驻地、中心村、旅游风景区等人口集中区域，以及高铁高速沿线、重点河流沿岸农村的生活污水。做好户用污水收集系统和公共污水收集系统的配套衔接，合理选择排水体制和收集系统建设方式，确保污水有效收集。在生态环境敏感的地区，可采用水质标准较高的治理模式；在居住较为集中、环境要求较高的地区，可采用以集中处理为主的常规治理模式；在居住分散、干旱缺水的非环境敏感区，结合厕所粪污无害化处理和资源化利用，可采用以分散处理为主的简单治理模式。城镇生活污水处理设施应辐射带动一批周边行政村实现生活污水集中收集和治理，不具备纳管条件的人口集聚村庄可单村或多村合建 500m³/d 以上污水处理设施。

稳妥推进农业农村污水资源化利用。积极探索符合农村实际、低成本、低能耗、易维护、高效率的污水处理技术和模式，因地制宜采用污染治理与资源利用相结合、工程措施与生态措施相结合、集中与分散相结合的建设模式和处理工艺，推进农村生活污水治理。加强农村户厕改造与生活污水治理有效衔接，积极推进农村生活污水就近就地资源化利用。鼓励居住分散地区探索采用生态处理技术，将达到资源化利用要求的污水用于庭院美化、村庄绿化等。推广种养结合、以用促治的方式，采用经济适用的肥料化、能源化处理工艺技术促进畜禽粪污资源化利用。鼓励采用现代生物技术促进水产养殖尾水资源化利用，实现池塘养殖尾水净化后循环使用。

系统开展黑臭水体整治。要优先整治面积较大、群众反映强烈的农村黑臭水体，实行"拉条挂账，逐一销号"。鼓励治理任务较重的地市积极申报国家农村黑臭水体整治试点。针对黑臭水体问题成因，以控源截污为根本，综合采取清淤疏浚、生态修复、水体净化等措施，实现"标本兼治"。将农村黑臭水体整治与生活污水、垃圾、种植、养殖等污染统筹治理，将治理对象、目标、时序协同一致，确保治理成效。对垃圾坑、粪污塘、废弃鱼塘等淤积严重的水体进行底泥污染调查评估，采取必要的清淤疏浚措施。对清淤产生的底泥，经无害化处理后，可通过绿化等方式合理利用，禁止随意倾倒。根据水体的集雨、调蓄、纳污、净化、生态、景观等功能，科学选择生态修复措施。对于季节性断流、干涸水体，慎用浮水、沉水植物进行生态修复；对于滞流、缓流水体，采取必要的水系连通和人工增氧等措施。

四　加强土壤污染协同治理

推进土壤污染治理。整合优化现有土壤环境质量监测站点和点位，充分发挥土壤环境质量监测网络的作用。建立完善山西省土壤环境基础数据库，构建山西省土壤环境信息化管理平台。完善污染地块准入管理机制，强化建设用地土壤污染风险管控，分类施策修复治理农用地污染和城郊重污染工矿企业土壤污染。加大土壤污染修复技术研发和推广力度，推动土壤治理修复产业发展。

加快城镇生活垃圾分类和处理设施短板建设。在城市和县（市、区）、乡镇积极推进垃圾分类，建设无害化处理设施，完善与之衔接配套的垃圾收运系统。建立健全农村垃圾收运处置体系，因地制宜开展阳光堆肥房等生活垃圾资源化处理设施建设。大力提升垃圾焚烧处理能力，加快发展以焚烧为主的垃圾处理方式，适度超前建设与生活垃圾清运量相适应的焚烧处理设施。加快建设焚烧飞灰处置设施，综合考虑区域内飞灰产生量、运输距离、环境容量等因素，跨区域布局建设飞灰协同处置设施。因地制宜推进厨余垃圾处理设施建设。

提升固体废物利用水平。在农村实行垃圾统一收集、清运和处置，建立健全农村垃圾收运处置体系。以煤矸石、粉煤灰等大宗固体废弃物为重点，积极推进固体废弃物综合利用技术产学研用结合，开发和推广一批大宗固体废弃物综合利用先进技术、装备及高附加值产品，推动工业资源综合利用产业集聚集群发展，加快建设临汾市、大同市国家大宗固体废弃物综合利用基地。提升危险废物（有害固体废物）处置水平，完善应急保障机制。开展尾矿库风险隐患排查，按照"一库一策"的原则提升尾矿综合利用水平。加强对处于吕梁山、太岳山—中条山的煤矿、金属及非金属矿开发过程中生态破坏和污染排放的管控。

提升农村生活垃圾治理水平。健全农村生活垃圾收运处置体系，因地制宜选择生活垃圾收运模式，按照交通便利、便于作业的原则，科学配置村庄收集房（点、站）、乡镇转运站及各类运输车辆，优化运输路线。合理设置渣土灰土垃圾就地就近消纳场所，鼓励用于村内道路、景观建设，减少垃圾出村处理量，以县域为单元健全完善符合农村实际、方式多样的生活垃圾收运处置体系。推行农村生活垃圾分类减量与利用，加快推进农村生活垃圾分类，探索符合农村特点和农民习惯、简便易行的分类处理方式。协同推进农村有机生活垃圾、厕所粪污、农业生产有机废弃物资源化处理利用，以乡镇或行政村为单位建设一批区域农村有机废弃物综合处置利用设施。

加强农业面源污染治理。减少在农业耕作施肥等环节农田中泥沙、营养盐、农药及其他污染物的排放，推进农田残留地膜、农药化肥塑料包装等清理工作。深入推进化肥减量增效，在全省创建一批化肥减量增效县，明确化肥减量增效技术路径和措施。实施科学施肥，分区域、分作物制定科学施肥技术方案，依法落实化肥使用总量控制。改进施肥方式，推广应用机械施肥、种肥同播、水肥一体化等措施，减少养分挥发和流失，提高肥料利用效率。积极推广缓释肥料、水溶肥料、微生物肥料等新型肥料，推进畜禽粪肥、秸秆和种植绿肥等有机肥资源利用。大力发展高效旱作农业，集成配套全生物降解地膜覆盖、长效肥料应用、保水剂混肥底施等措施，减少养分挥发和随雨流失。鼓励以循环利用与生态净化相结合的方式控制种植业污染。培育扶持一批科学施肥专业化服务组织，通过农企合作推进测土配方施肥。持续推进农药减量增效，推进科学用药，推广应用高效低风险农药，按国家规定分期分批淘汰现存 10 种高毒农药。推广新型高效植保机械，推进精准施药。深入实施农膜回收行动，提升农膜回收利用水平。落实严格的农膜管理制度，加强农膜生产、销售、使用、回收、再利用等环节的全链条监管，持续开展塑料污染治理联合专项行动。全面加强市场监管，禁止企业生产销售不符合国家强制性标准的地膜，依法严厉查处不合格产品。因地制宜调减作物覆膜面积，大力推进废旧农膜机械化捡拾、专业化回收、资源化利用，建立健全回收网络体系，提高废旧农膜回收利用和处置水平。加强农膜回收重点县建设，推动生产者、销售者、使用者落实回收责任，集成推广典型回收模式。鼓励开展全生物降解农膜科学研究、试验示范及推广工作。

加强养殖业污染防治。完善畜禽养殖污染防治规划标准体系，各地级市以及高平、太谷、泽州、山阴、应县等畜牧大县和文水、平遥等畜禽养殖量较大、养殖污染问题突出的县要根据畜禽养殖发展情况和生态环境保护需要，因地制宜地制定畜禽养殖污染物地方排放标准。发展规模养殖，引导支持畜禽养殖场、养殖小区标准化改造和畜禽粪污处理设施建设，推进畜禽养殖粪污资源化利用。完善畜禽粪污资源化利用管理制度，依法合理施用畜禽粪肥。推动畜禽规模养殖场粪污处理设施装备提档升级，规范畜禽养殖户粪污处理设施装备配套。建设粪肥还田利用示范基地，推进种养结合，畅通粪肥还田渠道。文水、平遥等养殖、屠宰大县，要严格规范畜禽养殖、屠宰及肉类加工企业排污行为，杜绝畜禽粪污、废水直排或偷排。

第四节　推动清洁生产和生态治理协同发展

推行清洁生产是贯彻落实节约资源和保护环境基本国策的重要举措，是实现减污降碳协同增效的重要手段，是加快形成绿色生产方式、促进生产和生态协同发展的有效途径。

一　推动资源绿色安全开发

立足全国能源需求，合理控制总量，以晋北、晋中、晋东三大煤炭基地为重点，在确保煤炭供应安全兜底保障的基础上，加快煤矿产能核增手续办理，积极布局矿井产能接续项目。加快5G+智能矿山建设，逐步实现煤矿开采"少人化、无人化、安全高效"的变革。全面推进绿色矿山建设，因地制宜推广矸石返井、充填开采、保水开采、无煤柱开采等煤炭绿色开采技术。建立健全煤炭储备体系，提升煤炭稳定供应、市场调节和应急保障能力。实施非常规天然气增储上产行动，建设国家非常规天然气基地。加大对主焦煤等特殊和稀缺煤种的保护性开发力度，积极开展煤层气、铁、铜、铝、石墨等战略性矿产资源勘查，建立省级成品油储备。

构建绿色多元能源供给体系。各地区应因地制宜探索可再生能源发展模式，按就近原则优先开发利用本地可再生能源资源，加大可再生能源开发力度。坚持集中式和分布式并举，扩大风电、光电规模。重点推动晋北、晋西等地区优质风能资源区域风电项目开发，合理开发中南部等丘陵和山区较为丰富的风能资源。充分利用采煤沉陷区、矿山排土场、盐碱地、荒山荒坡等区域建设大型光伏基地，鼓励光伏发电与建筑、交通、农业等产业和设施协同发展，有序推进整县屋顶分布式光伏开发试点建设。培育一批甲醇行业优势企业，发展甲醇全产业链。建立完善地热能开发利用政策体系，规范管理流程，鼓励大同、太原、忻州、临汾、运城等地热能资源丰富的地区加强地热资源勘探，积极推进地热能资源开发利用，创建地热供暖示范区。支持大同开展高温地热发电示范，推进临汾、长治、运城等开展生物质能源综合利用项目试点。开展源网荷储一体化和多能互补项目示范。积极推进"新能源+储能"试点，加快垣曲、浑源等抽水蓄能项目建设。积极有序发展氢能。

二　推进燃料原材料清洁替代

提升煤炭清洁高效利用水平。坚持煤炭全产业链绿色发展，加快煤炭由燃料向原料、材料、终端产品转变。严控煤电建设规模，有序关停淘汰落后煤电机组。大力推动煤电机组节能降碳改造、灵活性改造、供热改造"三改联动"，有序开展超超临界改造。积极布局高参数、大容量先进煤电机组。探索煤炭低碳使用新路径，开展"分质分级、能化结合、集成联产"新型煤炭利用项目示范，鼓励企业创建节约集约与综合利用示范矿山。

加大清洁能源在工业领域推广应用力度，提高非化石能源利用比重。在确保能源供应保障的前提下，对以煤炭、石油焦、重油、渣油、兰炭等为燃料的工业炉窑、自备燃煤电厂及燃煤锅炉，有序推进清洁低碳能源、工业余热等替代燃料，实现大气污染和碳排放源头削减。统筹谋划多能互补发展项目，持续引导分布式光伏项目建设，积极探索源网荷储一体化试点建设。因地制宜推行热电联产"一区一热源"等园区集中供能模式。推进原辅材料无害化替代，围绕企业生产所需原辅材料及最终产品，减少优先控制化学品名录所列化学物质及持久性有机污染物等有毒有害物质的使用，大力推广低（无）挥发性有机物含量油墨、涂料、胶粘剂、清洗剂等的使用。

加快推进重点行业清洁低碳改造。严格执行质量、环保、能耗、安全、清洁生产等法律法规标准，加快淘汰落后产能。全面开展清洁生产审核和评价认证，推动煤电、钢铁、焦化、建材、有色金属、化工、印染、造纸、化学原料药、电镀、农副食品加工、工业涂装、包装印刷等重点行业"一行一策"绿色转型升级。加快存量企业及园区实施节能、节水、节材、减污、降碳等系统性清洁生产改造。在国家统一规划的前提下，支持有条件的重点行业二氧化碳排放率先达峰。

三　加快形成绿色生产方式

落实工业企业技术改造综合奖补政策，引导企业开展节能降耗技术改造。推进接续产业绿色制造，推广清洁生产工艺、技术和生产设备，提高清洁生产水平。加快大同、临汾、阳泉、吕梁、河津、保德等国家大宗固体废弃物综合利用示范基地建设，大力推动建筑垃圾、煤矸石、粉煤灰、尾矿、赤泥等固体废弃物综合利用，重点推广粉煤灰分选和粉磨等精细加工，发展脱硫石膏生产水泥缓凝剂、高强石膏粉、喷涂石膏等产品，提高煤矸石在高附加值产品中的应用比例，扩大冶炼渣利用规模，加快大同国家级绿色产业示范基地和朔州、晋城、长治国家级工业资源综合利用基地建设。推进具备条件的省级以上园区实施循环化改造，鼓励区内企业共建资源综合利用和能源梯级利用设施，推进工业余压余热、废水废气废液资源化利用。积极推进低浓度瓦斯综合利用试点示范。

四　建立健全废旧物资循环利用体系

完善废旧物资回收网络。以便利居民交售废旧物资为原则，结合城市、农村不同特点，合理布局回收交投点和中转站。因地制宜规划建设废旧家具等大件垃圾规范回收处理站点。深入推进生活垃圾分类网点与废旧物资回收网点"两网融合"。提升站点运营管理水平，鼓励标准化、规范化、连锁化经营，确保整洁卫生和消防安全。支持回收企业采用自建、承租、承包等方式运营废旧物资回收站点，提升全品类回收功能，形成扎根社区、服务居民的基础网络。支持龙头企业通过连锁经营、特许加盟、兼并合作等方式，整合中小企业和个体经营户，提高废旧物资回收管理效率，扩大回收网络覆盖面。加强废旧物资分拣中心规范建设，合理布局分拣中心，因地制宜新建和改造提升绿色分拣中心，落实环境保护、安全生产、产品质量、劳动保护等要求。分类推进综合型分拣中心和专业型分拣中心建设。综合型分拣中心要强化安全检测、分拣、打包、存储等处置功能，为生活源、商业源再生资源和生活垃圾分类后可回收物利用提供保障。专业型分拣中心要强化分选、剪切、破碎、清洗、打包、存储等处置功能。推动废旧物资回收专业化，鼓励各地区采取特许经营等方式，授权专业化企业开展废旧物资回收业务，实行规模化、规范化运营。引导回收企业按照下游再生原料、再生产品相关标准要求，提升废旧物资回收环节预处理能力。培育多元化回收主体，鼓励各类市场主体积极参与废旧物资回收体系建设；鼓励回收企业与物业企业、环卫单位、利用企业等单位建立长效合作机制，畅通回收利用渠道，形成规范有序的回收利用产业链条；鼓励钢铁、有色金属、造纸、纺织、玻璃、家电等生产企业发展回收、加工、利用一体化模式。

提升再生资源加工利用水平。推动再生资源加工利用产业集聚化发展。依托现有"城市矿产"示范基地、资源循环利用基地、工业资源综合利用基地，统筹规划布局再生资源加工利用基地和区域交易中心，做好用地、水电气等要素保障，推进环境、能源等基础设施共建共享，促进再生资源产业集聚发展，推动再生资源规模化、规范化、清洁化利用。提高再生资源加工利用技术水平，加大再生资源先进加工利用技术装备推广应用力度，推动现有再生资源加工利用项目提质改造，开展技术升级和设备更新，提高机械化、信息化和智能化水平。支持企业加强技术装备研发，在精细拆解、复合材料高效解离、有价金属清洁提取、再制造等领域，突破一批共性关键技术，建设大型成套装备。

推动二手商品交易和再制造产业发展。丰富二手商品交易渠道。鼓励"互联网+二手"模式发展，促进二手商品网络交易平台规范发展，提高二手商品交易效率；支持线下实体二手市场规范建设和运营，鼓励建设集中规范的"跳蚤市场"；有条件的地区可建设集中规范的车辆、家电、手机、家具、服装等二手商品交易市场和交易专区；鼓励社区建设二手商品寄卖店、寄卖点，定期组织二手商品交易活动，促进居民家庭闲置物品交易和流通；鼓励各级学校设置旧书分享角、分享日，促进广大师生旧书交换使用。推进再制造产业高质量发展，提升汽车零部件、工程机械、动车轮对、机床、煤机装备、文办设备等再制造水平，推广应用无损检测、增材制造、柔性加工等再制造共性关键技术。结合工业智能化改造和数字化转型，大力推广工业装备再制造。支持隧道掘进、煤炭采掘等领域企业广泛使用再制造产品和服务。在售后维修、保险、租赁等领域推广再制造汽车零部件、再制造文办设备等。

第八章　加快基础设施互通，打造区域畅通发展新架构

统筹推进交通、信息、能源等基础设施建设，保障城际要素互联互通是区域畅通发展的先决条件。积极构建布局合理、设施配套、功能完善、安全高效的一体化基础设施体系将为区域协调发展奠定坚实的基础。

第一节　建立互通便捷区域交通网络

加快优化交通基础设施网络空间布局与功能结构，全面提升太原国家综合交通枢纽地位，构建形成内畅外通、纵横交织、广泛覆盖、多极辐射、一体发展、经济高效、智慧互联、集约绿色、安全可靠的现代综合交通运输体系。

一　构建现代化综合交通运输网络

山西以高速铁路、高速公路、民航机场等为骨干，以普通国省干线公路、普速铁路等为支撑，有效串联省内主要地市、经济中心、产业园区、旅游板块和人口聚集地，构建"两纵四横一环"综合运输通道。

专栏 8-1　"两纵四横一环"综合运输通道布局

1. "两纵"综合运输通道

二连浩特（张家口）—大同（呼和浩特）—朔州—忻州—太原—

晋中—长治—晋城—郑州纵向通道。该通道对外沟通黄河流域、中原城市群和蒙晋冀（乌大张）长城金三角区城，衔接长江经济带、粤港澳大湾区等，并积极对接国家"一带一路"，主动融入中蒙俄经济走廊建设，省内串接大同、太原、长治等主要地级市。

北京（雄安）—太原—临汾—运城—西安纵向通道。该通道对外衔接京津冀协同发展战略，连接关中平原城市群和晋陕豫黄河金三角区城，并进一步与成渝等城市群衔接，省内串接忻州、太原、运城等主要地级市。

2. "四横"综合运输通道

石家庄—阳泉—太原—吕梁—绥德横向通道。该通道对外衔接京津冀协同发展、黄河流域生态保护和高质量发展等国家战略，连接宁夏沿黄城市群和兰州—西宁城市群等中西部地区，融入共建"一带一路"。省内串接阳泉、太原、吕梁等主要地级市。

北京（雄安）—大同—呼和浩特横向通道。该通道对外衔接京津冀协同发展等国家战略，充分发挥晋北地区对西北地区承接京津冀地区溢出效应的衔接中转功能。

雄安—朔州—鄂尔多斯横向通道。该通道对外衔接京津冀协同发展等国家战略，进一步强化京津冀城市群对晋北的辐射带动作用，加强晋北地区与呼包鄂榆城市群的交通联系。

邯郸—长治—临汾—延安横向通道。该通道对外衔接黄河流域生态保护和高质量发展战略，对接山东半岛、兰州—西宁等城市群，积极融入"一带一路"建设，加快促进晋南"两山"与平川地区协调发展，强化太行板块与黄河板块的快速联系。省内串接长治、临汾等主要地级市。

3. "一环"省城环形通道

大同—阳泉—晋城—运城—吕梁—朔州—大同省城环形通道。该通道串接大同、阳泉、晋城、运城、吕梁、朔州等主要城市，依托太行山东部南北通道以及吕梁山西部南北通道，实现两大通道的连接，分流中部通道运输压力，促进南北交流与联系，改善两山地区交通条件，优化国土空间开发，带动区域经济发展，加强省城内各市间以及三大旅游板块间直联快通，促进全域旅游发展。

（一）推动高铁通道建设

推动"八纵八横"高铁通道山西段建设。扩大高速铁路覆盖范围，形成以太原为中心的放射型高铁网。建设集大原、雄忻等高速铁路，推进太原铁路枢纽客运西环线一期、太原至绥德、长治至邯郸至聊城、运城至三门峡等工程建设，完善连接京津冀、环渤海、中原等城市群的高铁网络，实现"市市通高铁"。扩大干线铁路运能供给，加快完善区际普速铁路网，推进干线铁路省内繁忙路段扩能改造和复线建设，扩大路网覆盖面，完善铁路运煤通道建设，强化重载货运网。推进省内地方开发性铁路、支线铁路建设，强化与矿区、产业园区、物流园区等有效衔接，增强对干线铁路网的支撑作用。推进景区之间以及进入景区的旅游铁路专线建设，因地制宜发展以中小运量旅游功能为主的轨道交通。

专栏8-2 国家"八纵八横"高速铁路主通道

1. "八纵"通道

沿海通道。大连（丹东）—秦皇岛—天津—东营—潍坊—青岛（烟台）—连云港—盐城—南通—上海—宁波—福州—厦门—深圳—湛江—北海（防城港）高速铁路（其中青岛至盐城段利用青连、连盐铁路，南通至上海段利用沪通铁路），连接东部沿海地区，贯通京津冀、辽中南、山东半岛、东陇海、长三角、海峡西岸、珠三角、北部湾等城市群。

京沪通道。北京—天津—济南—南京—上海（杭州）高速铁路，包括南京—上海（杭州）高速铁路，包括南京—杭州、蚌埠—合肥—杭州高速铁路，同时通过北京—天津—东营—潍坊—临沂—淮安—扬州—南通—上海高速铁路，连接华北、华东地区，贯通京津冀、长三角等城市群。

京港（台）通道。北京—衡水—菏泽—商丘—阜阳—合肥（黄冈）—九江—南昌—赣州—深圳—香港（九龙）高速铁路；另一支线为合肥—福州—台北高速铁路，包括南昌—福州（莆田）铁路。连接华北、华中、华东、华南地区，贯通京津冀、长江中游、海峡西岸、珠三角等城市群。

京哈—京港澳通道。哈尔滨—长春—沈阳—北京—石家庄—郑州—武汉—长沙—广州—深圳—香港高速铁路，包括广州—珠海—澳门高速铁路。连接东北、华北、华中、华南、港澳地区，贯通哈长、辽中南、京津冀、中原、长江中游、珠三角等城市群。

呼南通道。呼和浩特—大同—太原—郑州—襄阳—常德—益阳—邵阳—永州—桂林—南宁高速铁路。连接华北、中原、华中、华南地区，贯通呼包鄂榆、山西中部、中原、长江中游、北部湾等城市群。

京昆通道。北京—石家庄—太原—西安—成都（重庆）—昆明高速铁路，包括北京—张家口—大同—太原高速铁路。连接华北、西北、西南地区，贯通京津冀、太原、关中平原、成渝、滇中等城市群。

包（银）海通道。包头—延安—西安—重庆—贵阳—南宁—湛江—海口（三亚）高速铁路，包括银川—西安以及海南环岛高速铁路。连接西北、西南、华南地区，贯通呼包鄂、宁夏沿黄、关中平原、成渝、黔中、北部湾等城市群。

兰（西）广通道。兰州（西宁）—成都（重庆）—贵阳—广州高速铁路。连接西北、西南、华南地区，贯通兰西、成渝、黔中、珠三角等城市群。

2. "八横" 通道

绥满通道。绥芬河—牡丹江—哈尔滨—齐齐哈尔—海拉尔—满洲里高速铁路。连接黑龙江及蒙东地区。

京兰通道。北京—呼和浩特—银川—兰新高速铁路。连接华北、西北地区，贯通京津冀、呼包鄂、宁夏沿黄、兰西等城市群。

青银通道。青岛—济南—石家庄—太原—银川高速铁路（其中绥德至银川段利用太中银铁路）。连接华东、华北、西北地区，贯通山东半岛、京津冀、太原、宁夏沿黄等城市群。

陆桥通道。连云港—徐州—郑州—西安—西宁—乌鲁木齐高速铁路。连接华东、华中、西北地区，贯通东陇海、中原、关中平原、兰西、天山北坡等城市群。

沿江通道。上海—南京—合肥—武汉—重庆—成都高速铁路，包括南京—安庆—九江—武汉—宜昌—重庆、万州—达州—遂宁—成都高速铁路（其中成都至遂宁段利用达成铁路）。连接华东、华中、西南地区，贯通长三角、长江中游、成渝等城市群。

沪昆通道。上海—杭州—南昌—长沙—贵阳—昆明高速铁路。连接华东、华中、西南地区，贯通长三角、长江中游、黔中、滇中等城市群。

厦渝通道。厦门—龙岩—赣州—长沙—常德—张家界—黔江—重庆高速铁路（其中厦门至赣州段利用龙厦铁路、赣龙铁路，常德至黔江段利用黔张常铁路）。连接海峡西岸、中南、西南地区，贯通海峡西岸、长江中游、成渝等城市群。

广昆通道。广州—南宁—昆明高速铁路。连接华南、西南地区，贯通珠三角、北部湾、滇中等城市群。

完善和构建山西铁路集疏运体系。加快煤矿铁路专用线配套完善，建设大型煤矿铁路专用线，推动煤炭产业高质量、集约化发展。为满足晋中、晋东地区煤炭资源开发需求，增加大型煤矿铁路专用线，规划建设 11 个煤矿铁路专用线，重点分布在吕梁和晋城。强化瓦日煤运通道集疏运系统布局，满足沿线煤矿开发和煤炭集运，规划新建或改扩建 3 个集疏运支线铁路和 38 个铁路专用线。增加煤矿以外焦化、钢铁、火电、石化等其他工矿企业配套专用线，规划建设或整合 20 个工矿企业铁路专用线，重点分布在晋中地区的吕梁、晋中、临汾，晋东地区的长治。为支持铁路物流基地高质量发展，兼顾地区生产、生活物资集散，规划建设 21 个物流基地铁路专用线。

专栏 8-3　完善铁路专用线布局

1. 大型煤矿铁路专用线项目

晋中地区（5 个）：临县锦源煤矿有限公司林家坪铁路专用线、柳林县焦煤汾西荣欣矿区铁路专用线（一期）、临县山西晋煤太钢能源有限责任公司铁路专用线、山西平舒铁路运输有限公司平舒铁路专用线（一期、二期）、阳泉煤业集团泊里矿井及选煤厂铁路专用线等项目。

晋东地区（6 个）：阳泉市南庄煤炭集团西上庄煤矿铁路专用线工程、平定县山西东升阳胜煤业有限公司铁路专用线、屯留区古城煤矿铁路专用线、晋煤东大郑庄专用铁路与中煤华晋集团晋城能源有限公司里必煤矿铁路专用线、山西晋煤沁秀龙湾能源有限公司铁路专用线、高平市西部铁路专用线（含南阳、东峰、沟底矿铁路专用线及交接场和疏解线等）等项目。

2. 煤运通道配套铁路专支线项目

瓦日铁路集疏运支线（3个）：新建兴县至保德县地方铁路二期工程瓦塘至冯家川复线、瓦日铁路与孝柳铁路连接线、沁源县新建新交口至安泽地方铁路工程等项目。

北通道及其集运干线（7个）：朔黄铁路宁武县西双万吨环保煤炭物流园铁路专用线、原平市恒合源物流有限公司煤炭物流港铁路专用线等项目；准朔铁路山西寅诚煤炭运销有限公司石城铁路专用线工程；宁静铁路宁武县长河铁路集运有限公司长河铁路专用线工程；北同蒲铁路朔山铁路联络线、原平市天邦工贸有限责任公司铁路专用线、原平市伟通商贸有限公司铁路专用线等项目。

中通道及其集运干线（12个）：太中银铁路文水铁路集运站煤焦铁路专用线、吕梁市大秦永宁物流铁路专用线、柳林县柳林南集运站铁路专用线等项目；太兴铁路岚县鑫畅集运站铁路专用线、山西通宝煤炭运销有限公司岚县铁路专用线、岚县太兴铁路社科集运站铁路专用线、临县中煤环海物流有限公司集运站专用线等项目；吕临支线临县车赶煤炭运销有限公司集运站铁路专用线、山西昌泰能源有限公司三交东铁路专用线、山西庞泉重型机械制造有限公司吕梁北站煤炭铁路专用线等项目；阳大铁路盂县东铁路专用线工程；阳涉铁路平定县山西平定古州卫东煤业有限公司铁路专用线项目。

南通道及其集运干线（19个）：瓦日铁路兴县山西赵家塔铁路集运站专用线、临县白文铁路专用线、石楼集运站铁路专用线、蒲县泰通煤炭集运站铁路专用线、长治市上党区绿能物流港铁路专用线等项目；太焦铁路高平市山西兰花能源集运有限公司铁路专用线、高平市山西盛世鑫海能源有限公司铁路专用线等项目；侯月铁路晋城国睿运通物流有限公司铁路专用线、阳城县鸿安商贸有限公司铁路专用线等项目；浩吉铁路河津市中煤王家岭铁路专用线、河津市秦东铁路物流有限公司铁路物流园专用线、河津市中凯力源煤业有限公司铁路专用线、运城市储运煤中心专用线、临猗县丰喜铁路专用线等项目；南同蒲铁路灵石段纯产业园山西大秦玫晟物流有限公司铁路专用线、沁源县新交口至介休地方铁路等项目；武沁铁路沁县山西瑞隆能源有限公司尧山铁路专用线项目；介西铁路孝义市鹏飞焦化厂铁路专用线、山西鑫东港物流有限公司战略装车点铁路专用线等项目。

3. 工矿企业铁路专用线项目

焦化企业（11个）：孝义市金岩电力煤化工有限公司铁路专用线、中阳县离柳矿区中阳枝柯煤化工新材料园区铁路专用线、山西丰矿安然智能铁路运输股份有限公司丰安专用铁路工程、灵石县山西汾晋灵煤焦物流有限公司山焦汾西两渡产业园煤焦物流铁路集运站专用线、洪洞县山西焦化股份有限公司铁路专用线、古县经济技术开发区铁路专用线、安泽县永鑫煤焦化有限责任公司铁路专用线、河津市山西轩洋贸易有限公司铁路专用线、鸿达煤化有限公司铁路专用线、长治市南耀集团昌晋苑焦化有限公司铁路专用线、黎城县1000万吨钢焦一体化铁路专用线等项目。

钢铁企业（2个）：河津市山西华鑫源钢铁集团有限公司铁路专用线、侯马市山西高义钢铁有限公司铁路专用线等项目。

火电企业（5个）：国电电力大同湖东电厂铁路专用线、山西大唐国际神头发电有限责任公司"公转铁"铁路专用线、山西漳泽电力股份有限公司侯马热电分公司铁路专用线、河津市山西漳泽电力河津发电分公司铁路专用线、晋能控股山西电力股份有限公司长治煤电储运铁路专用线等项目。

石化企业（2个）：晋中市长城石油铁路专用线、中国石化销售股份有限公司山西晋城石油分公司晋城油库铁路专用线迁建等项目。

4. 物流基地铁路专用线项目

综合物流基地（15个）：大同晋北铁路物流基地专用线、山西德润现代科技物流有限公司物流园铁路专用线、山西经纬通达股份有限公司枢纽型内陆港综合物流园专用线工程、原平经济技术开发区铁路专用线、五台县陆港铁路专用线、山西转型综改示范区合成生物产业园区专用线、山金晖铁路运输有限公司集装箱发运中心站铁路专用线、左权县转型产业集聚区铁路专用线、稷山县经济开发区铁路专用线、阳泉市亿博智能港多式联运铁路专用线、阳泉市河底公铁联运智能港铁路专用线、山西长治综合保税园区铁路专用线、壶关县金烨国际物流有限公司壶关集运站铁路专用线、平顺县大都物流园铁路专用线、潞铁智慧物流园陆港铁路专用线等项目。

专业物流基地（6个）：阳曲县高村粮食物流基地铁路专用线、交城县铁路集运站铁路专用线、平定县山西星火弘源工贸有限公司铁路专用线、阳泉市合瑞源工贸有限公司货运站铁路专用线、平定县瑞泰铁路专用线、长治襄垣化工园区铁路专用线等项目。

（二）加快建设国省道公路网

山西全力推动高速公路出省口、断头路建设，继续推进省内重要连接线建设，推进重点高速公路路段扩容改造，推进部分高速路段客货分离和重载化建设，加快建成"4纵15横33联"高速公路网。

专栏8-4　"4纵15横33联"高速公路网

4纵：天镇平远堡至陵川夺火、新荣区得胜口至泽州道宝河、右玉杀虎口至垣曲古城、偏关水泉至芮城刘堡。

15横：阳高孙启庄至右玉杀虎口、广灵加斗至平鲁区二道梁、灵丘驿马岭至河曲、五台长城岭至保德、盂县梁家寨至兴县黑峪口、平定杨树庄至临县克虎寨、平定旧关至临县碛口、昔阳天晴垴至柳林军渡、和顺康家楼至石楼转角、黎城下浣至永和关、平顺河坪汕至大宁马头关、陵川营盘至吉县七郎窝、陵川营盘至河津禹门口、泽州韩家寨至临猗孙吉、垣曲蒲掌至临猗吴王渡。

33 联：天镇新平堡至韩家营、平城区田村至西河、阳高王官屯至云州区陈庄、左云宁鲁至浑源南榆林、平鲁区至河曲禹庙、浑源至灵丘花塔、山阴元营至朔城区、朔城区西影寺至张蔡庄、朔城区趄坡至神池东湖、静乐丰润至方山马坊、定襄杨芳至忻府区豆罗、阳曲大盂至青龙镇、尖草坪区西墕至阳曲西凌井、寿阳南燕竹至迎泽区赵北峰、万柏林区东社至古交冷泉、晋源区罗城至文水、阳曲凌井店至青龙镇、榆次区龙白至小店区武宿、盂县至阳泉旧街、离石区信义至田家会、壶关逢善至上党区官道、北义城至大箕至北义城、洪洞明姜至曲亭、洪洞曲亭至尧都区陈埝、黎城幸福庄至潞城区西贾、盐湖区燕家卓至解州至燕家卓、平遥段村至阳城蟒河、阳城润城至西河、夏县泗交至盐湖区东郭、盐湖区寺北至永济、临猗临晋镇至风陵渡黄河大桥、永济开张镇至芮城太安、闻喜东镇至三门峡黄河大桥。

完善普通国道和普通省道共同构成的"8 纵 16 横多联"干线公路网布局。加快推进普通国省干线城市过境路段改线和提质改造，加快建设未贯通路段，全面消除无铺装路面，推进部分路段货运重载化专用化改造。推动黄河、长城、太行三个一号旅游公路建设，构建"城景通、景景通"旅游公路网络。加快"四好农村路"建设，构建广覆盖的农村公路交通网。

专栏 8-5　"8 纵 16 横多联"普通干线公路网

8 纵：天镇马市口至繁峙神堂堡、盂县盘口至黎城南岭、新荣区得胜堡至陵川夺火、新荣区拒墙堡至泽州道宝河、右玉杀虎口至垣曲西滩、平鲁区二道梁至平陆三门峡、偏关水泉至芮城风陵渡、偏关万家寨至河津禹门口。

16 横：天镇积儿岭至阳高长城、阳高孙启庄至平鲁区二道梁、广灵殷家庄至河曲黄河大桥、灵丘下北泉至保德马家滩、五台长城岭至兴县黑峪口、盂县双山至兴县大峪口、平定旧关至临县克虎寨、昔阳九龙关至柳林军渡、左权南坡至石楼辛关、黎城下湾至永和关、平顺石板岩至大宁马头关、平顺花园至吉县壶口、陵川坪上至河津禹门口、陵川坪上至临猗吴王、垣曲王古垛至永济蒲州、垣曲王古垛至芮城风陵渡。

多联：榆社至潞城区、阳曲至六岭关、太原至太谷区、太原至武乡、晋祠至西城乡、太原至米峪镇、太原至杜家村镇、牛尾至新兰、阳曲至瓦塘镇、界都乡至黄泽关、东庄头至李家庄、阳高至平鲁区、石掌至马圪当、大同至繁峙、壶关至平城镇、大同至砂河、长治至柳树口、长治至晋城、下良至龙溪镇、代县至解愁、榆社至石背底等 108 条联络线。

（三）合理布局建设通航基础设施

山西以市场需求为导向，以地方财力为限度，按照"简易、高效、低成本、有效益"原则，梯次化升级、网格化运行、集群式发展、阶段化推进全省通航基础设施建设，加快形成布局合理、安全高效、覆盖广泛、级配优越的通航基础设施网络。

完善通航机场网络布局。改造提升现有机场，基于大型综合性通用机场的定位，适时改造提升太原尧城、大同南六庄、长治沙家庄 3 个通用机场；完善山西"一干六支"运输机场的通用航空服务保障功能，建设或改造通航机坪及配套基础设施，新建朔州、晋城运输机场同步建设通航服务保障设施。加快建设通用机场，以《山西省通用机场布局规划

（2018—2030 年）》为指导，采用"1 跑道 + 1 机库 + 1 综合建筑"的建设规模，因地制宜引导草地、土质等简易机场建设，以 1、3、5 年为节点分批建设和梯次升级，稳步有序推进芮城、灵丘、阳高、繁峙、乡宁、万荣、阳城等通用机场建设；预留发展空间，远期根据运营需求适时改造升级。推进航空飞行营地建设，提升完善平遥、太原崛围山等现有航空飞行营地设施，丰富产品种类，扩大业务范围，促进通航与旅游、科技等产业相融合，推动相关产业协调发展；以黄河、长城、太行三大旅游板块及省内重点游客集聚区为依托，建设盂县、洪洞、霍州、永济、沁源等 14 个航空飞行营地，推进航空运动新业态的快速发展；推动建设 20 个以上校园航空飞行营地，覆盖全省所有地级市，满足青少年对航空体育运动及航空文化的需求，推动航空体育运动繁荣发展。布局建设直升机起降点，在三甲医院建设直升机起降点，发展航空医疗救护服务，形成全省医疗救护立体网络；在各地级市农业区、易发生森林火险等重点林区建设直升机（无人机）起降点，提高病虫害监测防治、航空护林、森林灭火的能力和效率；在城市人口聚集区广场、大型建筑物顶部、重点矿区、高速公路服务区布局直升机起降点，提升通航应急处突救援能力；在全省所有 5A 级景区、部分 4A 级景区合理布局直升机起降点，打造省内旅游景区"立体航空旅游圈"。

建设通航服务基础设施。推动建设无人机试飞基地，针对工业级无人机、大型物流无人机、农林植保无人机等民用无人机的研发需求，建设专业无人机试飞基地。建立无人机组装测试、运行调度、监控管理等综合保障中心，开展无人机的平台性能、载荷功能、通信中继等试飞检测活动，以及产品交付验收、行业标准制定等专项业务；拓展无人机竞速、空中机器人赛事、航模飞行表演等多种类型无人机的场景应用。重点支持太原申报建设国家民用无人驾驶航空试验基地（试验区），大同建设植保无人机农林飞防基地（试验区）。推进飞行保障基础设施建设，在 A 类通用机场建设能够提供空中交通管制、通信导航监视、气象保障、油料保障、救援和消防服务的基础设施。支持建设通用航空维修设施，推动通用航空航材保障共享。鼓励在通用机场广泛应用物联网、大数据、信息网络等智能技术，不断提升通用机场的协同化运行水平、智能化管理能力和精细化运营效率。推进山西低空飞行服务站建设，重点建设晋北地区低空飞行服务保障体系。

专栏8-6　主要通航基础设施

1. 运输机场

现有运输机场（太原、大同、忻州、吕梁、长治、临汾、运城等"一干六支"运输机场）增设通用航空服务保障功能区，新建朔州、晋城运输机场同步建设通航服务保障设施。

2. 通用机场

分批次建设芮城、灵丘、繁峙、阳高、乡宁、河曲、左权、盂县、孝义、阳曲、右玉、原平、临县、武乡、阳城、永和、侯马、绛县、平鲁、代县、保德、柳林、平顺、壶关、沁源、临猗、万荣、垣曲、左云、黎城、沁县、稷山、沁水、陵川、高平、翼城、吉县等36个通用机场。

3. 航空飞行营地

建设盂县、航美玉泉山、洪洞太岳山、霍州霍山、永济五老峰古橡树、左权奶娘文化园、阳曲、大同火山、忻州金山、碛口、云竹湖、沁源、晋城浮山、平陆14个航空飞行营地，推动建设20个以上校园航空飞行营地。

4. 直升机起降点

省市部分三甲医院、重点林区与农业区、主要城市人口聚集区广场、重点矿区、主要高速公路服务区、所有5A级景区、部分4A级景区布局建设直升机起降点。

5. 无人机试飞基地

依托太原尧城机场布局建设无人机试飞基地，重点推进太原市

国家民用无人驾驶航空试验基地（试验区）。建设大同市植保无人机农林飞防基地（试验区）。

6. 飞行保障基础设施

建成晋北地区低空飞行服务保障体系项目，根据需求适时建设山西省通用航空运行控制中心二期。

二 加强综合交通枢纽体系建设

山西整合和利用好各种资源，依托便利的交通运输条件，以形成优势互补、高质量发展的区域经济布局为统领，以提高产业聚集力和区域竞争力为导向，构建与"一主三副六市域中心"城镇化格局相契合的"一主三副多极"综合交通枢纽系统。

专栏 8-7 "一主三副多极"综合交通枢纽布局

1. "一主"综合交通枢纽

太原国际性综合交通主枢纽。近期着力提升全国性综合交通枢纽辐射水平，远期打造为国际性综合交通门户枢纽，是山西省建设资源型经济转型发展示范区、能源革命排头兵和内陆地区对外开放新高地的龙头支撑。

2. "三副"综合交通枢纽

大同：全国性综合交通枢纽、晋北综合交通副枢纽，围绕乌大张"长城金三角"跨区域合作和服务晋北地区，建设晋冀蒙交界区和晋北地区龙头城市。

长治：晋东南综合交通副枢纽，联动晋城规划建设全国性综合交通枢纽，服务晋东南地区，依托跨省战略大通道建设，打造山西省面向中原经济区，连接华东、华南的物流枢纽和物流大通道。

临汾：晋西南综合交通副枢纽，联动运城规划建设全国性综合交通枢纽，服务晋南地区，形成对晋南产业发展的重要交通支撑，承担晋南地区货物运输中转集散功能以及中长途客货运输功能。

3."多极"综合交通枢纽

晋中：太原综合交通"主枢纽"的组合枢纽。

阳泉：太原都市区对接环渤海及东部地区对外开放的桥头堡。

晋城：山西面向中原、长三角和东部发达地区的地区性枢纽门户。

运城：晋陕豫黄河金三角在丝绸之路经济带上的地区性枢纽门户。

吕梁：积极参与陕甘宁区域合作的地区性综合交通枢纽。

忻州：太原北部省内交通及全省联通京津冀、环渤海、雄安新区、宁陕蒙晋黄河几字湾重要节点城市。

朔州：面向京津冀蒙和俄罗斯、蒙古的地区性枢纽门户。

（一）加快太原国家综合交通枢纽建设

加快现代交通枢纽站场建设。明确综合交通枢纽层级划分和功能定位，打破传统行政区划限制，将太原及周边联系紧密区域作为太原国家综合交通枢纽建设的主要范围，根据枢纽承担功能和作用、吸引和辐射能力范围、衔接交通方式类别、运量规模和增长潜力等，结合城市人口分布和商务、商业、生活等空间布局，按照国际—区际、区际—城际、城际—城内三级综合枢纽对太原国家综合交通枢纽进行功能定位和层级划分。构建现代国际空港枢纽，加快推进太原武宿国际机场三期改扩建工程，新建 T3 航站楼。同步规划建设综合交通换乘中心，实现航站楼轨道交通直接引入。拓展国际航线辐射网络，发挥全省机场一体化管理积极作用，加强省内各机场错位发展，协同联动提高全省机场群竞争力。加强航空口岸及配套设施建设，利用国际邮件互换局的优势，打造国际航空跨境电商物流基地。充分发挥太原武宿国际机场的地理优势，推进集换乘、物流、消费、娱乐、会展等于一体的现代化城市综合体建设。构建国家级铁路综合枢纽，优化提升太原枢纽地位与功能，加快完善太原南站—太原东南汽车站综合客运枢纽，规划建设第二太原铁路客运枢纽，推进阳曲西站扩容改造工程等。按照"一主两副"总体布局，推动太原国家级物流园区建设，有效整合中欧（中亚）班列资源，打造国家物流枢纽。强化铁路枢纽与国际空港的有机衔接，探索打造分布式组合枢纽。整合建设现代公路港，顺应高品质客运需求以及不断涌现的新业态新模式，整合优化各公路客运站空间布局，强化与机场、火车站等一体整合和立体布局。加快完善公路物流枢纽布局和功能，推进现代公路物流港建设。建立健全区域、城市、城乡、农村等物流配送体系，完善分拨中心布局。

优化枢纽衔接循环通道布局。完善跨区域综合运输通道骨架，依托国家"6轴7廊8通道"综合运输大通道布局，以太原为中心，构筑"六辐射"综合运输大通道。强化城际运输通道建设，在"六辐射"综合运输大通道基础上，加强太原及周边地区与朔州、吕梁、长治、临汾、阳泉等方向的通道联系，基本形成以太原为中心，辐射"一群两区三圈"主要城镇和重要节点城市的便捷高效运输通道格局。织密市域交通运输网络，强化中心城区与城市组团、外围县（区、市）高效快速联系，提高市域交通通道服务能力。加快市区快速运输通道建设，以缓解城市交通拥堵、提高城市运输效率、更好地满足人们便捷出行和物资高效流转需要为核心，加快市内城市轨道交通、城市快速路等快速运输通道建设。

（二）全面提升枢纽站场集疏运能力

强化综合枢纽衔接网络建设，注重综合枢纽与城市道路网、农村公路、旅游公路以及铁路专用线的多向衔接，构建多层次便捷化集疏运系统。提升综合交通枢纽服务品质，构建便捷高效的客运枢纽换乘系统。完善一级综合客运枢纽指示标识、无障碍设施建设工程。探索建立铁路、公路、民航交通协调联动机制，加强时刻对接、运力对接及信息互通，研究开通连接枢纽站场的公交专线、夜间班次和定制客运服务。提升城际客运服务能力和品质，充分发挥石太客专、大西客专、郑太高铁、太中银铁路等国铁干线路网的通达作用，结合运能、运力和运输需求情况，科学优化客运产品结构，及时调整列车运行图，逐渐增加省内主要城市间列车开行密度，提升客运产品供给能力。推进长途班线公交化开行。加密各支线机场、通用机场到太原武宿国际机场、尧城机场的短途运输航线。统筹城市群、城镇群物流枢纽设施、骨干线路、区域分拨中心和末端配送节点建设，完善国家物流枢纽、骨干冷链物流基地设施条件，降低物流成本，提高物流效率。完善铁路货运场站功能，打造多式联运物流中心。提升静态交通发展质量，根据各综合枢纽停车需求，差异化完善停车政策，集中挖潜，强化私人汽车与城市公共交通换乘停车设施（P+R 停车设施）供给，在主要客运枢纽周边合理设置自行车公共停车位。加快建立城市货运停车系统，在物流枢纽、物流配送需求集中区域的市政道路、居住小区建立货运车辆专用停车区或停车位。

三 推进城市群、城镇圈交通一体化

建设城市群都市圈多层次交通网络，推进城乡一体化综合交通网络发展。

（一）打造便捷化城际客运网

充分利用既有铁路资源，优化运输组织，构建层次清晰、结构合理、衔接顺畅的城际轨道交通体系，实现城际 1~2 小时快速联通。推进重要旅游节点与高速公路、铁路、民航枢纽的快速连接，完善省内外城际通航短途运输网络，规划建设联通重要旅游节点的旅游快速铁路、旅游交通环线、旅游专线公路等，形成通畅、便捷、安全、多样的现代综合旅游交通网络。

（二）建设专业化城际货运网

推进城市（镇）群中心城市铁路客货分线建设，在具备条件的区域围绕重点线路实施铁路双层集装箱设施改造。着力打通城际公路"断头路"，提升城际公路通行能力，针对城市（镇）群重要枢纽、园区和城市繁忙拥堵路段，推进货运专用公路和专用车道布局建设。依托城市（镇）群良好的电商、快递产业基础，鼓励发展通用航空及无人机微物流，积极发展全货机、支线航空货运。

（三）构建公交化都市圈通勤交通网

加快太原都市区中心城市轨道交通网建设，充分利用既有铁路富余能力，适当改造和新建相结合，推动开行市域（郊）列车，构建有效串联都市圈内大中小城市的多层次、多制式轨道交通系统，打造都市圈1小时通勤交通圈。以都市圈客运公交化为引擎，加快完善都市圈城际高速路、市域快速路等干线交通建设，构建高效衔接大中小城市和城镇的都市圈便捷通勤网络。

（四）完善城市现代综合交通网络

加强太原、大同、长治等重点城市及其他城市的内外交通衔接，织密各中心城市及各组团之间的快速交通网络连接，消除交通瓶颈，构建快速路与主干路相互配合、一体衔接的城市快速交通网，形成对城市经济发展的强力支撑和经济地理空间的有序引导。推动城市道路网结构优化，完善城市次干路、支路建设，形成级配合理的路网系统。

（五）提升县城交通基础设施能力

加强县城既有交通基础设施提质升级和对外交通网络建设，推进县城交通与干线交通的衔接。加快推进县城和重点镇区停车场和公路客运站建设，推进公路客运站与市域主要铁路、航空客运枢纽间的便捷换乘衔接设施等建设。精准补齐交通基础设施短板，提高服务供给能力和水平。

（六）加强城乡交通网络一体衔接

以加强农村地区与城镇化地区快速联通为重点，加强城乡交通一体化发展，推进农村地区和城镇地区道路网络规划、建设、布局的统筹衔接。着重加强农村公路与高速公路、国省干线公路的衔接联通，加快消除"断头路"，逐步融入城镇交通整体路网体系。适时推进农村公路的市政化改造，对于具备条件的农村公路，将其吸纳为城区路网的重要组成部分。

四　建设内畅外通的省际、国际通道

主动融入"一带一路"大商圈建设，强化与"一带一路"沿线国家和地区基础设施互联互通。立足区位优势，破除区域融合发展的空间壁垒，深度融入京津冀，深化与毗邻省份和沿黄省份合作，形成协同联动发展新局面。

（一）打造"一带一路"综合物流枢纽

加快推进太原、大同、侯马等陆港物流枢纽建设，完善物流基地、城市配送中心布局，打造一批集货物集散、仓储分拨、商贸物流、跨境电商、综合保税等功能于一体的大型综合物流基地。加强物流全链条标准体系建设，完善"国际通道+物流枢纽+交通网络"物流运作体系，推动中鼎物流园、保税物流中心、大同国际陆港等与欧洲重要枢纽衔接，建设多式联运、有机接驳的综合交通枢纽格局。促进中欧（中亚）班列实现双向常态化运营，积极争取将中鼎物流园纳入国家中欧班列集结中心示范工程，探索开行太原至明斯克、塔什干、马拉舍维奇等的固定班列。开通到京唐港、天津港、连云港、青岛港等主要港口的常态化铁水联运班列，打造区域性航空枢纽。加强与郑州、西安中欧班列集结中心合作，强化太原、大同、侯马等城市的货源集并能力，提升中欧班列运行质量效益。

（二）务实合作毗邻区，实现共融发展

深度融入京津冀，推进交通一体化建设。加强与京津冀在铁路和民航发展规划等方面的衔接，有效推动轨道交通设施建设。按照国家层面规划，与北京协同推进北京—雄安新区、雄安新区—忻州高铁建设，形成能力充分的跨省通道。加快与河北省高速公路省际衔接，推进省际跨界通道互联互通。提升太原航空枢纽地位，推进大同、长治、临汾、运城等支线机场改扩建工程，建设朔州、晋城机场，与京津冀共同组成华北机场群，加快实现航运通达、全球直达。加强天津港集团与山西的合作，实现陆港、海港、空港"三港"一体推进。

融入中原城市群及关中平原城市群，推进基础设施建设与合作。依托郑太高铁，促进晋豫融合。打通晋城至新乡高速公路出省口。推进太焦、阳涉、邯长等省内繁忙路段扩能改造和复线建设工作。加快晋城民用运输机场建设。推进信息化基础设施建设，深化与中原城市群互联网、云计算等网络基础设施共建共享、互联互通，联合打造智慧城市群。

深化晋陕豫黄河金三角建设，加快基础设施互联互通。向西安等"一带一路"重要物流通道拓展延伸干线，合力打造陇海铁路、煤运南通道（侯马—月山铁路、侯马—西安铁路）和大运（大同—运城）高速、蒙西（内蒙古—江西）铁路"两横两纵"发展轴，促进经济要素向轴带集中。加快建设高标准口岸，完善开放口岸平台，加快建设运城支线机场，推动运城机场航空口岸对外开放。

拓展蒙晋冀（乌大张）合作空间，提升基础设施互联互通水平。建设以高铁线路、城际快轨和高速公路为骨干的多层次城际快速交通运输体

系，促进形成"半小时"经济圈。加快推进三地国道省道干线和县乡公路全面联通，完善区域交通网络。建设北方物流枢纽区域，融入乌兰察布经二连浩特联通俄蒙欧新通道。搭乘乌兰察布中欧班列，扩大中欧贸易进出口业务。

推进忻榆鄂区域协同发展。加强省际铁路、高速公路、普通国省道建设发展规划的衔接，打通区域内支线铁路、公路和出口路，建立道路综合管理协调机制。

加强与沿黄省区交流合作，推进基础设施互联互通。优化提升既有铁路，强化跨省高速公路、高速铁路建设，加快形成黄河流域现代化交通网络，为推动黄河"几"字弯都市圈协同发展提供便利条件。共同探索在黄河干流适宜河段实现旅游性通航。

第二节　推进新型基础设施建设

把新型基础设施建设作为数字经济时代转型发展的"加速器"，坚持系统布局、率先发展，建设新一代信息基础设施标杆省份。

一　加快推动信息基础设施建设

加速构建高速、泛在、安全的信息基础设施，进一步提升信息基础设施整体效能和综合实力，为黄河流域生态保护和高质量发展夯实数字底座。推进 5G 网络和千兆光纤宽带建设，加快布局 5G 基站建设和商用进程。发挥山西转型综改示范区国际互联网数据专用通道作用，提升山西通信服务能力和对外开放水平。加快 IPv6 升级改造步伐，推进 IPv6 规模部署应用。提升新技术基础设施能力，加快布局建设人工智能、区块链、量子通信基础设施。发展新型人工智能算力基础设施，推进存量数据中心绿色化改造，高标准建设一体化数据中心，形成中国北方重要的数据中心集聚区，创建国家大数据中心枢纽节点。全面提升数据服务能力，推进全国中西部算力中心、环首都数据存储中心、国家重要数据资源灾备中心建设。充分发挥山西能源、气候、区位等基础优势，培育太原、大同、阳泉三大数据存储产业基地。推动大同积极探索"新能源+数据服务"发展新模式，将能源优势转化为数据服务优势。推动太原、阳泉、忻州等市加大承接京津冀转移力度，形成能源流、数据流、业务流发展集合，打造国内重要数据存储经济带。规模部署物联网终端和智能化传感器，推动工业、农业、交通、物流、能源、节能环保、安全生产、城市管理等重点领域网络全覆盖。

二 稳步发展融合基础设施

深度应用互联网、大数据、人工智能等技术，推动能源、水利、市政、交通等领域传统基础设施智能化升级。加快建设工业互联网，构建覆盖山西重点工业区域的工业互联网体系。围绕先进制造升级等领域，推进国家级互联网骨干直联点建设，打造一批国家级、省级工业互联网平台，拓展标识解析应用场景。重点布局以多语言技术为突破口的人工智能公共基础设施，建设人工智能、区块链等基础性支撑平台及行业级应用平台。全面建设智慧能源设施，建设能源大数据中心，打造能源互联网全省域示范区，构建"风光水火"多源互补、"源网荷储"协调高效的"互联网+"智慧能源系统。建设以专用充电桩为主体、公共充电桩为辅助、城际高速公路快充桩为补充的新能源汽车充电基础设施体系。

三 实施创新基础设施引领工程

推动创新资源从"分散"向"集聚"转变，建立围绕基础研究、应用研究、企业科技创新和成果转化的新平台。聚焦世界科技前沿和国家重大战略需求，谋划推进超高速低真空磁悬浮电磁推进科学试验设施、辐射防护、能源互联网、基于量子光源的引力波探测大型地基观测装置等重大科技基础设施建设。增强应用基础研究和自主创新能力，抢抓"加快建设国家实验室，重组国家重点实验室体系"政策机遇，加大国家重点实验室、产业创新中心、国家工程（技术）研究中心（国家工程实验室）优化整合支持力度。重点培育支持碳基新材料、碳化硅半导体、铝镁合金、煤炭清洁利用、合成生物学、智能矿山、轨道交通、磁材料、辐射安全与防护、有机旱作农业、人源胶原蛋白、光机电、极端光学等创新平台建设，争取国家认定重点实验室。加强疾病预防控制体系建设，建设生物安全三级（P3）实验室，提升传染病检测"一锤定音"能力和传染病防控快速响应能力。加快国家区域医疗中心建设。大力推进山西医学科学院建设，打造医、教、研一体化发展的医学科研、教学基地。重点围绕"14+N"新兴产业领域，以突破重点产业领域关键核心技术和共性技术为引领，启动建设山西省实验室、培育新型研发机构、优化整合现有平台基地。

四　共同推进智慧城市建设

积极推进基于 CIM 平台的智慧城市建设，在 5G、大数据中心、人工智能、物联网、区块链等方面加大力度、加快进度，打造物联、数联、智联三位一体的新型城域物联专网，部署城市神经元节点及感知平台，构筑"城市神经元系统"，构建城市智能协同运行中枢体系，逐步实现城市信息互联互通、资源共享共用，实现智慧城市功能拓展、服务延伸。统筹规划建设城市管理网格，加强综治、城管、市政、环保、绿化、交通、应急等领域各类城市管理系统互联互通和联勤联动。通过信息化手段，开发上线一批政府建设创新智慧应用，实现智慧办公、智慧审批、智慧监管、智慧服务，提升政府治理能力。

第三节　搭建多类型能源互通网络

统筹推进电力、燃气、供热等能源基础设施建设，构建布局合理、设施配套、功能完善、安全高效的现代能源基础设施体系，着力提升能源基础设施保障和服务水平。

一 构建内联外通的完备电网系统

加快推进电网优化改接工程，将山西 1000 千伏交流特高压与 500 千伏电网优化改接，进一步发挥华北"两横"特高压通道的作用，提高电网运行效率和安全稳定水平。完善省内 500 千伏主网架结构，提升 220 千伏电网供电能力，建设安全可靠、经济高效、绿色低碳、智慧共享的"坚强电网"。推动配电网扩容改造和智能化升级，提升配电网柔性开放接入能力、灵活控制能力和抗扰动能力，提升电网就近就地平衡能力，构建适应多元负荷需要的智能配电网。推进老旧小区配电网升级改造，提升供电能力和智能化水平。实施农村电网巩固提升工程，持续加强脱贫地区农村电网建设，在具备条件的农村、边远地区探索建设高可靠性可再生能源微电网。推动晋电外送通道建设，实施特高压及外送通道重点电网工程，重点推进山西—京津唐等面向华东、华北、华中等受电地区电力外送通道建设。探索各类资本参与输电网建设，鼓励电网公司、发电企业、电力用户、社会资本共同参与投资建设输电线路，形成利益共享、风险共担的电网建设新模式。加快新能源汇集站建设，在新能源布点集中区域建设新能源汇集站，降低系统站运行复杂性，减少多层级电网堵塞问题，促进新能源在更大范围内消纳。

二 有序推进天然气管网建设

根据经济社会发展和全省非常规天然气基地建设需求，山西在"三纵十二横"基础上，打造以太原为核、高压干线为圈、各区域管网为环的"一核一圈多环"管网格局，构建"管网互联互通、地市多路畅通、县域基本覆盖、运行高效有序"的管网体系，实现统一管理、统一运营、灵活调配、供给稳定，形成衔接上下游、连通省内外的区域性管网枢纽。推动省际管道互联互通，形成坚强有力的区域性管网格局。加强与国家管网的深入对接，提升国家管网在省内上输下载能力。扩大村镇燃气管网覆盖范围，推动供气设施向农村延伸，提高城乡居民天然气普及率。

三　加强调峰储气设施建设

推进山西省内集约化、规模化储气设施项目建设，构建供应多元、管网布局完善、储气调峰配套、用气结构合理、运行安全可靠的多层级调峰储备体系和省内联络通道。加大储气设施建设力度，支持各类投资主体投资建设储气设施，实现储气设施集约化、规模化运营。全力实施"2+1+N"发展战略，打造晋南、晋北两大区域储气调峰中心，构建涵盖省内大型 LNG 储罐、地下储气库，租赁、合建省外储气库、沿海港口 LNG 接收站等的多形式多层次储气调峰体系。加快 LNG 储气调峰设施建设，推动参与省外储气设施项目，提升山西省储气调峰能力。打通邻省大型储气设施与省内干线通道，依托邻省地下储气库或 LNG 接收站，形成省内干线管道与地下储气库、LNG 接收站的连接网。

四　加快供热管网与设施建设

加大热电联产集中供热建设力度，完善山西省域内城市供热管网及配套设施建设，推动中心城市热源和供热管网扩容改造。加快热电联产热源和其他热源项目配套的供热管网建设，实现热源与管网衔接配套。有序推进供热系统智能化建设，积极推广热源侧运行优化、热网自动控制系统、用户室温调控等节能技术。积极推广多种方式清洁能源供热，鼓励有条件的地区发展生物质能、地热能、太阳能、水源热泵、空气源热泵等可再生能源供热方式，对在集中供热覆盖范围之外或集中供热管网暂时无法达到的区域，按照因地制宜、多能配置的原则，实现供热方式的清洁化、多元化发展。

五　构建布局合理、高效智能的充电基础设施体系

加快推进居住社区充电设施建设安装。完善居住社区充电设施建设

推进机制。各市相关部门应加强统筹协作，共同推进居住社区充电设施建设与改造。居住社区管理单位应积极配合用户安装充电设施并提供必要协助。业主委员会应结合自身实际，明确物业服务区域内充电设施建设的具体流程。推进既有居住社区充电设施建设。各市相关部门应制定既有居住社区充电设施建设改造行动计划，明确行动目标、重点任务和推进时序，结合城镇老旧小区改造及城市居住社区建设补短板行动，因地制宜推进。具备安装条件的居住社区要配建一定比例的公共充电车位，建立充电车位分时共享机制，为用户充电创造条件。严格落实新建居住社区配建要求。新建居住社区要确保固定车位100%建设充电设施或预留安装条件。预留安装条件时需将管线和桥架等供电设施建设到车位以满足直接装表接电需要。各市相关部门应在新建住宅项目规划报批、竣工验收环节依法监督。创新居住社区充电服务商业模式。鼓励充电运营企业或居住社区管理单位接受业主委托，开展居住社区充电设施"统建统营"，统一提供充电设施建设、运营与维护等有偿服务，提高充电设施安全管理水平和绿电消费比例。鼓励"临近车位共享""多车一桩"等新模式。

提升城乡地区充换电保障能力。优化城市公共充电网络建设布局。进一步优化中心城区公共充电网络布局，加大外围城区公共充电设施建设力度，因地制宜布局换电站，提升公共充电服务保障能力。充分考虑公交、出租、物流等专用车充电需求，结合停车场站等建设专用充电站。鼓励充电运营企业通过新建、改建、扩容、迁移等方式，逐步提高快充桩占比。加强县城、乡镇充电网络布局。按照全面推进乡村振兴有关要求，结合推进以县城为重要载体的城镇化建设，加快补齐县城、乡镇充电基础设施建设短板，加快实现电动汽车充电站"县县全覆盖"、充电桩"乡乡全覆盖"。优先在企事业单位、商业建筑、交通枢纽、公共停车场等场所配置公共充电设施。加快高速公路快充网络有效覆盖。加快制定全省高速公路快充网络分阶段覆盖方案。明确高速公路快充站建设标准规范，将快充站纳入高速公路服务区配套基础设施范围，加强高速公路快充站项目立项与验收环节管理，做好建设用地和配套电源保障工作。提升单位和园区内部充电保障。政府机关、企事业单位、工业园区等内部停车场加快配建相应比例充电设施或预留建设安装条件，满足公务用车和职工私家车充电需要。鼓励单位和园区内部充电桩对外开放，进一步提升公共充电供给能力。

第四节　加快推动现代水网建设

加强水利基础设施建设，完善水网架构和防洪减灾体系，统筹推进山西黄河流域堤防建设、水库除险加固、河道整治、滩区治理等重大工程。

一　完善水网架构

以国家水网建设有利时机为契机，扎实推进山西大水网四大骨干工程，中部引黄工程、东山供水工程、小浪底引黄工程、辛安泉供水改扩建工程全面建成达效。按照系统高效、绿色智能、调控有序、安全可靠的原则，在大水网工程的基础上，优化完善山西水网架构，推进实施一批水网连通供水工程和智慧化工程，进一步优化完善全省现代化供水网络基础设施体系，努力推动形成以城乡供水一体化和城市水务一体化为主体的一体化水网架构，进一步提升全省域水资源调配能力、供水保障能力、应急供水能力。

推进水网连通供水工程建设，重点实施万家寨引黄扩机二期工程、天阳盆地地下水置换工程、朔州神头泉城市生活供水工程、大水网"第二横"滹沱河连通工程、中部引黄—汾河上游连通工程、太原都市圈供水工程、潇河产业园区及农谷供水工程、长治市后湾供水工程、小浪底引黄工程配套工程；实施大水网配套工程，打通供水网络"最后一公里"，形成连通山西七河、纵贯三晋南北的供水基础设施网络。

二 完善防洪减灾体系

完善干流防洪体系。聚焦黄河重点河段、重点地区的防洪任务,加强汾河、沁河等河流防洪安全,充分发挥现有水利工程调控功能,加强协调联动。在大北干流段万家寨水库、龙口水库、天桥水电站,按照"电调服从水调、兴利服从防洪"的原则,科学调度洪水;在碛口、壶口两个景区和中部引黄工程提水口,加强预警预报建设;提高河曲、保德两个临河县城和偏关县临河乡镇堤防标准,形成三库三口三县联动防洪体系。在小北干流段,重点进行游荡型河段整治,实施黄河禹门口至潼关河道疏浚工程,沿黄各县(市、区)完善防洪应急预案,实施护岸、控导工程,提高防洪能力。

实施中小河流全面治理。对汾河、岚漪河、偏关河、朱家川河等支流开展堤防加固、清淤疏浚及河道整治,减轻防洪排涝压力。对文峪河、丹河、潇河、浍河、姚暹渠等中小河流进行堤防建设和加固、河道清淤疏浚、排涝治理等。完成水利部《防汛抗旱水利提升工程实施方案》中的中小河流治理项目。按照县城以上城镇不低于 20 年一遇、乡镇 10~20 年一遇,农田及其他 10 年一遇的防洪标准,对承担县城防洪、乡镇防洪或农田防护任务的中小河流河段开展治理。以县域为单元,以河流水系为脉络,扎实开展水系连通及农村水系综合整治试点工作。

三 推进水库除险扩容建设

实施病险水库(水闸)除险加固和水库清淤扩容工程。对已鉴定为"三类坝"的病险水库进行除险加固。继续开展水库大坝安全鉴定审定核查工作,完成新出现病险水库的除险加固,配套完善重点小型水库雨水情和安全监测设施。对蓄水和综合效益发挥情况较好的水库进行清淤,提高水库防洪能力和兴利效益。结合沟道造地、建材生产等泥沙综合利用项目,持续推进汾河水库等水库清淤工程。用好病险坝维修加固专项资金,建立常态化"三类坝"除险加固、库容清淤工作机制。推动建设峪口沟水库、北寒沟水库等中小水库，提升区域防洪能力。完成垣曲县西阳河李家河水库及梯级水电站建设工程，并新建和改造一批农村水电站，创建一批农村水电安全生产标准化电站和绿色小水电示范电站。加强大中型灌区续建配套和现代化改造，推进中部引黄灌区、小浪底引黄灌区、大禹渡灌区北扩、禹门口灌区汾南灌溉片扩建等工程配套建设。

第五节 加快推进城镇环境基础设施建设

环境基础设施是基础设施的重要组成部分，是深入打好污染防治攻坚战、改善生态环境质量、增进民生福祉的基础保障，是完善现代环境治理体系的重要支撑。要着力补短板、强弱项、优布局、提品质，全面提高城镇环境基础设施供给质量和运行效率，推进环境基础设施一体化、智能化、绿色化发展，逐步形成由城市向建制镇和乡村延伸覆盖的环境基础设施网络。

一 推进城镇环境基础设施转型升级

健全污水收集处理及资源化利用设施。推进城镇污水管网全覆盖，推动生活污水收集处理设施"厂网一体化"。加快建设完善城中村、老旧城区、城乡接合部、建制镇和易地扶贫搬迁安置区生活污水收集管网。加大污水管网排查力度，推动老旧管网修复更新。黄河流域城市建成区大力推进管网混错接改造，基本消除污水直排。统筹优化污水处理设施布局和规模，大中型城市可按照适度超前的原则推进建设，建制镇适当预留发展空间，因地制宜稳步推进雨污分流改造。加快推进污水资源化利用，结合现有污水处理设施提标升级、扩能改造，系统规划建设污水再生利用设施。

逐步提升生活垃圾分类和处理能力。建设分类投放、分类收集、分类运输、分类处理的生活垃圾处理系统。合理布局生活垃圾分类收集站点，完善分类运输系统，加快补齐分类收集转运设施能力短板。推进城市建成区生活垃圾日清运量超过 300 吨地区垃圾焚烧处理设施建设，鼓励不具备建设规模化垃圾焚烧处理设施条件的地区进行跨区域共建共享。按照科学评估、适度超前的原则，稳妥有序推进厨余垃圾处理设施建设。加强可回收物回收、分拣、处置设施建设，提高可回收物再生利用和资源化水平。

持续推进固体废物处置设施建设。推进工业园区工业固体废物处置及综合利用设施建设，提升处置及综合利用能力。加强建筑垃圾精细化分类及资源化利用，提高建筑垃圾资源化再生利用产品质量，扩大使用范围，规范建筑垃圾收集、贮存、运输、利用、处置行为。健全区域性再生资源回收利用体系，推进废钢铁、废有色金属、报废机动车、退役光伏组件和风电机组叶片、废旧家电、废旧电池、废旧轮胎、废旧木制品、废旧纺织品、废塑料、废纸、废玻璃等废弃物分类利用和集中处置。

提升危险废物、医疗废物处置能力。全面摸排各类危险废物产生量、地域分布及利用处置能力现状，科学布局建设与产废情况总体匹配的危险废物集中处置设施。提升特殊类别危险废物处置能力，对需要特殊处置及具有地域分布特征的危险废物，按照全省统筹、相对集中的原则，以主要产业基地为重点，因地制宜建设一批处置能力强、技术水平高的区域性集中处置基地。积极推进市级及以上城市医疗废物应急处置能力建设，健全县域医疗废物收集转运处置体系，推动现有医疗废物集中处置设施提质升级。

二 着力构建一体化城镇环境基础设施

推动环境基础设施体系统筹规划。突出规划先行，按照绿色低碳、集约高效、循环发展的原则，统筹推进城镇环境基础设施规划布局，依据城市基础设施建设规划、生态环境保护规划，做好环境基础设施选址工作。鼓励建设污水、垃圾、固体废物、危险废物、医疗废物处理处置及资源化利用"多位一体"的综合处置基地，推广静脉产业园建设模式，推进再生资源加工利用基地（园区）建设，加强基地（园区）产业循环链接，促进各类处理设施工艺设备共用、资源能源共享、环境污染共治、责任风险共担，实现资源合理利用、污染物有效处置、环境风险可防可控。持续推进县域生活垃圾和污水统筹治理，支持有条件的地方垃圾污水处理设施和服务向农村延伸。

强化设施协同高效衔接。发挥环境基础设施协同处置功能，打破跨领域协同处置机制障碍，重点推动市政污泥处置与垃圾焚烧、渗滤液与污水处理、焚烧炉渣与固体废物综合利用、焚烧飞灰与危险废物处置、危险废物与医疗废物处置等有效衔接，提升协同处置效果。推动生活垃圾焚烧设施掺烧市政污泥、沼渣、浓缩液等废弃物，实现焚烧处理能力共用共享。具备纳管排放条件的地区或设施，在渗滤液经预处理后达到环保和纳管标准的前提下，探索开展达标渗滤液纳管排放。

推进数字化融合。充分运用大数据、物联网、云计算等技术，推动城镇环境基础设施智能升级，鼓励开展城镇废弃物收集、贮存、交接、运输、处置全过程智能化处理体系建设。以数字化助推运营和监管模式创新，充分利用现有设施建设集中统一的监测服务平台，强化信息收集、共享、分析、评估及预警，将污水、垃圾、固体废物、危险废物、医疗废物处理处置纳入统一监管，扩大要素监测覆盖范围，逐步建立完善环境基础设施智能管理体系。加快建立全省医疗废物信息化管理平台，提高医疗废物处置现代化管理水平。加强污染物排放和环境质量在线实时监测，加大设施设备功能定期排查力度，提升环境风险防控能力。

第九章　推进制度创新，建立区域协调发展新机制

推动山西区域协调和高质量发展，必须坚持新发展理念，持续深化改革，完善体制机制，推进要素自由有序流动、主体功能约束有效、基本公共服务均等共享、资源环境可承载可持续，完善区域协调发展的制度性保障，消除阻碍协调发展的体制性障碍和制度性壁垒，构建区域间优势互补、良性互动、包容共进、联动发展的区域协调发展新机制。

第一节　深化区域合作机制

区域合作是促进区域协调发展的重要手段，必须进一步完善区域协同共享的生态保护和发展机制，加快形成城乡协调发展新机制，完善省内区域互助帮扶机制，构建区域利益协调机制，推动形成全方位开放合作新格局。总之，要通过有效的制度性安排，保障全省区域间高效合作、协同共进、互惠互利、联动发展。

一　建立与完善区域协作机制

要大力推动区域间的合作互动，构建机制化合作交流渠道。建立区域间公共事务协作管理机制和利益协调机制，推动相邻区域基本公共服务设施共建共享。以服务半径和服务人口为基本依据，统筹空间

布局，在省、市范围内统一布局基本公共服务重大基础设施，避免重复建设与资源浪费。实现基本公共服务信息、资源、技术、设备等要素共享和相互开放，逐步消除基本公共服务资源共享的行政壁垒与制度障碍。区域协调发展中的地方合作，应以地方政府为主导，吸纳市场和社会多方力量，构建区域协作体系，切实实现区域协调发展的目标。在区域协调发展中的进程中，地方政府是合作的核心主体，应建立健全区域内政府联席会议制度，成立区域协作组织与机构，实行决策层、协调层和执行层"三级运作"的区域合作机制，加强市际、县际政府间的合作交流。社会组织和企业是地方政府合作的重要利益相关者，要大力发展非政府组织协调机制，积极发展各类社会中介组织，有序发展区域性行业协会商会，支持行业协会、商会、公益团体等社会组织利用其组织资源，通过社会动员、制度供给、资本投入等手段参与公共事务。

要继续提升省际交界地区与省外毗邻地区的合作。除省内各地市县等区域之间的合作外，还应促进与省外交界地区的合作。从山西来看，重点是加强与京津冀、晋陕豫黄河金三角、内蒙古等周边毗邻地区的交流合作，探索建立统一规划、统一管理、合作共建、利益共享的区域性合作新机制，提升合作层次和水平。建立健全跨省城市政府间联席会议制度，完善省际会商机制。充分发挥省政府驻外办事处和商协会的作用，推动行业商会（协会）建立跨区域联盟，形成全社会参与共同促进区域合作的良好局面。此外，还应鼓励企业组建跨地区跨行业产业、技术、创新、人才等合作平台。

加强区域内部城市间的紧密合作，推动城市间产业分工、基础设施、公共服务、环境治理、对外开放、改革创新等协调联动，鼓励成立多种形式的城市联盟，实行重大设施统一规划、重大项目协调布局、重大改革统筹推进。联手共办峰会、展会、智库协同交流平台等，深度开展区域产业合作交流专题论坛、园区主题会展等系列活动，推动构建互利共赢的区域合作新机制。加强城市群内部城市间的紧密合作，加快构建大中小城市和小城镇协调发展的城镇化格局，积极探索建立城市群协调治理模式。

专栏 9-1　昆明市建立招商引资区域协同机制

昆明市为解决各县（市）区、开发（度假）区招商引资各自为阵的问题，提出打破区域界限、打通行政壁垒，建立招商引资区域协调机制，特此制定《昆明市招商引资项目跨区域协作管理办法》和《昆明市存量产业项目跨区域流转管理服务办法》。

在招商资源和项目管理方面，依托招商引资数字系统"一图两库"（招商地图、项目库、资源库），由市招商委办公室牵头，各县（市、区）、开发（度假）区和市级有关部门配合，加强全市产业用地、标准厂房、商务楼宇等资源及世界 500 强、中国 500 强、民企 500 强等龙头企业的信息梳理和归集，建立健全市级招商引资项目管理平台，引导招商引资项目合理流转，并向优势产业功能区集聚，避免优质项目流失和区域内同质化竞争。与此同时，明确项目协作利益共享，提出利益共享类型及奖励，如对每年度流转成功项目的首谈地和承载地在招商考核中给予加分奖励、对提供要素支持的首谈地给予经费奖励等。

此外，《昆明市存量产业项目跨区域流转管理服务办法》将跨区域流转存量产业项目分为政策性流转项目、企业自主流转项目、注册地不变更流转项目、仅搬迁总部或变更注册地流转项目 4 类，并对不同类别的流转项目税收收入比例进行约定。

目前，东川区成功促成湖北东风重工新能源重卡项目、上海森汇自然能提水生产研发项目等承接到空港经济区、昆明高新区等地，成为昆明招商引资区域协调机制成果的示范。

二　构建区域协同共享的生态保护和发展机制

生态保护涉及的区域广泛，通常需要跨地市甚至跨省域协同推进，因此有必要建立区域间生态保护和绿色发展方面的协作机制，构建区域生态利益协调机制。

河流是重要的生态资源，要促进流域上下游合作发展。推进黄河流域经济带上下游间合作发展，建立健全上下游毗邻省市规划对接机制，协调解决地区间合作发展重大问题。完善流域内相关省市政府协商合作机制，构建流域基础设施体系，严格流域环境准入标准，加强流域生态环境共建共治，推进流域产业有序转移和优化升级，推动上下游地区协调发展。高质量完成全省各级国土空间规划编制工作，科学确定"三线一单"，切实把山西的生态和发展坐标明晰起来。

区域协调发展的难点在于区域利益的协调，可以在转移支付、税收分成、生态补偿等方面积极探索。在转移支付方面，继续提高一般性转移支付比例，适度向老少边穷地区等落后区域倾斜，发挥财政在区域协调发展中的调节作用。在税收分成方面，完善共建园区的税收分成办法，探索省内产业转出区与产业承接区的分成办法。在生态补偿方面，将生态受益区与生态保护区间的补偿问题纳入区域协调发展的范畴，按照主体功能区定位，落实生态补偿机制，探索区域间横向生态补偿的新模式。完善区域均衡性财政转移支付与生态补偿制度，科学评估区域生态价值，加快建立横向生态补偿机制，对限制开发区域与生态红线区域给予合理的生态补偿。鼓励生态受益地区与生态保护地区、流域下游与流域上游通过资金补偿、对口协作、产业转移、人才培训、共建园区等方式建立横向补偿关系。开展省域重点河流横向生态保护补偿试点，探索建立流域上游地区与下游地区有效的协商平台和补偿机制。健全资源输出地与输入地之间利益补偿机制，加快建立支持资源型地区经济转型的长效机制，围绕煤炭、天然气、水能、风能、太阳能以及其他矿产等重要资源，坚持市场导向和政府调控相结合，加快完善有利于资源集约节约利用和可持续发展的资源价格形成机制，确保资源价格能够涵盖开采、生态修复和环境治理等环节成本。

专栏 9-2　山西探索汾河流域横向生态补偿机制

汾河上中下游涉及忻州、太原、晋中、吕梁、临汾、运城 6 个设区市，山西按照"谁受益谁补偿，谁保护谁受偿"的原则，从省级层面建立汾河流域联防联控、流域共治和保护合作的长效保护机制，以此更好地进行环境治理和生态保护，有效化解跨区域河流生态环境的治理难题。

生态补偿资金主要用于推进汾河流域生态环境保护。山西省生态环境厅对汾河流域横向生态补偿情况进行核算，并将核算结果通报各市政府；山西省财政厅根据核算结果，次年对各市生态补偿资金进行结算。

三　加快形成城乡协调发展新机制

加快推进城乡基本公共服务制度对接和标准统一，实现基本公共服务供给体制一体化。统筹规划城乡基本公共服务，按照统一的建设标准，规划建设基本公共服务机构和设施，通过城乡间资源共享、制度对接、待遇互认，全面实现城乡基本公共服务均等化。按照"乡村振兴、城乡融合"的要求，加快构建城乡互促、有机融合的山西城乡协调发展新格局。要全面放宽城市落户条件，完善配套政策，打破阻碍劳动力在城乡、区域间流动的不合理壁垒，促进人力资源优化配置。在广大农村，要通过深化农业农村改革，激发内生发展动能。深化农村土地制度改革，推动建立城乡统一的建设用地市场，进一步完善承包地所有权、承包权、经营权三权分置制度，探索宅基地所有权、资格权、使用权三权分置改革。深化农村集体产权制度改革，摸清集体家底，管好用好资源性、经营性、非经营性资产，保障农村居民共享发展成果。

总之，要充分发挥农村土地、生态、劳动力等资源富集优势，进行跨地域合作，取长补短，构建利益共享机制，大力提高农村居民收入，壮大农村集体经济实力，为共同富裕提供制度性基础和物质性保障。

专栏 9-3　浙江省推动城乡区域协调发展的典型经验

1. 宁波慈溪市：党建引领乡村片区组团共富发展

宁波慈溪市立足各村区位优势、资源禀赋、治理重点等因素，按照 3 到 6 个村的规模，科学组建"综合发展型""特色产业型""社会治理型"等组团片区，并成立党建联盟，以党建工作一体化引领片区发展一盘棋。通过"数字赋能""导师赋能""政策赋能"，推动各类资源要素向片区倾斜。与此同时，构建片区利益联结机制，引导鼓励片区组团村建立契约型、分红型、股权型等合作关系，加快要素流转组合，在推动基础设施建设、公共服务共享、社会治理等方面取得跨地域、跨层级突破。

2. 嘉兴平湖市：打造山海协作高质量发展升级版

嘉兴平湖市铸造"飞地"协作金名片，创建跨地市"飞地抱团"精准消薄新模式，与青田县合作共建"消薄飞地"产业园。探索"一体化+"合作新样本，平湖市第一人民医院、上海市第一人民医院、青田县人民医院 3 家医院组建公济山海联盟。练就数字化"浙农服"硬功夫，与松阳首创全省农产品产供销一体化县县合作新模式。跨县市"飞地消薄"项目协议十年期内，每年可为青田 265 个参建村营业性增收 5.54 万元/村，累计返还青田投资收益 3240 万元。

3. 金华磐安县：飞地经济打造共建共富样板

金华磐安县践行"两山理念"，探索建立"异地发展工业增加税收，提供资金保护县内环境"的生态补偿机制。强化"区域协调"，主动融入市区城市化建设进程，不断放大地理区位优势，发挥磐安招商引资、对外开放协作的主窗口、主渠道作用。深化"二次开发"，实施"园区规划与金华市区无缝衔接、税收政策与金华市区保持一致、社会管理由属地政府组织实施"的开发机制，探索实践"坚持向空间要土地，向亩产要效益、向共建要共赢"的二次转型发展战略。多途径拓宽就业创业渠道，解决县域人口就业近1.8万人、本地就业2万余人，有力推动金义都市区共建共融。

4. 舟山市：探索就业"订单"培训机制，推动"山海共富"

舟山市组织定向招募，根据当地的产业发展和企业经营需求，"订单"式引培对口帮扶地区人员到当地就业，有效促进劳动力资源供需精准对接。促成校校合作，"订单"式输送学员，以机电专业为重点，实施省际劳务协作"深耕"行动，促成与四川达州等地职业院校合作机制；促成企校合作，"订单"式组织实习，针对海岛旅游行业用工特点，促成舟山酒店餐饮企业与达州职业院校合作。

四 完善省内区域互助帮扶机制

要加快探索建立规划制度统一、发展模式共推、治理方式一致、区域市场联动的区域市场一体化发展新机制，帮助经济欠发达地区加快发展，提高当地的产出水平，增加人民的福利。

通过财政收入再分配来提高欠发达地区人民群众包括教育、卫生、社会保障等在内的生活福利水平，实现区域之间公共支出的均等化和居民公共福利的均等化。要视财力情况，保证欠发达地区居民的基本教育、基本医疗、基本设施和基本保障。对欠发达地区的政府支出包括公务员的报酬也要给予保证，和发达地区的差距不能拉得太大。

完善区域之间的互助机制，发展基础好、发展速度快的地区对发展困难地区进行对口帮扶，尤其是对太行山区和吕梁山区等集中连片特困地区进行帮扶，提高特殊困难地区的自我发展能力和公共服务水平。提高区域内互助帮扶的效率，打破单一的行政计划，通过市场机制配置互助帮扶资源，把共同经济利益作为互助的基础，借助帮扶发展困难地区拓宽自己的原料基地和产品基地，使自己在互助帮扶行为中也获得一定程度的发展。以承接产业转移、跨区域产业合作等为手段，支持发展较快地区与发展困难地区共建产业合作基地和资源深加工基地，推进产业有序转移和优化升级，共同推进资源型经济转型发展。组织开展对口协作（合作），构建政府、企业和相关研究机构等社会力量广泛参与的对口协作（合作）体系。积极引导社会力量广泛参与深度贫困地区脱贫攻坚，帮助深度贫困群众解决生产生活困难。

专栏 9-4　江苏省建立区域互助帮扶机制

为促进区域协调发展，江苏制定了"五方挂钩"帮扶政策，即建立起省级机关、苏南县市、高校院所、各类企业对口苏北经济薄弱县挂钩帮扶的机制。四方对口的各机关、县市、院所、企业每年的投入分别不得少于 20 万元、500 万元、100 万元、10 万元，并且每年要保持一定增幅。到 2017 年，共有省级机关单位 90 家、苏南县市 21 个、高校院所 40 家和各类企业 114 家与苏北挂钩。

专栏 9-5　河北省建立完善区域协调发展五大机制

2019 年，为加快形成区域相互促进、优势互补、共同发展的新格局，河北省委、省政府印发《关于贯彻落实建立更加有效的区域协调发展新机制的实施方案》，建立完善区域协调发展五大机制。

一是健全市场一体化发展机制。有序推进要素自由流动，全面完善市场准入负面清单制度，深入实施公平竞争审查制度；深化户籍制度改革，全面放宽城市落户条件；深入推进农村土地制度改革。完善区域交易平台和制度，建立健全用能权、用水权、排污权、碳排放权初始分配制度；完善区域性股权市场，促进资本跨区域有序自由流动。

二是推动完善多元化横向生态补偿机制。积极探索综合性补偿办法，按照"谁受益谁补偿"的原则，继续推进生态保护补偿试点示范，统筹各类补偿资金，推动京津冀共同建立张承生态支撑区和水源涵养区产业、科技、林业、农业等多元化横向生态补偿机制，巩固完善跨界河流上下游水质断面考核奖惩和补偿制度。

三是完善基本公共服务均等化机制。逐步建立起权责清晰、财力协调、区域均衡、标准合理、保障有力的基本公共服务制度体系和保障机制；推动城乡服务内容和标准统一衔接；加快京津冀区域基本公共服务统筹合作，建立医疗卫生、劳动就业等基本公共服务跨城乡跨区域流转衔接制度；推动雄安新区基本公共服务与北京市衔接，研究制定适应雄安新区发展需要的基本公共服务制度。

四是创新完善区域政策调控机制。实行差别化区域发展政策，按照主体功能区定位，提高财政、产业、环保、土地和人才等政策的精准性和有效性。建立区域均衡的财政转移支付制度，加快缩小县域间财力差距，促进基本公共服务均等化。

五是健全区域发展保障机制。规范区域规划编制管理，加强区域规划编制前期研究，加强中期评估和后评估，形成科学合理、管理严格、指导有力的区域规划体系。建立区域发展监测评估预警体系，建立区域协调发展评价指标体系，建立区域协调发展运行数据共享平台，加快建立区域发展风险识别和预警预案制度。

第二节 构建要素自由流动机制

人才、土地、资金、技术等优质生产要素的自由流动是促进区域经济一体化、推动经济增长的重要途径。要实现一个区域的协同快速发展，必须从体制上打破行政壁垒，消除限制区域之间、区域内部要素自由流动的制度性障碍，健全城乡要素合理配置机制。只有合理协调好各区域的要素需求和利益分配，才能从根本上优化要素自由流动，切实提高区域协调发展水平，并逐步减少地区发展不平衡现象。

一 建立统一、开放的要素市场

在市场经济中，市场是促进生产要素向高效率处流动的加速器，依托市场机制配置生产要素的功能，促进要素在各个区域内合理流动，才能够对社会资源进行有效的配置，进而推动区域经济的协调互动。因此，要充分发挥市场机制的作用，消除阻碍区域要素流动的障碍，建立完善的区域要素市场体系，促进要素的有序充分自由流动，提高要素的配置效率，公平性清理和废除妨碍统一市场和公平竞争的各种规定和做法，进一步优化营商环境，激发市场活力。按照建设统一、开放、竞争、有序的市场体系要求，加快探索建立发展模式共推、治理方式一致、区域市场联动的区域市场一体化发展新机制。完善区域交易平台和制度，建立健全用水权、排污权、碳排放权、用能权初始分配与交易制度，培育发展各类产权交易平台，规范发展多功能、多层次的综合性产权交易市场。选择条件较好的地区建设区域性排污权、碳排放权等交易市场，推进水权、电力市场化交易，进一步完善交易机制。

二 推动人力资源合理有序流动

充分发挥市场和政府这"两只手"的作用，进一步消除人才流动的体制性障碍，利用人才流动的规律，引导人才按需流动。建立区域人才相互挂职交流的常态化机制，允许人才在区域内不同城市、不同部门自由有序流动，实行区域内人才流动专业技术职称互认、医疗保险关系互通。在这方面，不仅要推动省内各地区之间人才的有序流动，也有必要拓展思维，推进省内与省外的人才交流。通过不断优化的人才政策，吸引全国乃至全球人才到山西创业创新。

进一步深化户籍制度改革，完善财政转移支付与常住人口挂钩机制，实施城镇新增建设用地规模与农业转移人口落户数量挂钩政策，探索建立由政府、企业、个人共同参与的农业转移人口市民化成本分担机制。完善基本公共服务与常住人口挂钩机制，稳步推进城镇基本公共服务向对常住人口提供转变。加快制定财政、金融、社会保障等激励政策，吸引各类人才返乡入乡创业，引导工商资本下乡。

在区域人力资源开发与合作上，重点要支持欠发达地区，而这在市场经济框架内，必须建立双赢的区域人力资源开发与合作体制才能实现。因此，要加快区域间高校科研院所、企业组织联合共建，共同分享人力资源开发与合作的成果。重构区域人力开发与合作新机制，要特别重视发挥区域中心城市教育相对发达的优势，鼓励构建区域性高等教育中心，建立区域教育合作基地，加大区域中心城市为区域发展培养人才的责任，培养区域经济社会发展急迫需要的各种实用性人才。当前尤其需要把重心放在制造工业、现代农业和服务业人才的培养上。加强较发达与欠发达地区的校际合作，鼓励中心城市的高级人才到农村地区和边远地区轮流支教，把教育的重点放在应用型人才的培养上。促进人才"柔性流动"，建立区域人才相互挂职交流的常态化机制，通过顾问指导、短期兼职、项目合作、服务外包、二次开发、技术入股、对口支援、挂职锻炼、人才租赁、互派培养及其他适宜方式，允许人才在区域内不同城市、不同部门自由流动，实行区域内人才流动专业技术职称互认、医疗保险关系互通。

加快畅通劳动力和人才社会性流动渠道。指导用人单位坚持需求导向，采取符合实际的引才措施，在不以人才称号和学术头衔等人才"帽子"引才的前提下，促进党政机关、国有企事业单位、社会团体管理人才合理有序流动。完善事业单位编制管理制度，统筹使用编制资源。支持事业单位通过特设岗位引进急需的高层次专业化人才。支持探索灵活就业人员权益保障政策。探索建立职业资格证书、职业技能等级证书与学历证书有效衔接机制。加快发展人力资源服务业，把服务就业的规模和质量等作为衡量行业发展成效的首要标准。

激发人才创新创业活力。支持事业单位科研人员按照国家有关规定离岗创新创业。推进职称评审权下放，赋予具备条件的企事业单位和社会组织中高级职称评审权限。加强创新型、技能型人才培养，壮大高水平工程师和高技能人才队伍。加强技术转移专业人才队伍建设，探索建立健全对科技成果转化人才、知识产权管理运营人员等的评价与激励办法，完善技术转移转化类职称评价标准。

三　加快深化土地制度改革

土地资源的优化配置不仅是实现区域效益最大化的重要手段，更是实现区域可持续发展的重要途径。要规范发展多功能、多层次的综合性产权交易市场，推动土地入市交易，建立城乡统一的建设用地市场，进一步完善承包地所有权、承包权、经营权三权分置制度，探索宅基地所有权、资格权、使用权三权分置改革。完善城乡建设用地增减挂钩制度和低效闲置土地退出机制，探索实行城镇建设用地增加规模与吸纳农业转移人口落户数量挂钩机制。

支持探索土地管理制度改革。合理划分土地管理事权，在严格保护耕地、节约集约用地的前提下，探索赋予试点地区更大的土地配置自主权。允许符合条件的地区探索城乡建设用地增减挂钩节余指标跨区调剂使用机制。探索建立补充耕地质量评价转换机制，在严格实行耕地占补平衡、确保占一补一的前提下，严格管控补充耕地国家统筹规模，严把补充耕地质量验收关，实现占优补优。支持开展全域土地综合整治，优化生产、生活、生态空间布局，加强耕地数量、质量、生态"三位一体"保护和建设。

鼓励优化产业用地供应方式。鼓励采用长期租赁、先租后让、弹性年期供应等方式供应产业用地。优化工业用地出让年期，完善弹性出让年期制度。支持产业用地实行"标准地"出让，提高配置效率。支持不同产业用地类型合理转换，完善土地用途变更、整合、置换等政策。探索增加混合产业用地供给。支持建立工业企业产出效益评价机制，加强土地精细化管理和节约集约利用。

推动以市场化方式盘活存量用地。鼓励试点地区探索通过建设用地节约集约利用状况详细评价等方式，细化完善城镇低效用地认定标准，鼓励通过依法协商收回、协议置换、费用奖惩等措施，推动城镇低效用地腾退出清。推进国有企事业单位存量用地盘活利用，鼓励市场主体通过建设用地整理等方式促进城镇低效用地再开发。规范和完善土地二级市场，完善建设用地使用权转让、出租、抵押制度，支持通过土地预告登记实现建设用地使用权转让。探索地上地下空间综合利用的创新举措。

建立健全城乡统一的建设用地市场。在坚决守住土地公有制性质不改变、耕地红线不突破、农民利益不受损三条底线的前提下，支持试点地区结合新一轮农村宅基地制度改革试点，探索宅基地所有权、资格权、使用权分置实现形式。在依法自愿有偿的前提下，允许将存量集体建设用地依据规划改变用途入市交易。在企业上市合规性审核标准中，对集体经营性建设用地与国有建设用地给予同权对待。支持建立健全农村产权流转市场体系。

四 促进科技资源有效配置

大力促进技术要素向现实生产力转化。要建设全省统一的科技资源共享与服务平台，进一步发挥山西科技成果转化与知识产权交易服务平台作用，实现科技资源的有效配置和供需信息的共建共享。鼓励联合培育技术联盟、孵化器等。加强与海内外高校、科研机构的战略合作，充分发挥各类科技园区和科技创新平台的功能，加快创新成果产业化的载体建设，搭建科技成果共享服务和企业、科研单位供需合作平台。

健全职务科技成果产权制度。支持开展赋予科研人员职务科技成果所有权或长期使用权试点，探索将试点经验推广到更多高校、科研院所和科技型企业。支持相关高校和科研院所探索创新职务科技成果转化管理方式。支持将职务科技成果通过许可方式授权中小微企业使用。完善技术要素交易与监管体系，推进科技成果进场交易。完善职务科技成果转移转化容错纠错机制。

完善科技创新资源配置方式。探索对重大战略项目、重点产业链和创新链实施创新资源协同配置，构建项目、平台、人才、资金等全要素一体化配置的创新服务体系。强化企业创新主体地位，改革科技项目征集、立项、管理和评价机制，支持行业领军企业牵头组建创新联合体，探索实施首席专家负责制。支持行业领军企业通过产品定制化研发等方式，为关键核心技术提供早期应用场景和适用环境。

推进技术和资本要素融合发展。支持金融机构设立专业化科技金融分支机构，加大对科研成果转化和创新创业人才的金融支持力度。完善创业投资监管体制和发展政策。支持优质科技型企业上市或挂牌融资。完善知识产权融资机制，扩大知识产权质押融资规模。鼓励保险公司积极开展科技保险业务，依法合规开发知识产权保险、产品研发责任保险等产品。

五　探索建立数据要素流通规则

完善公共数据开放共享机制。建立健全高效的公共数据共享协调机制，支持打造公共数据基础支撑平台，推进公共数据归集整合、有序流通和共享。探索完善公共数据共享、开放、安全保障的管理体制。优先推进企业登记监管、卫生健康、交通运输、气象等高价值数据集向社会开放。探索开展政府数据授权运营。

建立健全数据流通交易规则。探索"原始数据不出域、数据可用不可见"的交易范式，在保护个人隐私和确保数据安全的前提下，分级分类、分步有序推动部分领域数据流通应用。探索建立数据用途和用量控制制度，实现数据使用"可控可计量"。规范培育数据交易市场主体，发展数据资产评估、登记结算、交易撮合、争议仲裁等市场运营体系，稳妥探索开展数据资产化服务。

拓展规范化数据开发利用场景。发挥领军企业和行业组织作用，推动人工智能、区块链、车联网、物联网等领域数据采集标准化。深入推进人工智能社会实验，开展区块链创新应用试点。在金融、卫生健康、电力、物流等重点领域，探索以数据为核心的产品和服务创新，支持打造统一的技术标准和开放的创新生态，促进商业数据流通、跨区域数据互联、政企数据融合应用。

加强数据安全保护。强化网络安全等级保护要求，推动完善数据分级分类安全保护制度，运用技术手段构建数据安全风险防控体系。探索完善个人信息授权使用制度。探索建立数据安全使用承诺制度，探索制定大数据分析和交易禁止清单，强化事中事后监管。探索数据跨境流动管控方式，完善重要数据出境安全管理制度。

六 推动资本要素服务实体经济发展

增加有效金融服务供给。依托全国信用信息共享平台，加大公共信用信息共享整合力度。充分发挥征信平台和征信机构作用，建立公共信用信息同金融信息共享整合机制。推广"信易贷"模式，用好供应链票据平台、动产融资统一登记公示系统、应收账款融资服务平台，鼓励金融机构开发与中小微企业需求相匹配的信用产品。探索建立中小企业坏账快速核销制度。鼓励银行机构与外部股权投资机构深化合作，开发多样化科技金融产品。支持在零售交易、生活缴费、政务服务等场景试点使用数字人民币。支持完善中小银行和农村信用社治理结构，增强金融普惠性。

完善地方金融监管和风险管理体制。支持具备条件的试点地区创新金融监管方式和工具，对各类地方金融组织实施标准化的准入设立审批、事中事后监管。按照属地原则压实省级人民政府的监管职责和风险处置责任。

专栏 9-6　山东省以新思路新举措打破要素"天花板"

山东省研究制定了《要素保障创新 2022 年行动计划》，聚焦能耗、土地、资金、环境容量、数据五大资源要素，坚持有为政府和有效市场相结合、省级统筹和分级配置相结合、用好增量和挖潜存量相结合、破解制约和完善机制相结合。

一是在能耗方面，鼓励各市大力发展新能源和可再生能源，光伏发电形成的能源增量全部留给所在市，海上风电和核电形成的增量 50% 留给所在市，用以保障非"两高"项目建设用能需求。二是在用地方面，积极推进批而未供和闲置土地处置，实施批而未供和闲置土地处置任务动态管控，在完成国家下达任务量的基础上，根据山东实际再上浮 10% 作为省级任务，增加"增存挂钩"核补指标数量，同时深入推进"标准地"供地改革，在省级以上园区将"标准地"供地比例由 30% 扩展到全部工业用地。三是在资金方面，实行金融精准"滴灌"，对 2022 年 2000 个省级重点项目开展"咨询—对接—培育"全链条融资服务。四是在环境容量方面，鼓励排污单位实施污染物减排措施，减排形成的可替代总量指标可优先用于本单位新建项目。五是在数据要素方面，加快推进公共数据深度利用，按需拓展数据字段项，推进供水、供气、供热等公共数据汇聚治理。

此外，积极开展要素保障类政策专项清查。2022 年 5 月，山东省市场监管局、省发改委等八部门联合印发《关于开展要素保障类政策措施专项清查的通知》（简称《通知》），聚焦土地、劳动力、资本等要素领域的政策措施，进行集中清理和抽查。此次专项行动旨在着力破除妨碍要素市场化配置的隐形门槛和壁垒，打通制约经济循环的关键堵点，促进商品要素资源在更大范围内畅通流动。《通知》明确了清查标准，重点破除阻碍要素自由流动的体制机制障碍，清理废除妨碍要素自由流动、妨碍统一市场和公平竞争的规定和做法。按照"谁起草、谁实施、谁清理"和分级集中抽查原则，山东省各部门明确部门责任，对本部门起草的要素保障类政策措施进行自查清理；各级市场监管部门协调指导本级有关部门开展工作，并组织相关部门开展对本级和下级要素领域政策措施的抽查。专项行动制定了时间表和路线图，分为部门自查、分级抽查、总结提升三个阶段。

第三节　完善公共服务均等化机制

要始终坚持以人民为中心的发展理念，尽力而为、量力而行，围绕解决基本公共服务领域不均衡不充分问题，积极完善基本公共服务均等化推进机制，推进基本公共服务标准化，开展基本公共服务领域共同事权划分改革，进一步提升基本公共服务水平和统筹层次，实现城乡、区域和不同社会群体间基本公共服务制度的统一、标准的一致和水平的均衡，促进基本公共服务共享共建，加大省级制度顶层设计统筹力度，推进全省基本公共服务均等化。着力保障两山和平川地区常住人口就近享受平等基本公共服务的权利，提升基本公共服务水平，为构建全省区域协调发展新格局打牢基础。

一　提升教育合作发展水平

要加强高等教育跨区域合作，进一步完善公共服务合作机制，加快教育合作发展，以师资队伍培训交流、优质课程资源共享、实验实训基地共建等方式开展合作，提高教育共享水平。通过省级财政资金倾斜、鼓励联合办医办学等方式，提高教育均衡化服务水平。巩固完善义务教育管理体制，强化省、市统筹作用，加大对脱贫地区的支持力度。加强基础教育、职业技术教育和高等教育，提高人力资本积累水平。加快发展现代职业教育，加强跨地区职业教育合作，建设一批跨地区职业教育集团。鼓励具备条件的普通本科高校向应用型高校转变。加强农民工职业技术培训，完善统一规范的劳动用工和跨区域培训教育等工作机制。

二　提升医疗卫生联动协作能力

加快建立和完善医疗卫生等基本公共服务跨城乡跨区域流转衔接制度，强化跨区域基本公共服务统筹合作。鼓励医疗水平较高地区医院跨行政区划开办分院、合作办医。推进医疗联合体建设，扩大互联网远程医疗合作平台联结服务的城市和医疗机构范围。建立跨地区双向转诊和同级医疗机构检查结果互认制度。建立区域互联互通的全民健康信息平台。通过合作共建、对口支援、远程医疗等措施，提升基层、贫困地区医疗卫生服务能力和水平。

三　完善区域社会保障体系

不断提高基本医疗保险统筹层级，完善基本医疗保险制度。加大基本养老保险、基本医疗保险等社会保险关系转移接续政策的落实力度，强化跨区域基本公共服务统筹合作。建立社会保险参保信息共享机制，完善基本医疗保险管理措施，推进区域医疗服务有效衔接。

四　推进公共文化协同发展

发挥山西历史文化、红色文化资源优势，统筹文化事业和文化旅游产业发展，全面提升文化软实力。加大跨地区公共文化资源整合力度，提升公共文化发展水平。弘扬山西特色文化，加强历史文化名城名镇名村、非物质文化遗产保护，改造设施落后的图书馆、艺术馆、博物馆等，推进数字图书馆、数字档案馆、数字博物馆等的协同开发和共享。

五　完善财政对公共服务均等化保障机制

合理划分各级政府基本公共服务财政事权与支出责任，适当强化省级分担责任，加大统筹力度，完善转移支付制度，体现对不同地区承担支出责任的差异化，提升相对落后地区的基本公共服务水平。发挥市县政府在推进本行政区域内基本公共服务均等化的管理优势和主观能动性，将自有财力和上级转移支付优先用于基本公共服务，承担提供基本公共服务的组织落实责任，确保民生政策落实到位。规范中央与地方共同财政事权事项的支出责任分担方式，调整完善转移支付体系，基本公共服务投入向贫困地区、薄弱环节、重点人群倾斜，提升市县财政特别是县级财政基本公共服务保障能力。

深入推进基本公共服务领域财政事权和支出责任划分改革，进一步缩小县域间、市地间基本公共服务差距，逐步建立起权责清晰、财力协调、标准合理、保障有力的基本公共服务制度体系和保障机制。将中央已明确的义务教育、学生资助、基本就业服务、基本养老保险、基本医疗保障、基本卫生计生、基本生活救助、基本住房保障八大类18项基本公共服务领域中央与地方共同财政事权确定为省与市县共同财政事权，探索制定地区保障标准。适当强化省级责任，实行以按比例分担为主、以按因素确定和项目分担为辅的支出责任分担方式。按照山西"一群两区三圈"区域发展新格局，考虑财力差异，逐步简化统一市县分类分档，并按规范比例分担。强化市级政府在推进本行政区域内基本公共服务均等化等方面的职责，统筹制定本地保障标准，合理划分市级与所辖县（市、区）支出分担比例。

六　进一步提升省级统筹能力

加大对省域范围内基本公共服务薄弱地区的扶持力度，加大对革命老区和贫困地区等重点地区以及欠发达地区的扶持力度，保障居住在不同区域的人民共享改革发展成果。梳理确定省级统筹项目。建立健全全省基本公共服务"一盘棋"工作机制，全面梳理基本公共服务目录清单项目，在企业职工基本养老保险省级统筹基础上，探索基本公共服务省级统筹机制，进一步提升基本公共服务水平和统筹层次。加大省级财政统筹力度，适当统筹财力用于保障基本公共服务中最基础、最核心的项目，促进区域间基本公共服务水平均衡。对于部分重点领域项目实行全省统一制度、统一政策、统一标准，财力水平较高、自行提高保障标准超过国家和省定标准的地区，在适当放缓或暂停提标的基础上，省级对其形成的增支一律不予补助，必要时核减相关转移支付资金，调整到保障水平较低的欠发达地区，避免各地区提供基本公共服务的门槛、待遇和流程等差异，导致地区间恶性竞争、超过财政承受能力或财政资金沉淀。

专栏 9-7　广东省实施基本公共服务均等化重点工程

1. 实施"补短暖心"工程

广东以基本公共服务项目的全国平均水平为参照，全面梳理基本公共服务的项目短板，按照"既尽力而为、又量力而行"的原则，结合财力实际，集中力量推进补齐短板项目，缩小城乡差距，优先提高落后全国平均较多的重点项目保障水平，确保到 2020 年全面补齐基本公共服务项目短板。

2. 实施"扩面共享"工程

进一步打破户籍制度壁垒，健全财政转移支付与农业转移人口市民化挂钩机制，稳步推动基本公共服务常住人口全覆盖，促进农业转移人口与城镇居民享受同等的基本公共服务，特别为进城农村贫困人口提供基本公共服务，促进有能力在城镇稳定就业的农村贫困人口有序实现市民化，推动全体人民共享改革开放成果。

3. 实施"提质领先"工程

以提升基本公共服务质量为目标，持续投入确保"底线民生"保障水平保持全国前列，鼓励行业主管部门和各地级市政府探索各项基本公共服务体制机制创新，在达到全国平均水平的基础上，进一步增强人民群众的获得感和满意度。积极拓展与港澳公共服务交流合作，推进共建共享，共同打造优质生活圈。

第四节　健全政策保障机制

实现区域协调发展是一项长期而又艰巨的任务，需要多部门、多领域的协同发力，从影响区域协调发展的各类因素层面出发，深化细化配套措施，切实保障区域协调发展战略的顺利实施。

一　创新区域政策调控机制

第一，要实行差别化的区域政策。充分考虑区域特点，发挥区域比较优势，提高财政、产业、土地、环保、人才等政策的精准性和有效性，因地制宜培育和激发区域发展动能。在坚持用最严格制度和最严密法治保护生态环境的前提下，进一步突出重点区域、行业和污染物，有效防范生态环境风险。加强产业转移承接过程中的环境监管，防止跨区域污染转移。生态功能重要、生态环境敏感脆弱区域坚决贯彻保护生态环境就是保护生产力、改善生态环境就是发展生产力的政策导向，严禁不符合主体功能定位的各类开发活动。对山西优势产业和适宜发展产业给予必要的政策倾斜。在用地政策方面，保障重大基础设施和民生工程用地需求。支持地方政府根据发展需要制定吸引国内外人才的区域性政策。

第二，要建立以区域均衡为目标的财政转移支付制度。根据地区间财力差异状况，省级政府通过调整收入划分、加大转移支付力度，提升省级以下政府区域协调发展经费保障能力。在充分考虑地区间支出成本因素、切实各地区自我发展能力的基础上，将常住人口人均财政支出差异控制在合理区间。严守生态保护红线，完善主体功能区配套政策，加大重点生态功能区转移支付力度，提供更多优质生态产品。

第三，要建立健全区域政策与其他宏观调控政策联动机制。加强区域政策与财政、货币、投资等政策的协调配合，优化政策工具组合，推动宏观调控政策精准落地。财政、货币、投资政策要服务于国家重大区域战略，围绕区域规划及区域政策导向，采取完善财政政策、金融依法合规支持、协同制定引导性和约束性产业政策等措施，加大对跨区域交通、水利、生态环境保护、民生等重大工程项目的支持力度。对客观原因造成的经济增速放缓地区给予更有针对性的关心、指导和支持，在风险可控的前提下加大政策支持力度，保持区域经济运行在合理区间。加强对杠杆率较高地区的动态监测预警，强化地方金融监管合作和风险联防联控，更加有效地防范和化解系统性区域性金融风险。

二　建立区域政策协调机制

第一，要发挥统筹协调指导作用。建立全省区域协调发展领导机构，加强对全省区域协调发展的战略规划和政策统筹，加快推进重点领域、关键环节改革创新，建立健全有利于区域协调发展的长效机制和跨地区跨部门重点项目、重大工程、重要事项协调推进机制。同时，成立区域间联合工作组，实行紧密协作，为落实区域协调发展提供组织保障。

第二，要进一步强化政策支撑。完善差别化的区域发展政策，提高区域政策协同性、精准性、可操作性和有效性。区域政策应更加注重促进区域间基本公共服务均等化，特别要加大对特殊类型地区的扶持力度。建立区域协调发展评价指标体系，科学客观评价区域发展的协调性，强化对区域经济形势的监测预测和跟踪分析，建立与之联动的区域政策动态调整机制。

第三，要采取上下联动的方式推进工作。省级层面指导并鼓励各地开展有利于促进区域协调发展的试点试验，着力帮助解决试点中的突出问题。各地级市政府要按照全省决策部署，落实各项工作任务，着力解决本地区发展不平衡、不协调问题。此外，要加强与国家有关部门和毗邻地区的沟通衔接，积极探索跨区域利益协调机制，形成区域协调发展合力，实现互利共赢。

第四，要加强督促检查，确保政策落实到位。各级政府要做好对区域政策实施情况的督查，强化重点项目、重大事项的落实。按照区域协调发展的要求，将任务层层分解，加大对重点任务、重大项目进展情况及阶段性目标完成情况的跟踪督导评估力度，采取每季通报一次、半年总结一次的方式，推动每项工作落到实处。完善社会监督机制，鼓励社会传媒和公众有序参与区域规划与区域政策的实施和监督。

专栏 9-8　福建省建立跨区域司法协作机制

2020 年 9 月 18 日，在福建省高级人民法院的指导和推动下，福州、莆田、南平、宁德四个中级人民法院及厦门海事法院、平潭综合实验区人民法院在福州共同签订《闽东北协同发展区人民法院司法协作框架协议》，通过建立更加完备、便捷、高效的区域司法协作发展机制，逐步形成"司法资源同享、协调机制同建、工作举措同商"的工作格局，为闽东北协同发展区建设提供优质高效的司法服务和法治保障。

五地一区法院定期召开司法协作联席会议，总结研究司法协作保护的重要事项、司法需求和司法政策；建立重大事项和疑难案件通报会商机制，完善类案统一裁判标准机制，统一司法尺度和证据认定标准；建立社会纠纷联动化解机制，加强司法服务和惠民便民合作，强化案件调解矛盾化解效果；加强跨区域司法服务协作机制建设，积极推进跨域立案服务一体化等。会上还签订了《闽东北协同发展区知识产权司法保护协作框架协议》，标志着两大协同发展区知识产权跨区域诉讼服务网络和工作格局正式形成。

三　健全区域发展保障机制

第一，要进一步规范区域规划编制管理。加强区域规划编制前期研究，完善区域规划编制、审批和实施工作程序，实行区域规划编制审批计划管理制度，进一步健全区域规划实施机制，加强中期评估和后评估，形成科学合理、管理严格、指导有力的区域规划体系。对实施到期的区域规划进行后评估，确需延期实施的可通过修订规划延期实施，不需延期实施的要及时废止。根据国家重大战略和重大布局需要，适时编制实施新的区域规划。

第二，要建立区域发展监测评估预警体系。围绕缩小区域发展差距、区域一体化、资源环境协调等重点领域，建立区域协调发展评价指标体系，科学客观评价区域发展的协调性，为区域政策制定和调整提供参考。引导社会智库研究发布区域协调发展指数。加快建立区域发展风险识别和预警预案制度，密切监控突出问题，预先防范和妥善应对区域发展风险。

第三，要进一步优化营商环境。好的营商环境就是生产力，要全力打造投资兴业的热土，全力培厚干事创业的沃土。按照市场化、法治化、国际化要求，着力打造"无差别、无障碍、无后顾之忧"，"可预期、可信赖、可发展"的"三无""三可"营商环境，更大地激发市场活力和社会创造力。扩大全省域营商环境评价范围，实现全省县级行政区全覆盖。深化市县两级及省级以上开发区

"一枚印章管审批"，打造全新集成审批流程，推进审批服务"马上办、网上办、一次办、就近办"。持续推进简政放权，深化"证照分离"改革，依托"互联网＋监管"系统，加强各类监管信息归集共享和关联整合，提升监管规范化、精准化、智能化水平。创新监管模式，对新产业、新业态、新技术、新模式实施包容审慎监管。加快数字政府建设，提升数治能力。

构建亲清政商关系。明晰政商交往红线和底线，积极构建亲清政商关系，全面营造风清气正的政治生态。全面深化企业投资项目承诺制改革，以企业重大关切为出发点，建立健全企业困难和问题协调解决机制、帮扶和支持机制，拓展政府靠前服务范围，支持民营经济和中小企业快速发展。

建立诚信履约机制。对各类市场主体保持平等保护、公开公正、诚实守信。严格落实公平竞争审查制度，纠正滥用行政权力排除和限制公平竞争的行为。推动企业信用建设，保护企业合法权益，维护市场交易安全，降低交易成本，增强企业投资信心。

第四，要建立健全区域协调发展法律法规体系。研究论证促进区域协调发展的法规制度，明确区域协调发展的内涵、战略重点和方向，健全区域政策制定、实施、监督、评价机制，明确有关部门在区域协调发展中的职责，明确地方政府在推进区域协调发展中的责任和义务，发挥社会组织、研究机构、企业在促进区域协调发展中的作用。

专栏 9-9　青海省建立大企业复杂涉税事项协调机制

2021 年 2 月，青海税务局结合深化大企业纳税服务举措及调整各类议事协调机构，明确大企业涉税咨询途径和处理流程，建立健全大企业复杂涉税事项协调工作机制，以"归口管理、一站服务、权威解答、纾困解难"的方式，重点为企业在重组并购、股权转让、关联交易、跨境投资、跨区域经营等需要协调的重大涉税交易事项上提供政策支持或疑难问题解决，破解企业税收政策执行的不确定性和政策模糊性问题。

青海大企业复杂涉税事项协调机制首次将大企业涉税疑难问题上升至省税务局层面，由省局复杂涉税事项协调工作小组统一受理、统一答复、实施归口管理，以省局大企业税收服务和管理局为复杂涉税事项的"专科门诊"，化解复杂疑难问题"层层咨询"的烦琐流程，畅通了大企业诉求"绿色通道"，第一时间接收企业诉求，明确答复时限，缩减答复时间，对有效防范企业涉税风险、促进企业发展、维护企业合法权益等具有重要意义。

参考文献

中共中央宣传部、国家发展和改革委员会：《习近平经济思想学习纲要》，人民出版社，2022。

国务院办公厅：《中华人民共和国国民经济和社会发展第十四个五年规划和 2035 年远景目标纲要》（国办发〔2022〕11 号）。

中共中央、国务院：《京津冀协同发展规划纲要》。

国家发展和改革委员会：《"十三五"时期京津冀国民经济和社会发展规划》。

国家发展和改革委员会：《京津冀协同发展交通一体化规划》。

体育总局、国家发展改革委、国家旅游局：《京津冀健身休闲运动协同发展规划（2016-2025 年）》。

中共中央、国务院：《长江经济带发展规划纲要》。

国务院：《国务院关于依托黄金水道推动长江经济带发展的指导意见》（国发〔2014〕39 号）。

生态环境部：《深入打好长江保护修复攻坚战行动方案》（环水体〔2022〕55 号）。

国家发展改革委：《"十四五"长江经济带发展实施方案》。

国家发展改革委员会和粤港澳三地政府：《深化粤港澳合作　推进大湾区建设框架协议》。

中共中央、国务院：《粤港澳大湾区发展规划纲要》。

广东省人民政府：《广东省人民政府关于印发广东省进一步推动竞争政策在粤港澳大湾区先行落地实施方案的通知》（粤府函〔2021〕34 号）。

国务院：《国务院关于印发广州南沙深化面向世界的粤港澳全面合作总体方案的通知》（国发〔2022〕13号）。

广东省市场监督管理局：《关于服务粤港澳大湾区建设的行动方案》。

中共中央、国务院：《全面深化前海深港现代服务业合作区改革开放方案》。

中共中央、国务院：《长江三角洲区域一体化发展规划纲要》。

上海市人民政府、江苏省人民政府、浙江省人民政府：《关于进一步支持长三角生态绿色一体化发展示范区高质量发展的若干政策措施》（沪府规〔2022〕9号）。

国家发展改革委、交通运输部：《长江三角洲地区交通运输更高质量一体化发展规划》（发改基础〔2020〕529号）。

上海市科学技术委员会、江苏省科学技术厅、浙江省科学技术厅、安徽省科学技术厅：《三省一市共建长三角科技创新共同体行动方案》（沪科合〔2022〕18号）。

上海市地方金融监管局等联合印发：《关于在长三角生态绿色一体化发展示范区深化落实金融支持政策推进先行先试的若干举措》。

中共中央、国务院：《黄河流域生态保护和高质量发展规划纲要》。

科技部：《黄河流域生态保护和高质量发展科技创新实施方案》。

生态环境部等四部门联合印发：《黄河流域生态环境保护规划》。

中共中央、国务院：《关于新时代推进西部大开发形成新格局的指导意见》。

国务院：《关于支持贵州在新时代西部大开发上闯新路的意见》（国发〔2022〕2号）。

国务院：《关于近期支持东北振兴若干重大政策举措的意见》（国发〔2014〕28号）。

中共中央、国务院：《中共中央　国务院关于全面振兴东北地区等老工业基地的若干意见》（中发〔2016〕7号）。

国务院：《关于深入推进实施新一轮东北振兴战略加快推动东北地区

经济企稳向好若干重要举措的意见》。

国务院：《国务院办公厅关于印发东北地区与东部地区部分省市对口合作工作方案的通知》（国办发〔2017〕22号）。

国务院：《国务院关于东北全面振兴"十四五"实施方案的批复》（国函〔2021〕88号）。

中共中央、国务院：《中共中央　国务院关于新时代推动中部地区高质量发展的意见》。

国务院：《促进中部地区崛起规划（2016至2025年）》。

山西省人民政府：《山西省"十四五""两山七河一流域"生态保护和生态文明建设、生态经济发展规划》，2021年9月28日。

山西省人民政府：《山西省"十四五"现代综合交通运输体系发展规划》，2021年9月22日。

山西省人民政府：《山西省"十四五"新基建规划》，2021年4月30日。

山西省发展和改革委员会：《山西省"十四五"通用航空业发展规划》，2022年3月29日。

山西省发展和改革委员会：《山西省"十四五"铁路专用线建设规划》，2022年2月21日。

山西省发展和改革委员会等：《山西省"十四五"清洁生产实施方案》，2022年5月27日。

山西省发展和改革委员会，《太原国家综合交通枢纽建设工作计划》，2021年12月19日。

中共山西省委、山西省人民政府：《山西省黄河流域生态保护和高质量发展规划》，2022年4月7日。

山西省水利厅：《山西省"十四五"水安全保障规划》，2021年11月3日。

国家发展改革委等：《关于加快废旧物资循环利用体系建设的指导意见》，2022年1月17日。

国家发展改革委等:《关于进一步提升电动汽车充电基础设施服务保障能力的实施意见》,2022 年 1 月 10 日。

国家发展改革委等:《关于加快推进城镇环境基础设施建设的指导意见》,2022 年 1 月 12 日。

山西省生态环境厅、山西省发展和改革委员会:《山西省"十四五"生态环境保护规划》,2022 年 3 月 8 日。

Barro R. J., "Sala-I-Martin X. Technological Diffusion, Convergence and Growth", *Journal of Economic Growth*, 1997, 2 (1).

Grossman G. M., Helpman E., "Outsourcing in a Global Economy", *Working Papers*, 2005 (72).

Rodrigues-Oreggia E., "Regional Disparities and Determinants of Growth in Mexico", *The Annals of Regional Science*, 2005 (2).

Benini R., Czyzewski A., "Regional disparities and economic growth in Russia: New growth patterns and catching up", *Economic Change & Restructuring*, 2007, 40 (1-2).

Fleisher B. M., Li H., Zhao M. Q., "Human Capital, Economic Growth, and Regional Inequality in China", *Journal of Development Economics*, 2010, 92 (2).

Currid-Halkett E., Stolarick K., "The Great Divide: Economic Development Theory Versus Practice — A Survey of the Current Landscape", *Economic Development Quarterly*, 2011, 25 (2).

Delgado M., Porter M. E., Stern S., "Defining clusters of related industries", *Working Paper*, 2016, 16 (1).

杨开忠:《我国区域经济协调发展的总体部署》,《管理世界》1993年第 1 期。

蒋清海:《区域经济协调发展的若干理论问题》,《财经问题研究》1995 年第 6 期。

高志刚:《中国区域经济发展及区域经济差异研究述评》,《当代财经》2002 年第 5 期。

陈秀山、刘红：《区域协调发展要健全区域互动机制》，《党政干部学刊》2006 年第 1 期。

彭荣胜：《区域经济协调发展内涵的新见解》，《学术交流》2009 年第 3 期。

覃成林、张华、毛超：《区域经济协调发展：概念辨析、判断标准与评价方法》，《经济体制改革》2011 年第 4 期。

肖金成：《十六大以来区域政策的成效与促进区域协调发展的政策建议》，《西南民族大学学报》（人文社科版）2008 年第 2 期。

颜世辉、白国强：《区域经济协调发展内涵新探》，《湖北社会科学》2009 年第 3 期。

吴超、魏清泉：《区域协调发展系统与规划理念分析》，《地域研究与开发》2003 年第 6 期。

陈秀山、杨艳：《区域协调发展：回顾与展望》，《西南民族大学学报》（人文社科版）2010 年第 1 期。

魏后凯、高春亮：《新时期区域协调发展的内涵和机制》，《福建论坛》（人文社会科学版）2011 年第 10 期。

蔡昉、都阳：《中国地区经济增长的趋同与差异——对西部开发战略的启示》，《经济研究》2000 年第 10 期。

周民良：《经济重心、区域差距与协调发展》，《中国社会科学》2000 年第 2 期。

贺灿飞、梁进社：《中国区域经济差异的时空变化：市场化、全球化与城市化》，《管理世界》2004 年第 8 期。

陆铭、陈钊：《论中国区域经济发展的两大因素和两种力量》，《云南大学学报》（社会科学版）2005 年第 4 期。

吴建楠等：《基础设施与区域经济系统协调发展分析》，《经济地理》2009 年第 10 期。

安虎森、李锦：《适度的"政策梯度"是实现区域协调发展的战略选项——基于新经济地理学循环累积因果聚集机制的探讨》，《学术月刊》2010 年第 1 期。

刘俊英：《政府公共支出对区域经济协调发展的影响——基于中国省级面板数据的经验证据》，《经济问题探索》2013 年第 3 期。

叶信岳、李晶晶、程叶青：《浙江省经济差异时空动态的多尺度与多机制分析》，《地理科学进展》2014 年第 9 期。

楚尔鸣、曹策：《人才流动缩小了区域经济差距吗——来自技术转移的经验证据》，《财经科学》2019 年第 9 期。

卢洪友、郑法川、贾莎：《前沿技术进步、技术效率和区域经济差距》，《中国人口·资源与环境》2012 年第 5 期。

王雨飞、倪鹏飞：《高速铁路影响下的经济增长溢出与区域空间优化》，《中国工业经济》2016 年第 2 期。

卞元超、吴利华、白俊红：《高铁开通、要素流动与区域经济差距》，《财贸经济》2018 年第 6 期。

年猛：《交通基础设施、经济增长与空间均等化——基于中国高速铁路的自然实验》，《财贸经济》2019 年第 8 期。

刘梅、赵曦：《城市群网络空间结构及其经济协调发展——基于长江经济带三大城市群的比较分析》，《经济问题探索》2019 年第 9 期。

张佩、王姣娥、马丽：《新基建助推区域协调发展的作用机制及优化对策》，《区域经济评论》2022 年第 5 期。

王连等：《数字经济对区域协调发展的影响机制与路径研究》，《西华大学学报》（哲学社会科学版）2022 年第 3 期。

覃成林、姜文仙：《区域协调发展：内涵、动因与机制体系》，《开发研究》2011 年第 1 期。

姚鹏、叶振宇：《中国区域协调发展指数构建及优化路径分析》，《财经问题研究》2019 年第 9 期。

李兰冰：《中国区域协调发展的逻辑框架与理论解释》，《经济学动态》2020 年第 1 期。

范恒山：《促进区域协调发展的任务重点》，《区域经济评论》2022年第 3 期。

王业强、魏后凯：《"十三五"时期国家区域发展战略调整与应对》，《中国软科学》2015 年第 5 期。

李兰、魏红颜、魏占坤：《财政支出结构对区域经济协调发展的影响研究》，《会计之友》2017 年第 24 期。

林晨、陈荣杰、徐向宇：《外部产业投资与区域协调发展——来自"三线建设"地区的证据》，《经济研究》2022 年第 3 期。

王继源：《我国区域协调发展评价研究》，《宏观经济管理》2019 年第 3 期。

张可云、裴相烨：《中国区域协调发展水平测度——基于省级数据分析》，《郑州大学学报》（哲学社会科学版）2019 年第 6 期。

刘强、徐生霞：《中国区域协调发展及空间演进》，《统计与决策》2021 年第 1 期。

张其仔、叶振宇：《推动区域协调发展，夯实共同富裕的区域平衡发展基础》，*China Economist* 2022 年第 4 期。

后 记

区域协调发展战略是贯彻新发展理念、建设现代化经济体系的重要组成部分，是新时代以习近平同志为核心的党中央按照高质量发展的要求提出的重要战略举措。实施区域协调发展战略对推动山西全方位高质量发展、拓展山西发展新空间、提高山西经济运行效率和建设美丽宜居新山西具有重大战略意义。

本书以区域协调发展的政策演进为切入点，以区域协调发展的相关理论和研究成果为基础，对党的十八以来区域协调发展重大战略部署进行梳理总结，全面系统剖析了山西区域协调发展现状及特征，提出了新时代山西推进区域协调发展的战略重点。全书由山西省社会科学院（山西省人民政府发展研究中心）院长张峻总体设计和把握，经济研究所所长张文丽负责拟定写作框架并统纂成书，各章节具体分工如下：第一章由武甲斐负责，第二章由武甲斐、焦子宸负责，第三章由全尤负责，第四章由张文霞负责，第五章由武甲斐负责，第六章由刘晓明负责，第七章由张保华负责，第八章由张保华负责，第九章由刘晓明负责。

希望本书的出版能够为新时代区域协调发展理论研究和实际工作者提供有益参考，更期待此书能够起到抛砖引玉的作用，促进该领域的研究更加深入，成果更加丰富。同时，由于研究水平有限，对区域协调发展理论与实践的研究有待进一步深入，敬请专家学者批评指正。

编 者

2023 年 2 月

图书在版编目（CIP）数据

区域协调发展理论与实践 / 张峻主编；张文丽副主编 . --北京：社会科学文献出版社，2023.5
　　ISBN 978-7-5228-1823-8

　　Ⅰ.①区… Ⅱ.①张… ②张… Ⅲ.①区域经济发展-协调发展-研究-山西 Ⅳ.①F127.25

　　中国国家版本馆 CIP 数据核字（2023）第 085950 号

区域协调发展理论与实践

主　　　编 / 张　峻
副 主 编 / 张文丽

出 版 人 / 王利民
组稿编辑 / 任文武
责任编辑 / 王玉霞
文稿编辑 / 吴尚昀
责任印制 / 王京美

出　　版 / 社会科学文献出版社·城市和绿色发展分社（010）59367143
　　　　　　地址：北京市北三环中路甲 29 号院华龙大厦　邮编：100029
　　　　　　网址：www.ssap.com.cn
发　　行 / 社会科学文献出版社（010）59367028
印　　装 / 三河市龙林印务有限公司

规　　格 / 开　本：787mm×1092mm　1/16
　　　　　　印　张：17.5　字　数：252 千字
版　　次 / 2023 年 5 月第 1 版　2023 年 5 月第 1 次印刷
书　　号 / ISBN 978-7-5228-1823-8
定　　价 / 88.00 元

读者服务电话：4008918866